湖北警官学院 2020 年一般教研项目"混合式学习背景下高校文科研究型教学探究"（JYXM2020B14）成果。

高校研究型教学理论与方法

罗丽娅　著

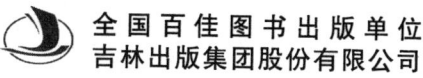

全国百佳图书出版单位
吉林出版集团股份有限公司

图书在版编目（CIP）数据

高校研究型教学理论与方法/罗丽娅著．－－长春：吉林出版集团股份有限公司，2020.5
ISBN 978-7-5581-2419-8

Ⅰ．①高… Ⅱ．①罗… Ⅲ．①高等教育－教学理论 Ⅳ．①G642

中国版本图书馆 CIP 数据核字 (2020) 第 083758 号

GAOXIAO YANJIUXING JIAOXUE LILUN YU FANGFA
高校研究型教学理论与方法

著：	罗丽娅
责任编辑：	李　聪　沈丽娟
封面设计：	王晓丽
开　　本：	710 mm × 1000 mm　1/16
印　　张：	17.75
字　　数：	300 千字
版　　次：	2021 年 4 月第 1 版
印　　次：	2021 年 4 月第 1 次印刷
出　　版：	吉林出版集团股份有限公司
发　　行：	吉林出版集团译文图书经营有限公司
地　　址：	长春市福祉大路 5788 号龙腾国际大厦 B 座 7 层
电　　话：	总编办：0431-81629929
印　　刷：	北京军迪印刷有限责任公司

ISBN 978-7-5581-2419-8　　　定　价：75.00 元
版权所有　侵权必究　　联系电话：13911666284

前 言
Preface

随着社会的发展、科技的进步以及高等教育的大众化和普及化，传统的灌输式教学已不能适应未来社会的要求和科技发展的挑战，创新型人才成为经济社会发展的迫切需求。在这种背景下，旨在培养学生独立探究和创新能力的研究型教学应运而生，成为世界各国尤其是西方发达国家教学理念和教学实践的主要发展趋势。关于研究型教学的各种研究和实践蓬勃发展，成为教学发展史上的一道亮丽的风景线。现代意义上的研究型教学最早产生于20世纪80年代的美国，我国少数研究型高校于20世纪80年代末期也开始了研究型教学的探索。此后，在相关文件和计划的指导下，一些高校积极开展研究型教学实践，探索研究型教学的制度、模式和方法，在一定程度上提升了人才培养的质量。当然，我国研究型教学和实践在教师素质、学生参与师生角色转变、教学评价等方面还存在诸多障碍，致使研究型教学实施的广度和深度还远远不够。

基于上述背景，本书将主体内容分为九章：第一章从一般的角度论述了高校研究型教学的内涵、特征、指导思想以及价值意义；第二章探讨了发现性、探究性、研究性、自主性四个层面的教学理论与高校研究型教学式的关系；第三章综述了国内外研究型教学的研究现状问题与经验启示；第四章详细介绍了启发性、建构主义、交往教学、现代智力、耗散结构五个方面的高校研究型教学的理论构建，力求深化研究型教学理论；第五章以高校教师为切入点，对教师在高校研究型教学中的作用、角色定位以及素质结构作了较为全面的探索；第六章至第七章系统阐释了高校研究型教学的过程、一般原则、基本策略以及课程设计；第八章深入剖析了高校研究型教学模式的实施方法、实施条件、实施路径以及评价方法；第九章是对高校研究型教学管理方面的综合思考，涉及教师管理、教学管理、科研创新、教学改革等内容。

　　由于作者从事教学的经验和见识较浅，对相关信息和资料的掌握不够完整并且挖掘程度也不够深入，研究与写作水平亦有限，难免出现以偏概全和有失偏颇的观点，难免存在论述欠妥和不当之处，恳请诸位专家和读者批评斧正。

目录

第一章　高校研究型教学的解读

第一节　高校研究型教学的基本内容 …………………………… 1
第二节　高校研究型教学的指导思想 …………………………… 10
第三节　高校研究型教学的重要价值 …………………………… 20
第四节　高校实施研究型教学的必要性 ………………………… 25

第二章　高校研究型教学模式的外延

第一节　发现教学理论与高校研究型教学 ……………………… 31
第二节　探究学习理论与高校研究型教学 ……………………… 38
第三节　研究学习理论与高校研究型教学 ……………………… 41
第四节　自主学习理论与研究型教学 …………………………… 52

第三章　高校研究型教学国内外研究综述

第一节　研究型教学的发展及研究现状 ………………………… 67
第二节　我国高校研究型教学的问题与根源 …………………… 68
第三节　国内外研究型大学的研究型教学经验与启示 ………… 75

第四章　高校研究型教学的理论构建

第一节　启发性教学理论 ………………………………………… 88
第二节　建构主义教学理论 ……………………………………… 95
第三节　交往教学教学理论 ……………………………………… 102
第四节　现代智力理论 …………………………………………… 106
第五节　耗散结构理论 …………………………………………… 111

第五章　高校研究型教学的教师素质

第一节　教师在高校研究型教学中的作用 ... 118
第二节　高校研究型教学教师角色定位 ... 120
第三节　高校研究型教学的教师素质结构分析 ... 125

第六章　高校研究型教学过程、原则与策略

第一节　高校研究型教学的过程 ... 138
第二节　高校研究型教学的一般原则 ... 148
第三节　高校研究型教学的基本策略 ... 153

第七章　高校研究型教学课程设计探究

第一节　课程与课程理论流派评析 ... 159
第二节　高校研究型教学课程设计分析 ... 163
第三节　翻转课堂理念下研究型教学课程设计 ... 167
第四节　高校语文研究型教学课程设计案例 ... 181

第八章　高校研究型教学模式的实践建构

第一节　高校研究型教学的实施方法 ... 191
第二节　高校研究型教学模式及选用 ... 211
第三节　高校研究型教学的实施条件 ... 219
第四节　高校研究型教学的实施路径 ... 224
第五节　高校研究型教学评价方法 ... 225

第九章　高校研究型教学管理创新与推进

第一节　研究型教学创新与教师管理创新 ... 233
第二节　高校科研创新与组织机制的变革 ... 241
第三节　高校研究型教学改革的深度推进 ... 268

结语 ... 273
参考文献 ... 274

第一章
高校研究型教学的解读

近年来,对研究型教学的探讨正逐渐成为我国教育理论界和教育实践领域研究的一个热点课题,从小学、中学到高校都在提研究型或研究型教学。可是,究竟什么是研究型教学,却很难从众多的论点中寻找到一个统一点:有的把研究型教学理解为某种具体方法;有的理解为一种具体的教学模式;有的则理解为一种教育教学的思想或理念。

第一节 高校研究型教学的基本内容

一、什么是高校研究型教学

通常我们把"研究"看成是必须经过专门训练的人员才能从事的工作,因而"研究"显得高深而神秘。事实上,凡是正常人都能从事研究工作,研究不是少数精英的专利,也不是高深莫测的事,从本质上讲它是一种活动体验,是一个探求过程。长期以来,传授式、甚至填鸭式的教学方法和模式在高校教学中几乎形成了霸主地位,而这种教学方式和模式的特点是教和学的内容是预先设定好的,是前人积累的文化经验;教学就是传道授业,偏重于知识的传承,而忽视了对探求和获取知识能力的培养,导致学生缺乏对获得知识经验的过程的体验,缺少对前人发明创造的艰辛和前人巧妙思考的体味,缺少对古圣先贤"究天人之际,通古今之变"的求索精神的感受,因而也就缺失了一种人文关怀。研究型教学过程中的"研究",可以理解为学生能动地、独立地探求和学习的过程。显然在这种观念的支配下,教师采取的教学方法和模式是完全不一样的。传统教学的程序是:教师传授间接知识——学生记忆、理解知识——验证、掌握知识,基本上是一个传输过程。学生所做的实验或者所提的问题，都是预先已经知道的答案，老师已经把各个步骤规划好，学生要做的仅仅是印证这个答案的正确性。而研究型教学，其步骤刚好相反：学生接触各类材料、提出问题——教师指导、解惑——解决问题、掌握知识、应用知识，基本上是一个探求过程，它与中国哲学注重直觉体验，将经验与理性合为一体的传统相吻合。所以，研究是一种求知的途径，它融教学、科研、实践于一体，有利于学生创造力的发展。

什么是研究型教学？对于这个问题，不同学者有不同的解释。大部分学者把研究型教学界定为某种与传统教学活动相区别的教学模式。如"研究型教学是指教师以课程内容和学生的学识积累为基础，引导学生创造性地运用知识和能力，自主地发现问题、研究问题并解决问题，在研讨中积累知识、培养能力和训练思维的新型教学模式……以研究课题为主线，以研讨法、讨论法、案例法等为主要教学方法，以多媒体等现代教育技术为支撑开展教学"。有人与基础教育中近年提倡的研究性学习对应，提出研究型教学。比如，研究型教学是一种师生双边力图通过对教学传统方式的改革，在教学过程中师生共同建立起平等民主、教学相长的教学过程，并将教与学的重心逐步由获取知识转移到掌握方法、学会学习上，从而培养学生学会收集、分析、归纳、整理资料，学会处理、反馈信息的主动的探索性教学形式。与其相对应的学生的学习方式称之为研究性学习。研究性学习，以学生的自主性、探索性为基础，学生可从感兴趣的社会科学、自然科学以及生活中选择研究专题，以个人或小组合作的方式进行研究，使学生掌握基本的研究学习方法，培养综合运用所学知识解决实际问题的能力，初步形成科学精神和科学态度。有的研究者则是从更广泛意义上理解研究型教学，认为研究型教学实际上是我们教育理论和实践领域中一些与此相关的概念的综合，是一种融科学研究方法于教育教学实践中的思想或方法。其主要观点是认为研究型教学从主体和客体讲有两方面的内容：一是教师的教学以研究型为主，这是研究型教学的主体。即在教学过程中运用科学研究的方法（包括思考问题、提出问题、评价事件、动手实验、实地调查、查阅资料、归纳总结等）进行教学，同时也要附带进行科学研究方法、科学观和科学态度的讲授，从而达到向学生传授科学知识、传授学习方法和科学研究方法、传授科学观和科学态度的目的。二是学生的学习也以研究型学习为主。即学生主动适应教师的研究型教育，在教师的指导下以类似科学研究的方法进行主动学习，从而获取知识、运用知识、提出问题、探究问题、解决问题，达到培养综合素质、创新意识和实践能力的目的。

综合分析和研究这些论述，结合高校教学对象及其培养目标的特点，笔者认为，高校研究型教学是对应于一般的以传承知识为中心的传授式的教学而提出的，强调教师研究性地教与学生研究性地学的有机融合，主张师生在共同研究中共享研究乐趣和研究成果，促进创新精神、创新能力和创造性人格发展的教学思想、方法和模式的综合。高校研究型教学旨在通过教学与研究、实践的结合，引导学生创造性地运用知识和经验，自主地发现问题、研究问题和解决问题，在研讨中积累知识、培养能力和锻炼思维，同时养成科学研究的精神和科学态度。高校研究型教学要求教师研究性地教与学生研究性地学相结合，课内研究性的教学与课外研究性课题活动相结合，整个教学活动过程都要立足于学生的知识经验背景，从实际背景和问题出发，创设问题情境，通过观察、实验、分析、归纳、猜想、论证、社会实践等方式进行学习。教学内容的选择，课题的确定，方案的设计与实施，结论的得出与论证，整个知识的发生过程都是在教师指导下，由学生自己探索研究完成。整个教学过程是一个重过程、重应用、重体验、重全员参与的过程，具有主体性、合作性、研究性、开放性和创新性等特点。它是素质教育思想和创新教育思想的主要体现。这样理解研究型教学，既不把它定位于某种具体的教学方法，也不仅仅把它理解为某种具体的操作模式，它既是一种指导教学实践的理论或思想，同时也赋予其在方法上和程序上的可操作性。

1. 高校研究型教学作为一种教学理念，是主体教育思想、素质教育思想和创新教育思想的集中体现研究型教学与以传授知识为主的教学思想，在教学目标上、在师生关系上、在教学观和学习观上都发生了巨大的变化，主要表现在：

第一，高校研究型教学强调师生同步发展。一方面，高校研究型教学强调在学生掌握科学知识的同时，发展他们的能力，尤其是创新思维能力和科学研究能力，鼓励学生独立探索，形成结论，了解规律，发现真理，分析研究解决问题，其宗旨是促进学生身心素质的发展，融传授知识、培养能力与提高素质为一体。从这个意义上讲，教师要立足于学生发展而教，尊重学生心灵的自由和心灵世界的独特性；学生要立足于自身发展而学，通过研究性学习，提高独立获取知识的能力，为终身学习和继续发展奠定坚实基础。另一方面，教师也要通过研究型教学获得自身的科学研究能力和教学研究能力的提高和知识经验的丰富及其个性的完善。教师实施研究型教学的过程，从课程内容的设计、选择到教学方法的运用及教学模式的构建本身就是一个不断发展、不断更新、不断完善自己的过程。在这个过程中，师生能同步提升和发展，共同展现生命的价值和意义。

第二，高校研究型教学强调师生在教学过程中的交互主体地位。高校研究型教学强调师生同是教学过程中的主体，师生关系由单向传授的关系转变为双向互动的关系。在教师有效的引导下，学生不仅能主动地参与课堂教学活动的全过程，还能通过自主选题、自主研究，并以课题研究为纽带，开展同学之间、师生之间的合作与交流，达到获得知识和提高能力的目的，从而使学生真正成为学习的主人。学生主体作用的发挥往往需要以教师主体作用的发挥为前提，即研究型教学对课堂上的两大主体——教师与学生都提出了更高的要求，特别是教师要克服传统的"师道尊严"思想，要花精力真正了解学生需要什么，要改变自己，克服"自我中心"的顽固性和长期沿袭的传统惰性，率先在实践探究中学习，敢于在学生面前揭露自己的不足，同学生交流，包括向学生学习。总之，教师越是能够设置有效的问题情境，展示具有典型性、迁移性的教学范例，采用灵活多样的教学方法，学生就越有可能成为学习的主体。

第三，高校研究型教学强调充分尊重学生的个性。高校研究型教学注重培养和发展学生的个性，主张尊重学生的人格，重视学生的兴趣爱好，通过创造平等、民主、和谐的教学氛围，精心选择和设计教学的内容和方式方法，开展开放性的探究活动，调动学生参与教学活动的主动性、积极性和创造性，给学生提供更多的独立研究发展的空间，使学生有较多的表现自我、发展自我的机会；同时，高校研究型教学关注学生的非智力性因素如动机、情感、意志、理想、信念等的发展，有利于学生鲜明的、创造性的个性的培养。

2.高校研究型教学作为一种方法，是多种教学方法的创造性综合

高校研究型教学是一种以高校学生整体素质的提高为目的，以强调科学原理形成过程并突出学生获得知识的自主性和研究性为主要特征的多种教学方法的创造性综合。它在强调教学内容的过程性、发展性、前瞻性、研究性和综合性的基础上，引导学生以类似于科学研究的方法掌握知识，增强学生自身参与知识建构的积极性和主动性，最终实现高校学生全面发展。在高校教学实践中，"教法"与"学法"的关系，往往是"教"的作用发挥得比较充分，而"学"实际上不被重视，甚至"教为主导"代替了"学为主体"。同时在教法上"讲授法"占有绝大部分的比重，存在着"重教轻学""重讲授轻探究"的现象，因此研究型教学需要教师从根

本上改变这种状况，转变教育观念，构建充分体现先进教育教学思想和观念的教学方法体系，综合运用多种教学方法，如启发式讲授法、案例教学法、研讨法、发现法、问题教学法等。

3. 高校研究型教学作为一种模式，是优化多种教学模式的结果

高校研究型教学模式是以素质教育、主体教育、创新教育思想为指导思想，以建构学习、发现学习、多元智力理论、创造心理学为理论基础，在课堂教学和课外课题研究活动过程中比较稳定的进程和结构。在高校教学实践中，教学的主要模式是教师的传授式教学，教学活动往往是单向度的，教师成为教学活动的中心，本应是学习主体的学生处于教学的边缘，不在教学生活的场内。研究型教学强调创造民主、平等的教学氛围，构建让学生真正成为学习的主人的、有利于其充分、自由、和谐地发展的教学模式。

二、高校研究型教学思想的主要观点

（一）高校研究型教学注重培养学生的科学研究与探索能力

在高校教学过程中，知识传授是必要的，但更重要的是使学生掌握正确的学习方法和拥有较强的自学能力，培养学生的科学精神和健全的人格。高校教育的一个很重要的任务就是要为学生奠定学术研究的根基，培养学生的学术研究能力和学术研究精神。因此，研究型教学的一个非常重要的目标就是要在传授知识、教会学生正确的学习方法的基础上，培养学生的学术研究能力和学术研究精神。即要培养学生的以分析与综合、比较与分类、归纳与演绎、抽象与具体的思维能力为基本内容的逻辑思维能力，以联想和想象力为内容的形象思维能力，以观察和实验为特征的经验思维能力，以提出问题、解决问题的能力为内容的理论思维能力，清晰地论证和表达问题的能力，以及勇于探索、创新的探究精神，甘于寂寞的献身精神，独立思考、超越时尚的精神，追求真知、坚持真理的精神，怀疑和批判的精神。

（二）高校研究型教学强调教学内容的研究性

高校研究型教学中的研究内容既可能是类发现性的，也可能是发现性的。研究型教学要求教师一方面在各学科课堂教学中，精心选择和设计教学内容，以科研为先导，把科研引入教学，在教学内容中反映学科发展的前沿动态和研究趋势，充分体现教学内容的研究性特点；另一方面要指导和组织学生进行课外研究性课题研究，研究性课题的设计更强调其可探索性、实践运用性和创新性。研究型教学强调

研究的严谨性和规范性，其结果有知识的再现，有新知识的产生，其实质为学习科学研究的方法，训练科学研究的素质，培养创新意识和创新能力。

（三）高校研究型教学主张师生之间的双主体关系

高校研究型教学一方面强调教师教学的研究性，即教师要进行科学研究和教学研究，在教学过程中，教师要运用科学研究的方法进行教学，同时也要附带对学生进行科学研究方法、科学研究态度的培养，从而达到学生在学习科学知识的同时，掌握学习方法和科学研究方法、形成科学观念和科学态度的目的；另一方面，高校研究型教学也强调学生学习的研究性，即学生在教师的指导下以类似科学研究的方法来主动学习，从而获取知识、运用知识、提出问题、探究问题、解决问题，达到培养综合素质、创新意识和实践能力的目的。在这里，师生互为主体，互相学习与研究，互相促进和提高。

（四）高校研究型教学要求理论与实际、课内研究性学习与课外研究性课题活动的紧密联系

研究型教学不仅要求课堂教学具有研究性，同时强调教学、研究与实践的紧密联系。它不是一门课程，应体现在各科教学中；它也不仅仅是某个课题研究活动，而是课内研究型教学与课外研究性课题研究、教师研究性地教与学生研究性地学的有机整合与互动。研究型教学强调教师研究性地教，学生研究性地学，教学相长。教师相当于航标，学生相当于舵手，教师要引导学生自主研究探索发现新的领域。

三、高校研究型教学的特征

（一）教学时空的开放性

高校研究型教学在时间安排、课题选择、研究方法、学习成果评价等多方面均有较大的灵活性、自由度，它要求突破教材、教室的界限，理论教学与实际运用相结合，课内研究型教学与课外研究性课题研究活动相结合，传统教学手段与现代教育技术相结合，校内理论知识学习与校外社会实践相结合，使教学与科研、生活紧密联系。

（二）教学主体的互促性

教学是教师和学生两个行为主体的互动过程。高校教学过程的本质是通过师生交往和共同研究而不断促进师生的共同发展。高校研究型教学强调在学生掌握科

学知识的同时，发展学生的能力，特别是研究、创新能力。教师立足于学生发展而教，尊重学生心灵的自由和心灵世界的独特性。学生立足于自身发展而学，通过研究性学习，提高独立获取知识的能力，为终身学习和继续发展奠定坚实基础。学生在不断质疑问难、不断探索的循环往复过程中，获得新知，发展智能，培养科学精神。与此同时，教师也在更新自己的知识视阈，及时了解学科发展的前沿动态，不断丰富和完善自己。因此，研究型教学过程是师生互相促进、共同提高的过程。

（三）教学方法、手段的多样性、灵活性

高校研究型教学主张教学方法的多样性，要求教师创造性地运用多种教学方式和方法如发现法、讨论法、范例法、探究法等，为学生创设问题情境，激励学生独立探索，启发和培养学生创新能力、科学研究能力。高校研究型教学注重教学组织的灵活性，主张实施集体教学、分组教学、个别教学、分层施教立体交叉，实验操作、现场调研、专题讨论、资料检索、信息交流、项目设计、方案比较、可行性论证穿插进行。

（四）教学过程的探索性

高校研究型教学要求教师引导学生独立提出研究课题，在教学过程中充分发挥学生的想象力和创造力，鼓励学生独立寻求解决问题的方式和方法，倡导研究成果的多样化表达。

（五）教学氛围的民主性

高校研究型教学强调教师与学生之间的平等关系。教师应该成为学生学习的促进者、合作者、协助者、引导者。传统的师生关系是一种自上而下的关系模式，教育者或教师处于管理者、监督者的地位，在这种模式下，学生的个性和主体性都不能得到发挥，导致教学过程中学生要素的缺失。高校研究型教学倡导新型的民主、平等、合作的师生关系，学生在课堂教学中感到宽松、融洽、愉快，没有任何形式的压抑和强制，师生都能敞开思维的大门，主动地思考探究，勇于问，敢于想，善于做。

（六）教学评价的综合性

高校研究型教学要求教学评价的综合性。研究型教学评价强调学生研究创新的发展潜力，注重方法而非结果。它不只是为了选拔与甄别，而是要发挥激励和导向作用，通过评价促进学生更好地全面发展。它要求体现教学评价的全面性、导向性、实效性、过程性和发展性。

四、研究型教学的功能及其实施

（一）研究型教学的功能和意义

研究型高校日益受到重视有着深刻的社会背景。主要表现为以下几方面。

第一，随着知识社会的到来，知识创造成为核心竞争力的来源，高校开始从社会边缘走向社会的中心，传统的知识传输式的高校教学模式日益受到挑战，适应社会创新需求成为教学改革的必然要求。

第二，随着社会民主化进程的推进，高校教学中的师生"灌输——接收"的主客体关系开始向平等化转变，学生成为教学的中心，师生关系的变化呼唤适应师生关系平等需求的新的教学理念和教学模式的出现。

第三，随着教学理论和教学技术的发展，教师职业化和专业化已成为高等教育发展的必然要求，教学方法和技巧的掌握与灵活运用成为教师职业化和专业化的重要内容及手段。研究型教学的运用和发展恰恰适应了这些背景变化的需求。

具体而言，研究型教学的功能主要体现为如下3个方面。

第一，有助于更新教育教学理念。研究型教学把科学研究的精神和理念引入教学之中，旨在充分调动学生在教学过程中的主动性、积极性和创造性，最大化地发掘学生的潜力，使学生成为学习的主体。这就需要教师革新教育思想、教学观念和教学策略与方法，转变其在课堂教学中的角色，成为学生主动学习的启发者、组织指导者和激励促进者。

第二，有助于创新性人才的培养。研究型教学的过程，既是学生掌握学科知识并运用学科知识的过程，又是培养学生的实践能力和创新精神的过程。研究型教学的过程既能培养学生的学习兴趣，又能激发学生的创新性思维，培养学生分析问题和解决问题的能力。

第三，有助于构建和谐、融洽的师生关系，张扬学生个性。教师在研究型教学过程中主要是创设相应的教学情景并启发和引导学生学习，起主导作用，而学生在研究型教学过程中主动探索、主动思考、主动实践，发挥主体作用。研究型教学过程中形成的这种师生关系能够"唤回在传统学习文化的泛滥中悄然隐退的人的尊严"，有利于学生个性的塑造和潜力的发掘。

第四，有助于提升教师的综合素质。研究型教学对教师提出了更高的要求，包括对相关知识的系统理解、对学科问题的准确把握、对课堂教学的灵活驾驭等能力，故研究型教学的实施必然能够提升教师的综合素质和能力，促进教师职业化和专业化的发展。

（二）研究型教学的实施模式

研究型教学作为一种教学理念，没有固定的实施模式。不同的教师对研究型教学有不同的理解，故在实施方法和模式上也必然存在一定的差异。国外关于研究型教学常用的实施模式是研讨课模式，这种模式产生于19世纪的柏林洪堡高校，后来被包括哈佛高校、加州伯克利高校、杜克高校、加州洛杉矶高校等名校在内的很多高校广泛使用和推广。研讨课模式把教授的科研兴趣集合起来，并且使学生参与科研的实践，师生通过自由的讨论和探索来发现真理、趋近真理，并完善真理。国内学术界主要从实施过程和实施空间的角度来分析研究型教学的实施模式。

（三）研究型教学实施应克服的难点问题

与传统的教学相比，研究型教学的教学要素及其组织形式发生了根本性的变化，并对师生提出了更高的要求。正是因为研究型教学的实施需要以课程内涵、师生角色、教学方法、学习模式及教学评价的转变为前提和支撑，而这些转变又不可能是一蹴而就的。因此，研究型教学的实施与传统教学相比也必然面临着诸多困难。下面主要从教师、学生以及教学评价方面归纳研究型教学实施应克服的主要困难。

1. 教师素质的适应性问题

研究型教学其教学情景的设计、教学内容的开放性、教学过程的探索性和交流性，要求教师不仅要很好地掌握本学科的理论知识和理论，还要了解本学科知识与其他学科知识之间的关系，了解理论知识在实践中的应用；不仅要求教师能够把知识和问题讲解明白，还要求教师能够根据知识点适时地设置合适的学习情景和案例来启发和引导学生主动求知和主动探索。因此，教师综合素质的提升是研究型教学实施的难点问题之一。

2. 学生参与意识和参与能力的提升问题

研究型教学强调学生的主体性，这就要求学生不仅要具备掌握和理解已有理论知识的能力，还要学会探索知识和创新知识的能力，包括：探索已有理论知识与其他学科理论知识之间的联系；探索理论知识在实践中的应用空间和应用技巧；探索已有知识的发展和完善。这些能力的获得必然要求学生具备主动参与的意识和能力。因此，与传统教学中学生参与少的情景相比，如何增强学生参与意识和参与能力是研究型教学实施必须克服的难点问题之一。

3. 教师与学生角色的转型问题

研究型教学的有效实施依赖于师生之间以及学生之间的高质量对话，而这种对话则是建立在师生之间角色的转变基础之上的。在传统的课堂教学中，教师是知识的灌输者，学生是孤立的被动接收者。而在研究型教学中，教师是启发引导者，学生是学习的主体，教师和学生之间是平等的关系，师生之间以及学生之间相互交流、合作和探讨成为知识学习、知识探索和知识创新的主要途径。显然，从传统教学向研究型教学的转变，必须以师生角色的转型为前提，这是实施研究型教学必须克服的问题。

4. 教学评价问题

与传统教学相比，以案例或问题为基础的研究型教学对教师备课提出了更高的要求。教师需要花费更多的时间和精力用于教学准备，而且研究型教学的实施范围包含了课内和课外更广泛的空间，这就对教师工作量的衡量提出了挑战。如果不能对教师工作量做出公正的评价，那么必然会导致教师对教学投入不足的问题。从教学效果的评价来看，研究型教学强调内容的开放性、过程的探索性、方法的多样性，学生的能力是在教学过程中形成，作业一般都以小组形式完成且没有标准答案，考试试题的答案也是多元的、不确定的、非标准化的，如何对教学过程和教学结果的有效性做出客观公正的评价也是一个新的挑战。综上可知，如何构建一套集过程评价和结果评价为一体的研究型教学的评价体系，是研究型高校实施应解决的重要问题。

第二节　高校研究型教学的指导思想

思想是行为的先导，一定的教学行为必然受一定的教学思想的影响。而教学思想，必然反映一定教育思想的要求，特别是教学目标、教学方向等总要力求与教育思想趋向一致。可以说，有什么样的教育思想，就有什么样的教学思想，并最终有什么样的教学行为。教学思想是教育思想在教学工作方面的集中反映，很难想象缺乏正确的教育思想和理念指导的教育教学过程，将带来什么样的后果。特别是在当今信息化时代，教育、教学工作的重心已由以往重视教给学生知识而转向重视学习者新型人格的塑造，学校教育的根本任务是使学生学会学习、学会工作、学会合作、学会生存。因此，教师的知识与观念的自我更新便显得比以往任何时代都更加急迫了。高校研究型教学的实施，离不开教师正确的思想和理念的指导，教师对研究型的教学方法和模式的掌握都必须以一定的理论和思想为前提。只有理论与方法的有机结合，才能在真正意义上解决问题。高校研究型教学的提出是以主体教育思想、素质教育思想、创新教育思想为理论指导的，或者更确切地说，高校研究型教学是主体教育思想、创新教育思想和素质教育思想的体现。

一、主体教育思想

早在古代社会就有了主体教育思想的萌芽，但只是在20世纪，它才成为世界范围内最具影响力的教育思想之一。20世纪80年代以来，"主体""主体性"等概念，在中国的人文社会科学领域、特别是在哲学领域，逐渐流行起来。在教育理论界，也在稍后的时间提出了主体教育思想或主体性教育思想，并开展了许多主体教育实验，其基本观点是我们所倡导的研究型教学的重要理论依据之一。从本质上看，主体性的弘扬是人的本性的要求。生命的本质是一种主动、活泼、向上的力量，发挥主体性是人的本性的要求。

（一）主体教育思想的内涵

主体教育思想认为，教育是学生在教育者为其创造的学习和生活环境中，经过自身的知、情、意、行等身心活动，对各种内外影响加以消化吸收、自我发展的过程，同时也是一种特殊的生活过程。主体教育思想的构建有一个很平常却很重要的事实基础，即学生是自身的主人。因此，理解主体性教育思想必须把握几个要点：

1.学生是自身生活、学习和发展的主体

（1）学生作为教师教育活动的对象或客体是相对的、暂时的，而作为自身生活、学习和发展的主体却是绝对的、长期的。在教育教学活动中，教师面临着向学生传授知识、培养他们的能力等教育任务，学生就自然成为教师施加教育影响的对象，或者说是教师主体活动的客体。然而，这只是从教育者实施具体教育影响的角度来说的，把学生"当成什么"与学生实际上"是什么"是两回事。事实上，学生并不因为教师把他们当成施加教育影响的对象而就成了完全被动的客体，相反，学生始终是自身意识与活动的主体。在教育教学活动中，学生到底在想什么，他是否接受了教师的教育影响,他在多大程度上接受了教师的教育影响,他所受的教育影响的性质与教师的主观愿望是否一致等,这些要取决于学生自身的特点和状态。

(2)学生是有着主观意志的自己生命的主体,他们应该享有一定的自主选择和自我发展的权利。传统教育思想认为,"学生就得有学生的样子",学生在学校唯一的任务就是学习,学习那些社会要求他们掌握的知识技能,养成那些社会要求他们具备的品德和行为习惯。至于学生本人的意愿,在传统教育思想那里是不受重视的,学生只能接受教育,而不能选择和改变教育。而主体教育思想首先把学生看作是人,然后才看作是学生。也就是说,学生在学校中首先是在过一种生活,学习是其生活的一个有机组成部分。每个人的生活别人都无法代替。对每个人的生活来说,他自己的感受、意志和想法是最重要的。所以尊重生命,就要尊重每个人自己的感受和意志,要承认和尊重每个人自己的选择权、发展权。特别是随着社会的发展,人们学习的时间越来越长,学习方式越来越多,社会正在成为一个"终生学习"的学习型社会,每个人都要学习一辈子。学习不再是未来社会的准备,而学习本身就是一种特殊的生活,评价学习活动的成效或价值,不能只看其对未来生活的作用,而且要看其现在对主体的意义。

(3)学生是有着自己特定的学习与发展方式的自己成长的主体。任何知识经验、行为习惯等都必须经过学生自己的思考、体验和练习,才能成为学生自己的东西。而学生之间存在着天资、个性、生活环境等多方面的差异,没有一套适合所有学生的发展模式。所以,教师应充分了解每个学生,为每个学生创造尽可能适合的教育环境,让学生按照自己的方式去主动学习和发展。因为教师的教毕竟是外在的东西,学生怎样学、会不会学才是对其学习和发展直接发挥作用的因素。

2. 现代教育过程应是教师与学生双主体协同活动的过程

主体教育思想认为学生是自身学习与发展的主体,同时又认为教师是教育活动的主体,教师与学生这两个主体在学校教育过程中协同活动,共同完成教育的任务。

关于教师与学生在教育过程中的地位问题,除主体教育思想的观点外,还有诸多不同的观点和实践模式,其中影响比较大的有三种:第一种是以教师为主体、学生为客体的传统教育模式,以赫尔巴特的教师中心论为典型代表。其主要特点是教育过程完全由教师说了算,学生在学校的一切活动完全在教师的严格控制之下,学生很少有什么自主性而言。第二种是片面强调以学生为中心的教育模式,以杜威的儿童中心说为典型代表。其主要的问题在于把教师放在学生学习的从属地位，削弱了对学生的引导，忽视人类长期积累与总结的间接知识经验的学习，使学生的成长受制于个人狭隘的零碎的经验，不能打下良好的知识基础。第三种是"以教师为主导，以学生为主体"的观点，在我国教育理论界曾一时成为一种主导性观点。这种观点的出发点是既要尊重学生的主体性，又要发挥教师的主导作用，这一点是正确的。但有时它可能会导致一些误解，使有的教师认为教师的"主导"应该凌驾于学生的"主体"之上，有可能出现教师处处都要主导，在该让学生做主的时候却仍然不放手的现象。主体教育思想认为，只有承认教师与学生分别是教育过程中不同方面活动的主体，才能既明确教育的责任，又把教师和学生放在真正平等的地位上，使双方的积极性都得到发挥。在双主体的协同活动中，教师负责整个教育活动情境、内容、方式、条件等的设计与安排，鼓励学生积极主动地参与其中，并为学生提供必要的指导和帮助；学生对教育活动的参与不是通常所见的对教师提问的一种简单应答，而是有更多自主选择的空间，如选择学习内容、选择学习进程、选择自我管理的方式等。

3. 现代教育应把发挥和培养学生的主体性作为一项核心目标

发挥和培养学生的主体性是实现全面发展教育目标的必由之路。学生的主体性集中体现在他们的独立性、主动性和创造性。尽管每个学生都是自己生活、学习和发展的主体，但是每个人在生活和学习中所表现出的主体性的水平是不一样的。从外部功能看，主体性主要是指主体在与客体打交道的过程中所表现出来的能动性，它集中体现在主体的独立性、主动性和创造性。从内部心理结构上看，主体性主要包括主体意识、主体能力和主体人格三个部分。独立性、主动性、创造性等主体性的外部特征，都是由相应的主体意识、主体能力和主体人格构成的。所以，要培养一个人的独立性、主动性、创造性离不开对主体意识、主体能力和主体人格的培育。

发挥和培养学生的主体性本身就是现代教育的一项重要目标。主体教育思想认为，在现代社会中，教育不仅要有一个终极性目标和结果性目标，而且应该有一个过程性目标，即发挥学生的主体性。发挥和培养学生的主体性不仅是实现全面发展目标的一种途径或工具，而且它本身就是目的。此外，教育不仅是学生未来生活的准备，而且也是当下的生活，没有当下生活的健康与幸福，就不可能有将来生活的成功。当下生活幸福与健康与否的最重要的指标即是一个人是否能够充分发挥主体性。

4.现代学校教育中应建立平等民主、相互尊重的新型师生关系

主体教育思想认为，要培育和发挥学生的主体性，首先要确保学生在教育活动中的主体地位。而这种地位的确立，关键在于建立一种合理的师生关系。这种合理的师生关系的要点是平等民主、相互尊重。师生之间应该是相互尊重的，但目前需要强调的主要是尊重学生，尊重学生的人格、特点、水平等。

（二）主体教育思想的现实意义

主体教育思想既是当代教育的一种理性选择，又经过了许许多多人在教育实践中的检验、丰富和完善，对于我国的教育改革具有十分重要的指导意义。

首先，主体教育思想使我们对教育的本质有了更全面、更深刻的理解。在传统观念中，教育是教师和学生之间的"授受"活动。教育的结果，即学生学到了什么，主要取决于教师教了什么以及教得怎么样。教师是教育活动的主体，学生成为教育活动加工的对象，即教育活动的客体。而主体教育思想认为，教育是学生在教育者为其创造的学习和生活环境中，经过自身的知、情、意、行等身心活动过程，对各种内外影响加以消化吸收、自我发展的过程，同时也是一种特殊的生活过程。在主体教育思想看来，教育的结果既离不开教师的教，更离不开学生的学；教师教的效果如何，不仅要看他是否教会了学生知识经验，更要看他是否教会了学生怎样学习的方法。

其次，主体教育思想追求在教育过程中尽可能尊重每个学生的主体地位，重视发展每个学生的主体性，这就需要改革权威的教育管理模式。要切实为教师和学校实施主体性教育创造一个宽松的外部环境，给教师和学校应有的主体地位和权利，充分调动教育系统各个层面的积极性。要创造机会，让学生真正成为自己活动的主人。

再次，在教育活动过程中要建立起教师启发引导、学生主体参与的教育活动模式。在这里，第一，要帮助学生打破对权威的崇拜。这里的权威既可能是专家、教师，也可能是某种理论或观点。提倡民主平等，允许学生质疑。第二，教师的指导到位而不越位。忌讳教师对学生进行强行灌输和包办代替，要让学生学会自我教育。第三，要使学生对教育活动有实质性的参与。即要求教师在考虑或设计自己的教育过程、教育环节时，必须同时考虑学生的学习活动；必要时要提前安排学生预习，或者采取其他方式让学生做好心理准备，引导学生主动思考或讨论新的学习内

容,把学生独立尝试解决问题作为教育教学的必要环节,鼓励学生创新。第四,要给学生留下自主选择和发展的空间。

二、素质教育思想

(一)素质教育的内涵

在西方文明史上,人们很早就开始了对人的全面培养、全面教育的思考及实践。比如,在历史上曾经出现过的"自由教育""博雅教育""人文教育""通才教育""科学人文教育"等都表达着使人整体发展、全面发展、协调发展的教育思想。在我国古代也有注重提高人的多方面基本素质的教育。孔子、孟子、荀子、董仲舒、韩愈、朱熹、王阳明等许多教育家,都为后人留下了宝贵的素质教育思想财富。不过现代社会对人才培养的要求、目标、教育的内容、手段等都发生了根本的改变,因此我们现在强调的素质教育有了更新的内涵和更高的要求。

关于素质教育的内涵,在教育理论和实践领域存在多种表述,这些表述有若干共同点:第一,强调素质教育是以全面提高全体学生的基本素质为根本目的的教育。第二,强调素质教育要依据社会发展和人的发展的实际需要。第三,在某种意义上素质使人联想到潜能,这些定义都强调充分开发智慧潜能。第四,不仅强调智慧潜能,而且强调个性的全面发展,强调心理素质的培养。综合分析各种关于素质教育的定义,我们可以把它界定为:素质教育是以提高人的基本素质为目的,注重开发人的潜能,全面贯彻教育方针,面向全体学生,使每一个受教育者在德、智、体等方面和个性、特长得到全面、和谐、充分的发展的教育。

(二)素质教育的基本特征

素质教育具有教育对象的全体性、素质教育内容的基础性、教育空间的开放性、教育目标的全面性、教育价值的多元化、强调学生创新精神和实践能力的培养、注重学生的主体意识,尊重学生个性健康发展并着眼于学生的终身可持续发展等多方面的特征。素质教育强调"教育机会人人均等,人人获得成才和成功";要求受教育者全面发展和整体发展,充分弘扬人的主体性,注重开发人的智慧潜能,注重形成人的精神力量;强调学生的素质是做人的基础,认为每个人的素质是整个民族素质的基础,主张承认和尊重学生的差异性,因材施教。

(三)素质教育思想的现实意义

素质教育思想是我国教育发展史上具有划时代意义的一次伟大进步,是一座新的里程碑。素质教育是全面贯彻新时期教育方针、全面提高与发展人的素质的教育。素质教育的提出，是对教育本质的全面、深刻的认识的结果，也是对教育本体功能的全面、充分发挥的结果。

素质教育的提出，是全面贯彻教育方针，克服应试教育弊端，建立和完善教育体系的时代呼唤与选择。应试教育是一种以应试为目的的、片面的、淘汰式的教育，它只重智育而轻德、体、美；重知识灌输，轻能力培养；重少数尖子学生，置多数学生于不顾。而素质教育主张面向全体学生，为学生学会做人、求知、劳动、生活、健体、审美等打下基础，使学生身心得到全面、和谐的发展。

素质教育思想是我国教育改革和发展不断深化的必然结果。同时，素质教育顺应了全球教育改革的浪潮，世界各国都在优化人才培养，实施素质教育。开展素质教育是对教育发展历史经验科学认识的高度概括，也是教育发展跟上时代的必然结果。

素质教育的提出，是社会、经济发展和现代化建设对学校教育的客观要求。伴随着知识经济的步伐，世界各国都在积极进行教育改革。我国是一个发展中国家，必须大力发展教育、改革教育，为社会主义建设输送合格人才。

素质教育的提出，是提高全民族素质的根本选择。我国人口数量多，而素质水平低，只有通过教育培养合格人才，提高人口素质，才能把沉重的人口负担转化为巨大的人力资源优势，从而发挥其巨大的、潜在的经济效益。

（四）素质教育对教师的基本要求

1. 转变观念，树立正确的人才观和教育质量观

教育质量观与人才观是密切联系在一起的。由于人才观的不同，对教育质量评价的差异很大。实施素质教育要求教师必须树立起以全面提高学生整体素质为目标的育人观，在教育目标的导向上，以提高学生的整体素质为核心，实施知识教育、智能教育、情感教育、意志教育相融合的教育，立足于学生身心的全面发展。

2. 面向全体学生，尊重学生差异，关注每个学生全面素质的发展和提高

素质教育是面向全体学生的教育，它不是英才教育，而是国民教育；不是选拔教育，而是普及教育；不是淘汰性教育，而是发展性教育。因此教师要有这样的认识，即素质教育是一种使每个人都得到发展的教育，教育应该促使每个人都在他原有的基础上有所发展，都在他天赋允许的范围内充分发展，教师要面向每一个学生，尊重学生的差异。

3. 不断提高教师自身素质，做全面实施素质教育的合格教师

教师是教育理论的实践者，教师自身的素质状况直接影响到教育教学的效果。因此教师要从全面提高教育教学质量的目的出发，不断提高思想政治素质和业务素质，真正做到因材施教，教书育人，尊重学生的人格；同时加强业务知识的学习，积极参与教学研究与科学研究，把握学科发展的前沿动态，引领学生探索创新，达到师生素质的同步发展和提升。

三、创新教育思想

（一）创新教育思想的一般含义

创新教育思想是关于知识经济时代人类教育的创新职能、创新观念、创新实践的思想。创新教育思想是人类当代教育实践的重要指导思想，也是我国教育改革的重要指导思想。

（二）创新教育的特征

创新教育在实质上具有以下特征：

1. 创新教育是全面发展学生智慧品质的教育

心理学的研究表明，从思维活动的过程来看，创新能力作为一种复杂的、高级的智慧活动，需要发散思维和聚合思维的共同参与，需要分析思维与顿悟思维的协同配合，需要抽象思维与形象思维的相互协调。此外，它还离不开丰富的想象力及对自身思维过程的认知、监控与调整的能力。可以说，在创新过程中的认知活动才是一种真正意义上的整体性的智慧活动。培养和发展学生的创新精神与创新能力，就是发展学生的智慧品质。

2. 创新教育是全面发展学生个性品质的教育

心理学的研究成果表明，与创造相关程度高的个性品质包括：对自己能力的自信，行动上的独立性，能较好地调控自己的情绪，成就动机水平高，善于自我激励，高度的挫折容忍力，不盲从，喜欢用自己的观点判断问题，对事物有持久的探究欲，有幽默感等。创造性是健康人格的一个基本特征，人格越健康，就越富有创造力。

3. 创新教育必然是体现学生主体精神的教育

整体实施创新教育，教师的教育行为将发生以下变化：

（1）注意利用一切机会激发学生的好奇心和求知欲，激发学生的创造热情，激发学生对生活的热爱，让学生的学习不再仅仅是功利性的，而是一种精神生活的追求。

（2）学生不再仅仅是学习活动的接受者，而是学习活动的积极参与者。教师不能只扮演发号施令的角色，还要成为学习活动的指导者，让学生真正有一个自己思考问题的过程。

（3）教师不仅告知学生结果，更要引导学生了解知识形成和发展的过程，不仅传授知识，还要让学生了解知识学习的方法，不仅让学习认识和理解，还要让学生亲自实践和操作。

（4）教师从注重学生的统一性转变为尊重学生的多样性和差异性，允许学生发挥自己的个性特长。

（5）教师不再是学生学习和行为的唯一评判者，要尊重学生的自我评价和学生之间的相互评价。

（6）教师管理学生的方式应当充满民主的气氛。

创新教育中的这些变化，都将有利于学生主体精神的弘扬与主体地位的确立。

4. 创新教育是面向全体学生的教育

创新教育不是精英教育，它是面向全体学生的教育。创新教育从深层次来讲，是社会经济发展对人才培养提出的新要求。在知识经济时代，社会不仅需要杰出的精英人才，而且也需要普通劳动者的创造，甚至可以说，创造是现代人的基本品质和生活方式。

5. 创新教育是全方位、全过程的教育

创新教育渗透到教育活动的所有层面。

6. 创新教育是终身教育

创新能力需要终身培养，创新动机需要终身激励。因此，创新教育既是全民教育，也是终身教育。

（三）创新教育的宗旨

创新教育是指培养创新性人才的教育，创新性人才的关键在于学会创新性学习。国际著名学术团体——罗马俱乐部在其研究报告《回答未来的挑战》中，提出了学习的两种类型，即维持性学习和创新性学习。维持性学习的功能在于获得已有的知识和经验，以提高解决当前已经发生问题的能力。维持性学习强调的是要培养学生对现实社会的适应能力，它的价值基础是预先给定的，主要以公认的准则为基础，它重视模仿继承、重视获取知识和积累信息的能力，这种学习有其自身的价值，并在一定意义上是不可少的，但是，这种学习已经不能完全适应知识经济时代社会发展的需要了。而创新性学习的功能却在于通过学习提高一个人发现、吸收新信息和提出新问题的能力，以迎接社会发生的日新月异的变化。创新性学习就是要求能善于系统地提出问题，并把问题集中起来。它对公认的典型的解决问题方法所抱的态度是：在采取它以前先加以判断，然后根据价值来决定是否采用。

（四）创新教育的现实意义

创新教育思想可以深化对教育的创新职能的认识。传统的教育观念认为，教育最大的功能是韩愈所谓的"传道受业解惑"，即传播知识。然而，随着知识时代的到来和社会生产力的极大发展，教育除了具有传播知识的功能外，还具有适应时代的要求，培养创新精神和创新人才的功能。创新教育思想有利于更好地实施素质教育。在《中共中央国务院关于深化教育改革全面推进素质教育的决定》中明确指出，素质教育要以培养学生的创新精神和实践能力为重点。创新素质是素质教育的重点。

坚持创新教育思想，有利于更好地树立创新教育观念。创新教育思想要求教育工作者树立个性化、自主性、探索性、开放性、民主性、实践性和启发性等新的教育教学观念，保证素质教育的深入开展。

四、高校研究型教学的指导思想

根据素质教育思想、主体教育思想、创新教育思想的基本要求，我们可以确立研究型教学的具体指导思想：

（1）注重素质教育，融传授知识、培养能力与提高素质为一体，相互协调发展、综合提高。

（2）学生是教学活动的主体，重视学生独立学习能力和创新精神培养。

（3）人才培养模式多样化，加强因材施教，促进学生个性发展。

（4）重视学生独立获取知识能力的培养，为学生的终身学习和继续发展奠定基础。

（5）教学相长，师生同步提高。

第三节　高校研究型教学的重要价值

研究型教学是培养创新型人才的重要载体，是高校教学改革的重要途径，研究型教学模式在高校教学管理中有着重要价值。

一、研究型教学体现了现代高校教学的本质和特点

教学是教师和学生两个行为主体的互动过程。高校教学过程的本质是通过师生交往和共同研究而不断促进师生的共同发展。传统教学观认为，高校教学的本质是文化传播，是知识和技能的掌握，是学生认知能力的发展，因为学生面对的是比较稳定的社会，只需要按书本知识去行事就可以了。事实上，现代高校面对的是不断变化的社会，知识不断更新和老化，高校学生走出社会便面临着许多不确定的情境，因此，现代高校教学的本质是培养学生可持续发展的能力，如自主能力、创新能力、交往合作能力等，高校研究型教学即体现了这些本质。在高校教学实践中，教师的讲课方式和方法，基本上都是注入式、"填鸭式"，重教师传授，轻学生研究；重学习结果，轻学习过程；重书本知识，轻实践操作；重考试成绩，轻整体素质。师生之间缺乏实质性的交往，教学过程是教师单向传递知识信息的过程。这是典型的以继承为中心的应试教育，其负面影响非常大，就学生的创造能力而言至少有这些弊端：第一，它是创意的"绊脚石"；第二，它扭曲了人的学习方式；第三，它摧残了人的身心。因此，倡导研究型教学，强调师生通过共同研究和交往互动，促进彼此共同的提高，是高校教学过程的本质和特点的体现。

二、研究型教学是提升高校教育质量的迫切需要

培养具有研究能力和创新能力的综合型人才是高校的责任和历史使命。江泽民指出：教育"必须转变那种妨碍学生创新精神和创新能力发展的教育观念、教育模式，特别是由教师单向灌输知识，以考试分数作为衡量教育成果的唯一标准，以及过于划一呆板的教育教学制度。……要下功夫造就一代真正能站在世界科学技术前沿的学术带头人和尖子人才，以带动和促进民族科技水平与创新能力的提高"。因此，对高等教育教学进行改革，以激发学生的学习兴趣，培养学生的研究能力、

创新精神和创新能力,具有十分重大的意义。开展研究型教学是改革高校教学,提高教学质量以培养高层次人才的客观要求。《中华人民共和国高等教育法》规定:"高等教育的任务是培养具有创新精神和实践能力的高级专门人才,发展科学技术文化,促进社会主义现代化建设。本科教育应当使学生比较系统地掌握本学科、专业必需的基础理论、基本知识,掌握本专业必要的基本技能、方法和相关知识,具有从事本专业实际工作和研究工作的初步能力。"在《中华人民共和国学位条例》中,对本科学生的培养目标也有科研方面的要求:学士学位要"具有从事科学研究工作或担负专门技术工作的初步能力"。

近年来,我国高等教育经过连续扩招,规模不断壮大,逐渐成为世界高等教育大国。但从高等教育国际竞争力的角度,与世界其他国家相比,还有较大的差距。要提升我国高等教育的国际竞争力,最基本的问题仍然是要进一步发展高等教育,不仅要扩大人才培养规模,使更多的国民能够接受高等教育,同时应高度重视人才培养的质量这一核心问题。人才质量的核心之一,就是人才创新意识、创新思维和创新能力。这是一切发展的基础和动力,既关系到国家与民族的未来,也关系到人才自身的未来。在21世纪,人才培养质量将成为社会衡量高等教育价值的主要尺度,构成了高等学校存在与发展的生命线,也是高等教育国际竞争力强弱的重要标志。当前,社会各界普遍关心高等教育教学质量问题。国家教育部、各省市和高校普遍重视教学工作,加大了教学投入力度,加快教学改革步伐,努力提高教育教学质量。但同时,由于招生规模总量的绝对增长幅度大大超出了各种投入的增长幅度,不同程度地造成了教育资源供给不足、学科专业结构失衡、教学管理滞后等问题。此外,我国高校教学内容和课程体系虽几经改革,但内容陈旧、结构不合理、人才培养模式落后的状况依然存在。因此,在教学思想、观念、方法和模式等多方面进行改革,探讨研究型教学的理论和方法,对于高校学生的创新精神和研究能力的培养具有重大的理论和实践意义。

三、研究型教学是社会对高校培养高素质人才的呼唤

随着世界经济向知识经济过渡,高等教育面临着一系列严峻的挑战,其中最大的挑战就是在日趋激烈的国际竞争背景中,如何通过提升自己的国际竞争力来直接或间接地增强我国的综合国力和国际竞争力。高等教育的国际竞争力是国家国际竞争力的重要组成部分和基础,提升高等教育的国际竞争力也就意味着从根本上增

强国家的国际竞争力。从整体来讲，高等教育国际竞争力的要素包括政策环境、运行机制、人才培养、科学研究、社会服务、国际化程度等，而核心要素是科学研究和人才培养。21世纪人才的核心竞争力是创新能力和实践能力。当今世界各国高校的教学改革都在围绕着如何培养学生的创新能力、研究能力和实践能力来展开。《面向21世纪教育振兴行动计划》中就强调，"高等学校要跟踪国际学术发展前沿，成为知识创新和高层次创造性人才培养的基地"。因此，改革高校教学，培养高层次高素质人才便成为现时代的核心问题。而研究型教学正是顺应了这一时代要求而出现的，它是创新性教育、素质教育的突出体现。应该说研究型教学的发展是合乎时代潮流的，也是不可阻挡的发展趋势，它深深体现了教学与科研的内在含义及时代对人才的要求，它能激励教育自身的良性发展。

四、研究型教学是高校学生身心全面发展和创新能力发展的需要

高校研究型教学符合高校学生的学习特点。高校学生学习是人类学习的一种特殊形式，它具有一系列的与人类的一般学习不同的特点，也区别于中小学生的学习活动。与中小学生相比，在学习内容上，高校学生的学习特点首先表现在专业化程度较高，职业定向性较强。高校教育的任务是为社会培养各类高级专门人才。学生毕业后绝大多数人都要在社会各个实践领域从事与自己专业相关的职业活动，为社会服务。因此，高校学生学习内容的专业性较强，职业定向较明显，而中小学生学习的主要任务是普遍掌握各科基础知识。与一般劳动者的职业活动相比，也有其特点，因为高校学生的学习虽然具有较明确的职业定向特点，但它毕竟只是为毕业后参加社会工作做准备。高校学生实践知识丰富，动手能力强；学科内容富于高层次性和争议性。高校学生在专业学习中，不但要掌握本专业各学科的基础知识和基本理论，还要了解这些学科的最新研究成果及其发展趋势。高年级高校学生许多专业课学习的内容起点较高，视野较宽，有些内容实质上已处于本学科发展的前沿。与此有关的是高校学生学习内容中已包括一些有争议性的、尚无定论的学术问题。在学习方法上，高校学生学习主要表现出这些特点：首先，自学方式日益占有重要地位。与中小学生的学习相比，高校学生有更多自学的时间，用于钻研自己感兴趣的问题，而且教师的课堂教学也不会像中小学教师那样对知识的讲授面面俱到，而是讲述要点和纲要，学生必须利用课余时间进行广泛阅读和思考，此外，高校学生经常在教师指导下完成学科论文、毕业论文、毕业设计，因此，自学方式日益重

要。学习的独立性、批判性和自觉性不断增强，需要高校学生总是以批判的态度对待学习。他们不轻易相信现成的观点和结论，不迷信专家，而善于进行独立思考和探索。高校学生学习的自觉性也较强，他们能清楚地意识到自己担负的责任和学习的意义、价值，学习目的明确，学习态度端正；课堂学习与课外、校外学习相结合。其次，与中小学生相比，高校学生的学习有更多的时间和机会与社会实践相联系。正因为高校学生已具备了较丰富的理论知识和实践知识，有较强的实际操作能力，他们在学习过程中思维的独立性、批判性不断增强，加之所学内容的高层次性、争议性和自学方式日益占有重要的地位，自主学习的空间增大，有利于他们把课堂学习与课外和校外学习相结合。高校学生学习的这些特点，使高校教学区别于中小学教学，要求高校教育不仅要向学生传授知识，更要注重将科学研究引入教学过程，引导学生去探索未知领域，在学习中学会发现和创新。这正是研究型教学的基本理念。

研究型教学符合高校学生心理发展特征。由于正处于身心机能成熟的高峰期，高校学生自我意识增强，心理品质已全面而完整地发展起来，个性逐渐形成和定型化。这些使得高校学生能够更好地观察事物，并通过观察认识事物、发现问题，进而全面地分析问题和解决问题，并且易于接受新知识、新思想，不迷信权威，敢于标新立异，提出自己的新见解。研究型教学倡导教师在教学过程中应鼓励学生创新，注重塑造学生个性，加强对学生创新能力、科学研究能力和分析解决问题能力的培养。

五、研究型学习是促进高校教师专业化发展的需要

自国际劳工组织和联合国教科文组织发表《关于教师地位的建议》以来，教师职业是专业性职业，或者应该看作是一个专业性职业，逐渐成为国际教育界的共识。据北京师范高校教育管理学院院长、博士生导师褚宏启教授介绍，教师专业发展是指教师的内在专业结构不断更新、演进和丰富的过程。而内在专业结构指教师的专业精神、专业知识、专业能力、专业伦理、自我专业意识等。他认为，教师专业发展不是一个轻而易举的过程，而是一个长期的、充满着困难和艰辛的过程。关于教师专业化发展有几个重要的命题：第一，教师不仅是一种行业，更是一种专业，具有像医生、律师一样的专业不可替代性。第二，教师专业化发展的重点不在于学习专业知识，而在于提高专业能力和专业品质。第三，高校文化与中小学文化

的融合是教师专业化发展的必要条件。第四，教师专业化发展的首要条件是对教育、学校乃至自身的存在与发展的深入理解。第五，高质量的教师不仅是有知识、有学问的人，而且是有道德、有理想、有专业追求的人；不仅是高起点的人，而且是终身学习、不断自我更新的人。第六，教师专业化发展的过程也是教师认识自我价值的过程，亦即不断履行现实要求的过程。第七，教师专业化发展的主要途径是对教学进行持续不断的实验和批判性反思。第八，在师生共同的生活世界中教学相长：学生在教师的发展中成长，教师在学生的成长中发展。第九，"教师专业化发展"是"教师即研究者"的同义语。从以上命题中，我们不难发现，教师的专业化发展要求高质量的教师不仅是有知识、有学问的人，而且是有道德、有理想、有专业追求的人；不仅是高起点的人，而且是终身学习、不断自我更新的人；不仅是学科的专家，而且是教育的专家，具有像医生、律师一样的专业不可替代性，这就需要教师不断地学习和提高。特别是现代社会对高素质高水平人才需求的特点，给教师提出了更高更新的要求。在新的教师专业特性中，地位问题尽管不是不重要，但是必须以提高教师的服务质量为前提。也就是说，是教师的角色或实践而不是教师的地位受到更多的关注。在新的教师专业特性中，专业知识和技术基础等教学的认知和技术侧面固然重要，但是与学生以及在学生之间建立感情纽带，为同情、宽容和对公共利益的关心与投入奠定基础等所谓教学的社会、道德，情感侧面被认为更具有基础性。用古德森的话来讲就是，新的教师专业特性应该建立在明显达成共识的道德与伦理原则基础上，以关心为其核心，同时展示出教师应该追求的合作文化。在新的教师专业特性中，强调教师的视野不能局限于技术性能力和个性、实践性事务，必须超越自己执教的课堂和学校，必须对自己工作的道德和社会目的或使命及所持价值观保持清醒的认识，并具有自我反思的能力。在新的教师专业特性中，教师对自己的终身专业发展负责的思想至关重要。这里至少包括两方面含义：教师是学习共同体的成员，必须坚持不断地学习，坚持不断地学会教学；教师的终身学习或专业发展必须是自主的。实施研究型教学需要教师自身成为研究型人才，学会研究型学习方法，要对自身的知识结构、能力结构及教育思想、理念及时更新和改革，同时要对自己已经习惯的教学方式方法进行深刻的反思等，因此，研究型教学的实施对教师的专业化发展有着积极的促进作用。

第四节 高校实施研究型教学的必要性

当今社会，大学需要培养的是具有理性精神、具有广博深厚的基础文明的教养、具有某一领域的专门知识和技能、具有有效的表达自我的能力、具有自我延伸的能力、具有自由与责任的意识和能力，概括地说，就是有灵魂、有头脑、有专长，能够创造幸福生活和服务社群的人。反观传统的大学教学，在知识传递、科学研究和人才培养方面却存在诸多的不足之处，制约和束缚了大学生的全面发展和创新人才的培养需求。贯彻研究型教学理念，促进大学本科教学的健康发展成为当前大学教学理应面对的重要问题。

一、创新人才培养的社会需求

大学赖以存在的哲学基础主要有两种，一种哲学主要是以认识论为基础，另一种哲学则以政治论为基础。持第二种哲学观的人认为：人们探讨深奥的知识不仅出于闲逸的好奇，而且还因为它对国家有着深远影响。如果没有学院和大学，那么，想理解我们复杂社会的复杂问题就几乎是不可能了，更不用说解决问题了。过去根据经验就可以解决的政府、企业、教育等问题，现在则需要极深奥的知识才能解决，而获得解决这些问题所需要的知识和人才的最好场所是高等学府。随着社会的发展，大学逐渐由远离社会而成为社会的中心，大学不仅要承担为国家和社会培养高级人才的重任，更要直接为社会提供服务，因此，满足国家和社会对人才的培养需求就成为大学的主要职能之一。这其中，作为大学教学主要组成部分的本科教学在人才的培养上更是责无旁贷。

（一）世界各国对创新人才的培养需要

随着社会的发展，世界进入知识经济时代，科学技术突飞猛进，知识更新日新月异。面对日益激烈的社会竞争，拥有大量具有创新精神和实践能力的高级专门人才成为综合国力竞争的主要标志之一。有鉴于此，各国政府纷纷制定相关的法律政策，将改革的重点放在提高国家的创新能力上。

（二）我国创新人才的培养需求及存在的问题

世界各国对创新人才的重视揭示了在知识经济时代，培养具有创新意识、创新精神和实践能力的人才的重要性。对于正处于迅速发展中的中国来说，要实现经济的快速和可持续发展，实现国家的全面和谐发展，拥有大量具有创新精神和实践能力的高素质人才就显得更为迫切，有鉴于此，我国提出了建设创新型国家和创新型社会的战略目标。

众所周知，知识经济是以知识为主要基础而发展起来的。它强调劳动者的创新素质，认为具有智慧和创造性的劳动者能带来经济的可持续发展。知识经济并不要求每个人都是全才、博学者，都有十八般武艺，但却要求他或她尽可能地通晓其所处领域的知识，尽可能多地了解相关领域的知识，而且能自如地运用各种知识，进行创造性的工作，而不是因循守旧、循规蹈矩。大学本科教育作为为国家培养人才的主要阵地，其所培养的人才质量将在很大程度上直接关系到国家和社会的发展。本科教学作为大学的中心工作，无疑需要适应国家和社会对创新人才的需求，以此作为本科教学的重要目标。反观我国现阶段的本科教学，却存在着诸多与创新人才培养不相符的因素。传统课堂教学观的最根本缺陷在于把丰富复杂、变动不安的课堂教学过程简括为特殊的认识活动，把它从整体的生命活动中抽象、隔离出来。这种传统课堂教学观既忽视了作为独立个体、处于不同状态的教师与学生在课堂教学过程中的多种需要与潜在能力，又忽视了作为共同活动体的师生群体在课堂教学活动中多边、多重、多种形式的交互作用和创造能力，这是忽视课堂教学过程中人的因素的突出表现。在这种教学理念的指导下，学生成为接受知识的容器，学生的主体性和活动性严重丧失，创新意识的形成、创新能力的提高和创造精神的培养成为空谈。

二、知识传承和发展的时代需求

每一个较大规模的现代社会，无论它的政治、经济或宗教制度是什么类型的，都需要建立一个机构来传递深奥的知识，分析、批判现存的知识，并探索新的学问领域。换言之，凡是需要人们进行理智分析、鉴别、阐述或关注的地方，那里就会有大学。

（一）知识经济时代的客观要求

知识经济，亦称智能经济，是以知识为基础的经济，特征就是知识不断创新，高新技术迅速产业化。知识经济是以高新技术为支柱，以智力资源为依托的可持续性发展经济。在激烈的经济竞争中，世界各国都越来越认识到知识的重要性，科技知识以经济发展中上升到绝对的优势位置。在知识经济时代，掌握知识越多的人，获得的工资报酬也越多；拥有更多知识的企业，在市场竞争中获胜的机遇也越大；

拥有更多知识和信息的国家，其社会经济发展速度也越快。实践证明，哪个国家知识生产水平信息传播快，科技成果运用广，这个国家的综合实力就强。知识经济关键是人才，人才的培养离不开教育，21世纪以高技术为核心的知识经济占主导地位，国家综合国力和国际竞争能力将越来越取决于教育，这就要求中国教育必须要以崭新的姿态迎接21世纪的挑战，走改革创新之路。知识经济时代的另一个显著特点是知识的更新日新月异，知识的数量呈几何级增长。面对这样一种情况，单靠传统的传递性教学不但难以适应知识日新月异的变化，而且不利于学生学习能力的提高和发展。

大学本科教学作为大学教学的中心工作，承担着知识的传递和创新的使命。对此观点，不同的专家学者从不同的方面予以强调。强调认识论的人把以"闲逸的好奇"精神追求知识作为目的。在维布伦看来，探讨深奥的实际知识是学术事业不证自明的目的；郝钦斯则认为大学存在的目的是对社会的最令人困扰的问题进行尽可能深刻的思考，甚至思考那些无法想象的问题；怀海特则认为大学之所以存在不在于其传授给学生知识，也不在于其提供给教师研究机会，而在于其在"富于想象"的探讨学问中把年轻人和老一辈人联合起来，由积极的想象所产生的激动气氛转化为知识，在这种气氛中，一件事实不再是一件事实，而被赋予了不可言状的潜力综合上述观点，大学教学过程从本质上讲是一种特殊的认识过程。通过教学，使学生认识客观世界，从而达到促进学生全面发展的目的。大学教学一方面在帮助学生认识人类已有知识，同时引导他们探索对整个人类来说也是未知的东西，表现出认识已知和探索未知的统一。这一点是大学学校教学过程的特殊性，是普通学校教学过程所没有的。大学教学过程中认识已知与探索未知的统一，从实践上分析，则表现在教学工作与科研工作的结合上。我们知道，大学存在的一个重要基础就是学科认识论基础，没有了科学研究的职能，大学对于人类发展的价值是有限的。正是大学的研究使它更受人尊重并因此而获得更大的自由与宽容。正如美国教育学家梅滋（Theodore Merz）指出的，"一言以蔽之，大学制度不仅传授知识，而且还教授研究。这是它的骄傲和名闻遐迩的原因。"由此可知，大学除承担教学和社会服务外，其主要功能就是促进高深学问的探究和传播，科学研究是大学的三大主要职能之一。本科教学作为大学的中心工作，自然承担着高深知识的传播和探究职能，同时在知识的传播和探究中，促进师生科研能力的提高。

（二）"授之以鱼"向"授之以渔"的转变

长期以来，受传统教育理论和教育思想的影响，我国大学的本科教学一直以向学生传授系统的科学知识作为本科教学的唯一目的。传递性教学是以知识为本位的教学，应该肯定的是，书本知识的学习能促进学生认知的发展，使得学生能在较短的时间内高效地掌握相应多的知识。但是，这种教学在强化知识的同时，从根本上失去了对人的生命存在及其发展的整体关怀，从而使学生成为"被肢解的人"，甚至"被窒息的人"。也就是说，传递性教学只关注知识的授受，学生被动地成为盛装知识的容器，而不是具体的有个性的生命主体。学生的学习更多的是对书本知识的机械识记。这种教学重理论轻实践、重理性轻感性、重结论轻过程。传递性教学的问题不在于传递什么，恰恰在于传递行为本身，因为传递式教学是以客观知识、权威知识和外部知识的灌输为特征的，这种僵化的观念否定了教育和获取知识在本质上是探究的过程：教学不是教授"现成真理"，而是师生合作共同去"探究真理"。

在这样一种教学理念的指导下，教师成了教学活动的唯一主宰，教材成了唯一的教学内容，学生则成了被动接受的容器，完全丧失了主体性。不可否认，知识的传授是教学活动的重要目标，但并不是唯一的目标，知识的学习和掌握应该成为学生各项能力发展的基础和手段。当前，世界进入知识经济时代，知识的重要性日渐凸显，但是，知识重要性作用的发挥需要借助于人，也就是说知识必须转化为各种相应的能力才能发挥其作用。在这样一个知识大爆炸的时代，科学技术发展迅速加快，新技术、新知识不断涌现，知识总量急剧增加，知识的更新日新月异。面对这形势，那些仍旧抱定通过有限的学校教育所获得的知识就可以一劳永逸的人势必将落后于这个时代。个人必须掌握高质量的基础教育的一切基本知识，更为理想的是，学校应进一步赋予学生学习的兴趣和乐趣、学会学习的能力以及对知识的好奇心，让终身教育和学习型社会的理念深入人心，因此，掌握学习知识的方法，形成学习知识的能力就成了当务之急。

终身学习社会的出现，更要求学生在校学习期间掌握学习的方法，为今后步入社会奠定基础。高等学校除承担知识的传授任务之外，更肩负着对新知识的探究职能，这更需要师生具备诸如收集资料的能力、善于发现问题的能力、敢于质疑的精神等探究新知识的综合能力和素质。从这个角度来讲，高等学校教学所奉行的教学理念就必须从"授之以鱼"转变为"授之以渔"。反观我国现阶段的本科教学，更多的是将传授间接的书本知识作为教学活动的全部，这显然不利于知识大爆炸时代的知识传授和探究，也不利于促进学生各方面能力的提高和发展，重建大学本科教学成为知识传播和探究的唯一出路。

三、大学生全面发展的内在需求

（一）片面发展的消极影响

学校实施教育既然必须以教学为基本途径，那么教学所应完成的任务也就是学校教育所应完成的任务，它包括思想品德的培养、系统的文化科学知识的传授、技能技巧的获得、身心各种能力特别是智力与创造思维能力的发展，健康的审美情趣乃至与社会发展相适应的完满个性的形成，以上这些也就是教学工作所必须完成的任务。反观我国传统的大学教学，由于受应试教育思想和行为主义学习理论的影响教师处于教学的中心地位，是知识的传播者和灌输者；学生被看成外部刺激反应的被动接受者、知识的灌输对象；教学内容是教师以教材为中心的授课内容；教育技术是教师传授知识的方法与手段；教学过程是"满堂灌"的讲解说明式。

传递性教学在教学方法上以灌输为主，强调将现成的书本知识直接装进学习者的头脑中。学生则完全丧失了作为教学活动主体之一的主动性，被动地作为知识的容器。不可否认，传授系统的文化科学知识是大学教学的重要内容，而且对促进大学生的全面发展起着至关重要的作用，是完成其他各方面任务的基础，但与之紧密结合，必须同时进行德育教育。然后还要使学生在思想、文化、科学知识的基础上掌握有关的技能技巧。即对这些基础知识，既能理解，又会运用；既能牢固掌握，又会动手操作。而在后一方面，则往往是被我们过去所忽视的。但是，长期以来我国的大学教学更多的将传授文化科学知识作为教学活动的全部，注重的是学生知识的掌握，对于学生智力以及各种能力的发展则重视不够，而对于情感、兴趣、爱好与意志等非认知心理因素则更加缺乏关注。更多的是将学生的身心全面发展作为确定教学内容与方法的一个重要条件，而没有清楚地认识到这是完成教学任务的一个方面，更没有深刻地理解到学生身心发展和文化科学知识的关系是相辅相成、互为因果、不可分割的。须知这些因素是绝对不能忽略的，只有将学生的认知因素和非认知因素协调起来，促进其共同发展，才有可能使学生朝着健康的方向发展，才有可能促进学生的全面发展。

（二）促进大学生的全面发展

王国维在《论教育之宗旨》一文中认为，教育之宗旨，即"在使人之为完全之人物而也"。他所指的完全之人物，即"人之能力无不发达且调和也"。大学教学就在于通过教学，实现学生和谐全面的发展。就个体心理素质而言，通过大学教学中德育、智育和美育的渗透，追求道德、智力和情感三方面的全面和谐之发展，塑造学生真善美三者相融合的理想化个性；就心理素质和生理素质的和谐统一而言通过体育与德智美诸育的结合而追求学生身心的全面发展；就人格体系的开放性而言，教学还矢志追求个体与外部世界（包括自然环境和社会环境）的既有广度、又有深度的有机榫合，实现学生个体与自然、社会协调、可持续的发展。

马克思主义认为，人的发展应当以生活于其中的社会生产力和生产关系为出发点。首先，从人作为生产力的主要因素劳动力来考察人的发展，应当是体力和智力得到充分的自由的发展和运用。而且必须是两者统一、平衡、和谐地发展，人的体力和智力的发展与生产过程的统一，即对人的全面发展提出要求，也为人的全面发展创造了条件。其次，从人作为一定社会中的成员来考察人的发展，应当对道德品质和美的情趣有所要求。在理性的社会里，人不仅是物质财富和精神财富的创造者也使这些财富的享受者，人的个性得到充分自由的发展，他们的高尚的道德品质和美的情趣也必然得到高度的发展。总的来说，人的全面发展就是应促进包括智力因素和非智力因素在内的全面协调发展。

作为高等学校为国家和社会培养的高素质人才，大学生既需具备普通人的全面发展的共性，同时又应具备自身独有的人才培养规格。具体来讲，大学生的全面发展是指大学生在知识系统、能力系统和价值观念系统等三方面的全面发展和提高。当前，国家正在大力提倡科学发展观，构建社会主义和谐社会。科学发展观的实质是一种全面、协调、可持续的新型社会发展观，其核心内容是坚持以人为本，实质是要实现经济社会和人的全面发展。大学生是国家宝贵的人才资源，是民族的希望和祖国的未来。高等教育作为培养人的活动，在为国家和社会培养人才的同时，其最终目标在于促进大学生的全面、自由的发展。概而言之，高等教育贯彻落实科学观就是要促进和实现大学生在知、情、意、行等方面的全面发展。以人为本的大学教学要把传播知识、发展能力、丰富情感有机结合起来，实现教育教学一体化，注重创新精神和实践能力的培养，注重思想教育和审美教育。首先，大学教学的目标不应仅仅局限于认知领域，即知识的传播和智能的培养，而应注重完整的人的塑造。通过课堂教学，我们不仅要传播系统的文化科学知识，形成基本的技能和技巧，更主要的是要培养、发展学生的智能；发展学生的体力，促使学生身体各部器官及其机能的正常发育和发展；培养学生的情感、态度、世界观、人生观、价值观和共产主义道德品质；发展和培养学生的职业素质。

第二章
高校研究型教学模式的外延

在教育史上曾经多次出现过以强调学生学习的主体性、发现性、探究性等为特征的教学理论或观点。18世纪末到19世纪，欧洲的一些教育家如卢梭、裴斯泰洛齐、福禄倍尔等人，受到"启蒙运动"的影响，倡导教学的研究性，其目的是把人的精神从中世纪的蒙昧、迷信、盲从中解放出来，让理性的光辉照亮人的心灵。19世纪末至20世纪初，美国的进步主义教育家杜威、克伯屈等人以及康茨、拉格等改造主义者，为适应工业化时代的需要和社会民主化的需求，且深受迅猛发展的实验科学的影响，提倡研究性学习，其目的是培养适应现代社会需要的改造自然和社会的能力的人才。20世纪50年代末至20世纪70年代，美欧诸国以及亚洲的韩国、日本等国的一些著名教育家如布鲁纳、施瓦布、费尼克斯等人，更是在理论上系统论证了"发现学习""探究学习"的合理性，推动了旷日持久的课程改革运动——"学科结构运动"，目的是培养"智力的卓越性"，造就智力超群的社会"精英"。

第一节 发现教学理论与高校研究型教学

一、发现教学或发现学习的一般含义

发现教学，是指在教师的启发诱导下，学生通过对一些事实和问题的独立探究、积极思考、自行发现并掌握相应的原理和结论的一种教学方法。其主要代表人物是美国著名的认知心理学家和教育家杰罗姆·S·布鲁纳。事实上，在教育史上重视学生发现的观念由来已久。苏格拉底的产婆术、卢梭为代表的自然主义教育学派、杜威为代表的实用主义教育学派等都非常强调儿童独立发现的重要性。德国教育家第斯多惠曾说："一个坏的教师奉送真理，一个好的教师教人发现真理。"但

真正使"发现教学"形成理论并做出新发展的，是布鲁纳。他主张学习的目的在于以发现学习的方式，使学科的基本结构转变为学生头脑中的认知结构。他认为："学习中的发现确实影响着学生，使之成为一个'构造主义者'。"布鲁纳认为："进行大规模的课程改革，至少还有一件重要事情尚待解决。这就是通晓某一学科领域的基本观念，不但包括掌握一般原理，而且要包括培养从事学习研究的态度、推理和预测的态度，以及独立解决难题的可能性，一个重要的因素是关于发现的兴奋感。这就是说，发现以前未曾认识的各种观念间的关系和相似的规律性，以及伴随着对自身能力的自信感。"他指出："发现不限于寻求人类尚未知晓的事物，确切地说，它包括用自己的头脑亲自获得知识的一切方法。"这就说明了发现教学与传统的以讲授为主的教学方法的不同之处。发现教学的特点，在于它不是把现成的结论提供给学习者，而是从青少年好奇、好问、好动的心理特点出发，在教师引导下，依靠教师和教材所提供的材料，让学生自己去发现问题、回答问题和解决问题，使他们成为知识的发现者，而不是消极的接受者。布鲁纳认为学生的认识过程与人类的认识过程有共同之处，而教学过程就是在教师的引导下学生的发现的过程，"学习就是依靠发现"，要求学生利用教师或教材提供的材料，主动地进行学习，强调学生自我思考、探究和发现事物，而不是消极地接受知识。布鲁纳认为学生发现学习的"发现"与科学家的"发现"只是形式和程度的不同，而性质是相同的，都是通过积极的思维活动而发生的，其智力功能和发展价值是相通的。因此，学生要像数学家那样思考数学，像历史学家那样思考历史，亲自去发现问题的结论和规律，成为一个发现者。因此，教学不是讲解式的，不能使学生处于被动接受知识的状态，而应是假设式的，应尽可能让学生保留一些令人兴奋的观念系列，引导学生自己去发现，使之成为科学知识的发现者。在这里，布鲁纳坚信：要让学生理解掌握学科的基本结构，能够独立解决问题，适应社会发展的要求，就得让学生具有良好的研究问题的基本态度，掌握良好的学习知识和探究问题的方法。布鲁纳认为发现法能造成研究问题的情境，产生学习的内在动机，并在学生的意识中引入类似科学研究的任务和问题，促使他们努力去探索和掌握科学结论，从而提高学生的智慧，发挥学生的智能。发现法教学模式的核心和精髓，就是要求学习者由"被动接受"知识转化为"主动发现"的积极学习。

二、发现教学的主要特点

（一）强调对学科结构的理解

布鲁纳认为教学的目的在于理解学科的基本结构。由于布鲁纳强调学习的主动性和认知结构的重要性，所以他主张教学的最终目标是促进学生"对学科结构的一般理解"。发现教学法的目的在于发展学生的智力，培养学生的探究思维能力。布鲁纳认为：发现教学的目的是促进儿童社会的、情感的、智力的发展，使所有学生达到相应水平，实现教育现代化。他认为："用发现法进行教学，就是要把学生当作教学领域里的小科学家看待……"，"学习任何学科，主要是要掌握这门学科的基本结构，同时也要学习这门学科的基本态度和方法。过去的教学只注意发展学生的分析思维能力，今后应重视发展学生直觉思维能力。因为在发现、发明、解决问题的过程中，常用直觉思维、类推和归纳推理，才能得出正确答案或结论，然后再用分析思维去验证"。布鲁纳认为："我们应当尽可能使学生牢固地掌握学科内容，我们还应当尽可能使学生成为自主且自动的思想家。这样的学生他在正规学校接受教育结束后，将会独立地向前迈进。"他要求"不论我们选教什么学科，务必使学生理解该学科的基本结构"。他所谓的基本结构，就是指学科的基本概念、基本原理及基本态度和方法。而所谓"掌握事物的结构，就是允许许多别的东西以与它有意义地联系起来的方式去理解它"。当学生掌握和理解了一门学科的结构，他们就会把该学科看作是一个相互联系的整体。因此，布鲁纳把学科的基本结构放在设计课程和编写教材的中心地位，成为教学的中心。他认为，学生理解了学科的基本结构，就容易掌握整个学科的具体内容，就容易记忆学科知识，就能促进学习迁移，促进智力和创造力的发展，并可提高学习兴趣。

（二）强调学习过程

布鲁纳认为："认识是一个过程，而不是一种产品。"在教学过程中，学生是一个积极的探究者。学生的学习过程就是一个自我"发现"的过程。我们教一门学科，不是要建造一个活着的小型图书室，而是要让学生自己去思考，参与知识获得的过程。布鲁纳十分重视学生的主动性和积极性的发挥，认为学生应具备自我探究的积极性，想方设法寻找解决问题的方法，从而学会怎样学习。

（三）强调直觉思维

布鲁纳十分强调学生直觉思维能力的发展。他认为，直觉思维与分析思维不同，它不根据仔细规定好了的步骤，而是采取跃进、越级和走捷径的方式来思维。直觉思维的本质是映像或图像式的，它的形成过程一般不是靠语言信息，尤其不靠教师指示性的语言文字。"直觉思维，预感的训练"是正式的学术研究和日常生活中创造性思维很容易被忽略而又重要的特征。机灵的预测、丰富的假设和大胆迅速地做出实验性结论，这些是从事任何一项工作的思想家极其珍贵的财富。所以，教师在学生的探究活动中要帮助学生形成丰富的想象，防止过早语言化，与其指示学生如何做，不如让学生自己试着做，边做边想。

（四）强调内在学习动机

布鲁纳重视学生形成内部动机，或把外部动机转化为内部动机。发现活动能激起学生的好奇心，学生受到好奇心的驱使，对探究未知的知识就会表现出兴趣，有发现的自信感。布鲁纳认为，与其让学生把同学间的竞争作为主要动机，还不如让学生把挑战自己的能力作为首要目标。因此，他主张通过激励学生提高自己才能的欲求，从而提高学生的学习效率。

（五）强调信息提取

布鲁纳对记忆过程持比较激进的观点。他认为，人类记忆首要问题不是贮存，而是提取。提取信息的关键在于如何组织信息，知道信息贮存在哪里和怎样才能提取信息。所以，学生如何组织信息，对提取信息有很大影响。学生亲自参与发现事物的活动，必然会用某种方式对它们加以组织，从而对记忆具有最好效果。

三、发现教学的步骤

在教学方法上，发现法是让学生独立思考，改组材料，自行发现知识，掌握原理原则的学习方法。发现不限于那种寻求人类尚未知晓的事物的行为，正确地说，发现包括用自己的头脑亲自获得知识的一切形式。具体步骤：

（1）提出和明确使学生感兴趣的问题；

（2）使学生体验到问题的某种程度的不确定性，以激起探究；

（3）由学生提出解决问题的多种可能的假设；

（4）协助学生搜集可供下断语的资料；

（5）组织学生审查有关资料，得出应有的结论；

（6）引导学生用分析思维来实证结论；

（7）使问题得以解决。

四、发现教学的主要策略

布鲁纳认为教师在教学过程中永远是主导者,而不仅是知识的传授者。为更好地发挥教师的主导作用,教师在发现教学中必须运用以下教学策略:

1. 教学要与学生的认知发展相适应,合理安排教学序列

布鲁纳认为,教学是"引导学习者通过一系列有条不紊地陈述一个问题或大量知识,以提高他们对所学习事物的掌握、转换和迁移能力。序列是学习者在某种知识领域内所遇到的旧材料的程序,它影响着学习者达到熟练的程度"。因此,教学应当详细规定所根据的详细材料的最有效的序列。

2. 努力创设问题情境,激发学生的内部动机,造成强烈的问题意识

教学过程不仅是学生的特殊认识过程,也是情感过程、意志过程。情感不仅是推动学习的动力,而且对人们的行为起着巨大的调节作用。因此,在教学中教师应注意创设问题情境,激发学生学习的动机,以问题为思维中心,造成强烈的问题意识,使学生自觉地、有意识地发现、提出和解决问题,促进思维能力的扩展。

3. 深入学生的思维活动过程,培养其思维操作水平

心理学研究表明,问题性是思维的重要特征,思维火花总是围绕着问题进行操作的,而人的思维发展水平取决于思维操作水平。因此教师应该充分利用思维的这一特征,开展教学活动,发展学生的智力操作水平。首先,教师要通过对某一具体问题的分析、比较、归纳、概括,促使学生思维操作有一定的方向性和可操作性,进而扩大解决问题的范围,使学生形成独立自主的思维。其次,就是要善于通过语言及多种直观手段为学生积极主动的思维创造条件,从而帮助学生掌握新知识。再次,教师应给学生点明问题的关键,减少学生所谓的盲目性,从而使学生获得更多的成功体验。

4. 注意适时强化

布鲁纳认为,教学是在刺激反应和纠正错误中进行的。他主张教师在教学中应选择适当时机让学生了解自己的学习结果,掌握知识的牢固程度,应用知识的成效,以便提供反馈信息,合理发挥强化的作用。这样师生就能够及时对教学的进程进行调整,并使学生逐步具备自查的能力,促进外在动机向内在动机转化,使学习动机始终维持在强烈的水平上。

五、发现教学评价及对高校研究型教学体系建构的意义

1. 发现教学有以下几个突出的优点

（1）有利于培养内部学习动机，因为学生通过发现就会从获得胜任能力中得到满足。发现法能更好地培养学生的抽象思维能力，发展智力，发挥潜力。布鲁纳认为："以发现为重点，确实能帮助儿童学会多种多样地解决问题，学会多种多样地更好地使用而转换信息，帮助他学会怎样完成真正的信息任务。"发现学习是学生相对独立的探究。发现的学习活动，可以培养学生对科学知识本身的兴趣与热爱，容易使学生形成自我奖励、自主学习的内部动机。

（2）有利于知识的保持，因为发现的过程是对知识加工、重组、结构化的过程，有结构的知识易于保持和提取。发现法使学生学会了探究问题的方法，从而可以巩固其对知识的记忆。

（3）有利于学会发现的技能，实现知识的迁移。学生在经历了问题的最初困惑到最后解决的漫长曲折的思维过程后，再碰到类似问题，思维过程将大大缩短，反应将变得敏捷而有效。日本学者通过对比实验发现，不论在自然科学还是社会科学，发现法对于学生迁移能力的形成比其他方法都高出30%左右。所以，布鲁纳坚信："人唯有凭借解决问题或发现问题的努力，才能学到真正的发现的方法"。

（4）有利于激发学生的智慧潜能，因为教学中为学生提供了用于解决问题的信息，学生亲自参与获取新知识的实践。发现教学以过程为定向，充分显示学生的思维过程，注重思维的过程甚于思维的结果。而且，发现教学有助于培养学生的思维，如分析思维、批判性思维、创造性思维能力。布鲁纳的发现法是一种以培养精英为主要目的的教学模式。教师在教学过程中经常运用发现法进行教学，就会促进学生对新问题提出假设、预测、观察、思考，直至解决。这样，将会逐步培养学生掌握收集资料、改造利用资料去解决问题的习惯和方法，这对于发展学生的独立思考、直觉思维和洞察力，以及培养创造态度是非常有利的。

2. 发现法的不足

（1）发现教学的适应范围和对象是有限的，它并非适用于所有学科或所有学生。

（2）发现教学对学生的知识基础要求较高，发现学习要求学生具备相应的发现需要、发现经验，并树立有效的假设，这较易引起学生的畏难情绪和恐惧心理。

（3）发现教学费时较多。通过发现学习来掌握知识，效率很低，运用不当就难以在有限的时间内完成教学任务。因为从本质上来讲，学生的学习过程是以学习间接知识为主，这就要求学生不需要事事都按照"发现的步骤"去进行，而这是不可能的。布鲁纳自己也承认：一个学生不能只凭发现法学习，犹如一个发明家，也不是一天到晚都在搞发明一样。

（4）发现教学具有较大的灵活性，尤其是在教师"引导"与学生"发现"的结合问题上，对教师要求较高，要因教材或因学生而异，教师难以娴熟运用。同时，它还要求教师的启发要与学生的发现学习配合起来，教师既不能放任自流，也不能任意摆布。这对教师的自身素质、专业水平及反应能力都提出了较高的要求。

3. 发现教学对高校研究型教学的意义

布鲁纳结构主义和发现教学模式是适应20世纪60年代苏美两个超级大国争霸的需要而产生的，对于美国的传统教育思想来说，无疑是一个重要的发展和突破，对世界各国教育改革的影响也是深远的。布鲁纳关于任何学科的教学，务必使学生理解该学科基本结构的观点；关于知识结构必须和学生的认识结构协调统一的观点；关于发现不仅仅是一种方法，而且还是一种学习动力的观点；关于教学要使学生学会怎样学习的观点；关于教学要提出"适中问题"以发展学生智慧的观点；关于教学要重视直觉思维训练的观点等，都值得我们认真研究、批判和借鉴。布鲁纳从认知心理学出发，认为学习过程不过是人主动地对进入感觉的事物进行选择、转换、储存和应用的过程，是主动学习、适应、改造环境的过程。因此，应该要求学生充分地发挥主动性、创造性，亲自去发现所学的知识和规律，使自己成为一个发现者。布鲁纳极力反对传统教学的讲解式——使学生处于被动接受知识的状态，而主张教学应该是假设式的，教师要"尽可能保留一些令人兴奋的观念的系列，引导学生自己去发现"。发现教学法并不要求学生研究新知，创造科学成果，而是让学生模拟走科学家已走过的研究道路，去获得知识。

结构主义教学观及其教学原则，经过长期的教学实践检验，被证明是行之有效的，对高校教学同样是适用的。它对高校研究型教学具有极大的启发和借鉴意义。为了促进高校学生良好认知结构的发展，教师必须全面深入地分析教材，明确学科本身所包含的基本概念、基本原理及它们之间的相互关系，只有这样，才有可能引导学生加深对教材结构的理解。在引导学生理解教材结构的过程中，首先应注意教学本身应有新异性，同时跨度要适当，其难度不能过高或过低，以激发学生的好奇心和胜任感；其次，应根据高校学生的经验水平、年龄特点和材料性质，选取灵活的教学程序和结构方式来组织实际的教学活动过程；同时，应注意提供有助于学生矫正和提高的反馈信息，并教育学生进行自我反馈，以提高学习的自觉性和能动性。应该说，在中小学教学中运用发现法还存在一定的局限性，但在高校教学中却会更有效。高校学生的培养和发展目标、高校学生所具备的知识和能力水平都使得他们更有可能运用发现学习或发现教学，而且这里的发现不仅仅是模拟发现，而可能是创新性发现。

第二节 探究学习理论与高校研究型教学

一、探究性学习的一般内涵

探究性学习是一种积极的学习过程，主要指的是学生在科学课中自己探索问题的学习方式，即是学生仿照科学研究的过程来学习科学内容，从而在掌握科学内容的同时体验、理解和应用科学研究方法，掌握科研能力的一种学习方式。探究教学法是美国生物学家、教育家施瓦布反对把科学知识当作绝对的真理教给学生，强调科学是一个寻求证据，对自然现象不断加以解释的过程，在20世纪中期提出的以探究学习为核心的教学方法。

最早提出在学校科学教育中要用探究方法的是杜威。此前大多数教育者认为科学教育的方法主要是通过直接教学让学生学习大量的科学知识、概念和原理。杜威在美国科学进步联合会的发言中第一次对这种方法提出批评。他说，科学教学过于强调信息的积累，而对科学作为一种思考的方式和态度没有予以足够的重视。杜威认为科学教育不仅仅是要让学生学习大量的知识，更重要的是要学习科学研究的过程或方法。教育家施瓦布指出："如果要学生学习科学的方法，那么有什么学习比通过积极地投入到探究的过程中去更好呢？"这句话对科学教育中的探究性学习产生了深远的影响。施瓦布认为教师应该用探究的方式展现科学知识，学生应该用探究的方式学习科学内容。为实现这些改变，施瓦布建议科学教师首先要到实验室去，引导学生体验科学实验的过程，而不是在教室里照本宣科地教授科学。这就是说，在向学生介绍正规的科学概念和原理之前应该先让他们到实验室里做实验。用实验的证据来解释和深化教材中的内容。

二、探究性学习的特征

因为探究的用法非常广泛，所以研究者们提出了一个定义，将以探究为本的教学和学习与一般意义上的探究区分开来，也与科学家从事的探究区分开来。根据对探究和探究性学习过程的分析，探究性教学和学习在五个方面与科学探究有联系又有区别，这五个方面的特征构成了探究性学习的五个基本特征：

1. 提出问题：学习者投入到对科学型问题的探索中

科学型问题以物体、有机体和自然界的事件为中心，与学校科学教育内容标准中描述的那些科学概念联系在一起，这些问题能引导学习者进行实证调查研究，通过收集和利用数据来形成对科学现象的解释。科学型问题与科学问题在深度和广度上有所不同，提出问题的过程中接受的指导程度也不同。在课堂里，提出对学生有意义的、有针对性的问题能够丰富学生的探究活动，但是它们不能是深不可测的，而必须能够通过学生的观察和从可靠的渠道获得的科学知识来解决。学生必须掌握解答问题的基本知识和步骤，这些知识与步骤必须是便于检索和利用的，必须适合学生的发展水平。一开始提出的问题可以来自学习者、教师、教材、网络、其他一些资源，或结合起来产生。教师在引导识别这些问题上起着关键的作用，熟练的教师能够帮助学生，使他们研究的问题更为集中深入。

2. 收集数据：学习者重视实证在解释与评价科学型问题中的作用

实证是科学与其他知识的区别。科学家用感觉器官或借助工具、仪器，通过自然情境下的观察和测量以及在实验室中进行的实验和测量来收集实证资料。在某些情况下，科学家能够控制条件以获得实证资料和结果；在另一些情况下，他们不能控制条件或控制会歪曲现象时，他们则通过对自然发生的情况进行大范围的观察来收集数据或通过长时间的观察来收集数据。科学家基于实证资料，推断不同因素可能的影响。实证资料的正确性则通过检验性的测量、重复观察，或收集与同一现象有关的不同种类的数据来验证，并且要经受来自各方面的质疑和进一步的调查研究。在探究性学习中，学生也要根据实证资料做出对科学现象的解释。一是观察并描述他们的特征；二是测量并认真地做记录；三是实验室中的实验、观察和测量，将实验过程中的变化和发展情况记录在报告和表格中；四是从教师、教学材料、网络或其他途径获得实证资料，使他们的探究进行下去。与科学探究不同的是，探究性学习中收集实证资料的过程能够更多地获得和利用他人的帮助。

3. 形成解释：学习者根据实证形成对科学问题的解释

学习者在实证的基础上，根据逻辑关系和推理，找到事件的因果关系和其他解释。他们的解释和观点必须与实验或观察得来的实证材料相一致。学习者必须尊重事实、尊重规律，以开放的态度面对批评，运用与科学相联系的各种不同的认知过程，例如，归类、分析、推论、预测，以及像批判性推理和逻辑等一般方法。所谓解释，指的是在学习新知识的过程中，将自然或实验室观察的结果与已有的知识联系起来，形成超越已有知识和当前观察结果的新的理解。

4. 评价结果：学习者根据其他解释对自己的解释进行评价

评价，以及对解释的排除或修正，是科学与其他形式的探究及其解释相区别的一个特征。人们可以问这样的问题：实证材料能够证明所提出的解释吗？解释是否足以回答问题？在将实证材料与解释联系起来的推理中有没有明显的偏见和缺点？根据实证材料能不能得出其他解释？学生们能通过参与对话比较各自的研究结果，或把他们的结果与教师或教材提出的结果相比较来评价各种可能的解释。与科学探究不同的是，学生只要将他们的结果和适应他们的发展水平的科学知识相结合，就达到了探究性学习的目的。

5. 检验结果：学习者交流和验证他们提出的解释

科学家通过重复他人的实验来验证其结果。这就要求对问题、步骤、证据、提出的解释和对其他解释的评价予以明确清晰地描述。它使研究能够经受更多的质疑，也为其他科学家用这些解释来研究新问题提供机会。让学生们交流他们的研究结果，可以为其他人提供问题、检验实证材料、找出错误的推理、指出实证资料所不能证明的表述以及根据同一观察资料提出其他不同解释的机会。交流结果能够引入新问题，或者加强在实证资料与已有的科学知识以及学生提出的解释之间已有的联系。结果是学生们能够解决交流中遇到的矛盾，进一步确定以实证为基础的论证方法。

探究性学习应充分体现这五个基本特征。当然所有这些特征都可以有所变化。例如，每一次探究都使学生投入到科学型问题中去，但是在有些情况下，探究的问题首先是由学生提出的，而有些情况下，学生并没有直接提出问题，而是在教师提供的问题中选择一个问题进行研究，或者在别人提出的问题上稍加修改，使之更为深入。研究表明，探究性学习中学生的自主程度是很重要的，应该尽量使学生投入到自己发现问题或深化探究问题的活动中去。但是探究性学习也不是绝对的，只要围绕科学型问题的、使学生投入到思考中去的、适应特定的学习目标要求的，那么即使在这五个特征上有所变化，也可以认为是探究性学习。

三、高校研究型教学与探究性学习

与探究性学习相比较，高校研究型教学在内容、目标等方面都有了更新的内涵和更广的拓展。从"研究"本身的内涵看，探究性学习主要指科学研究，而研究型教学超出了科学探究的范畴，它强调科学与人文整合的综合性方法在教学中的运用，即在运用科学探究的方法的同时，融入社会学科、人文学科方法。从学生发展的目标看，探究性学习的主要目标是培养学生的科学探究能力，而研究型教学在强调培养学生科学研究能力的同时，关注他们人文素养的提高，即我们的学生必须在科学研究能力形成的过程中，理解科学探究的价值，养成科学的态度和科学的精神，并在这一过程中学会合作，学会理解。但是探究法所重视的如要求学生主动投入到探究活动过程中去，用探究的方式学习学科知识内容的思想及其探究法所提出的、体现探究法特点的五个阶段：提出问题、收集数据、形成解释、评价结果、验证结果对研究型教学的模式构建及指导思想上都有着积极的启发作用。

第三节　研究学习理论与高校研究型教学

一、研究性学习的一般含义

这里的研究性学习是指我国中小学在新课程改革中的一门必修课程，以及与此对应的一种学习方式。"研究性学习"作为一种学习方式，从广义上理解是指学生主动探究的学习活动。它是一种学习的理念、策略、方法，适用于学生对所有学科的学习。从狭义上理解是指在教学过程中以问题为载体，创设一种类似科学研究的情境和途径，让学生通过自己收集分析和处理信息来实际感受和体验知识的生产过程，进而了解社会，学会学习，培养分析问题解决问题的能力和创造能力。研究性学习以培养学生的创新能力和实践能力为核心，特别注重学生对所学的知识的实际应用，特别注重学生学习的过程和学生的实践和体验，它是以学生的发展为本，凸现学生学的方式，形成一种让学生主动探求知识并重视解决实际问题的积极的学习方式。作为一种学习方式，"研究性学习"是渗透于学生的所有学科、所有活动之中的。作为一种课程形态，"研究性学习"课程是为"研究性学习方式"的充分展开所提供的相对独立的、有计划的学习机会。具体地说，是在课程计划中有一定的课时数，以更有利于学生从事在教师指导下，从学习生活和社会生活中选择和确定研究专题，主动地获取知识、应用知识、解决问题的学习活动。所以，"研究性学习"课程是指向于"研究性学习方式"的定向型课程。无论是把研究性学习作为方法来看待，还是作为一门课程来看待，实质上都是强调学生的独立性与主动性，强调学生通过个人探索和个人研究，发现问题和解决问题，强调通过学生自主探索和研究的过程，发展学生的独立性、自主性和学习积极性，使学生研究、探索的需要得到满足，使学生学会学习。

研究性学习是基于人类对学习活动的不断认识，逐步形成的一种现代学习观，强调学习者的主动探究和亲身体验以及基于真实任务的研究问题的解决。对于课程教学来说则是学生在教师指导下，选择与课程内容相关的专题进行研究，并在此过程中主动获取知识应用知识、解决问题的学习活动。

"研究性学习"课程与学科课程存在本质区别：学科课程是基于或主要基于学科的逻辑体系而开发的，掌握必要的体现于学科中的间接经验是学科课程的直接目的；"研究性学习"课程则基于学生的直接经验，它以获取关于探究学习的直接经验、发展创新精神和解决问题的能力为直接目的，以个性健全发展为根本目的。

"研究性学习"课程与各门学科课程也存在内在联系："研究性学习"这种学习方式不仅运用于"研究性学习"课程中，也运用于各学科课程中；"研究性学习"课程中所获得的直接经验与学科课程中所获得的体现于学科中的间接经验，两者是交互作用、相辅相成的。第一，各学科领域的知识可以在"研究性学习"课程中延伸、综合、重组与提升；第二，"研究性学习"课程中所发现的问题、所获得的知识技能可以在各学科领域的教学中拓展和加深；第三，在某些情况下，"研究性学习"课程也可和某些学科教学相互交融。

二、研究性学习的主要目标

研究性学习是中小学的一门必修课程。在中小学开展研究性学习，其主要目标包括以下几个方面：

1. 使学生获得亲身参与研究探索的体验，发展创新精神，获得亲自参与研究探索的积极体验

研究性学习的过程，也是情感活动的过程。一般而言，学生通过研究性学习所获得的成果，绝大多数只能是在自己或周围同学现有基础上的创新，还不大可能达到科学发现的水平。研究性学习强调通过让学生自主参与、积极参与类似于科学家探索；的活动，获得体验，逐步形成一种在日常学习与生活中喜爱质疑乐于探究、努力求知的心理倾向。

2. 使学生提高发现问题和解决问题的能力

在学习的过程中，通过引导和鼓励学生自主地发现和提出问题，设计解决问题的方案，收集和分析资料，调查研究，得出结论并进行成果交流活动，引导学生应用已有的知识与经验，学习和掌握一些科学的研究方法，提高发现问题和解决问题的能力。

3. 培养学生收集、分析和利用信息的能力

从认知心理学信息加工理论的角度看，学生开展学习的过程，实质上就是信息处理的过程。与以记忆、理解为目标的一般学习方式相比，研究性学习过程围绕着一个需要研究解决的问题展开，以解决问题和表达、交流为结束。在这个过程中，需要培养学生多方面的能力。其中，在一个开放性环境中学生自主、主动收集和加工处理信息能力的培养是一个关键。

4. 使学生学会分享和合作

现代科学技术的发展都是人们合作探索的结果，社会的人文精神弘扬也把乐于合作、善于合作作为重要的基石。但是在以往的课堂教学中，培养学生合作精神的机会并不多，且较多停留在口头引导鼓励的层面，研究性学习的过程，正是一个人际沟通与合作的过程。为了完成研究任务，人们一般都离不开课题组内的合作以及与课题组外人士（如指导教师、社会力量、研究对象）的沟通合作。所以，研究性学习也把学会合作作为重要的培养目标。

5. 培养科学态度和科学道德

创新精神培养只有同科学态度、科学道德的培养统一起来，才会真正形成对社会、对个人发展有价值的结果。已有的实践告诉我们，同学们参与课题研究是饶有兴趣的，但是在实施过程中几乎都会碰到各种问题和困难。学生要在研究性学习的过程中，学会从实际出发，通过认真踏实的探究，求得结论的获得，并懂得尊重

他人的成果。

6. 发展对社会的责任心和使命感

联系社会实际开展研究活动，为学生的社会责任心和使命感的发展创造了有利条件。在研究性学习的过程中，学生不但要努力提高自己的创造性和认知能力，而且还要学会关心社会的进步、祖国的前途、人类的命运、经济的发展、环境的保护，争取使自己的精神境界得到升华。

7. 激活各种学习中的知识储存，尝试相关知识的综合运用

学生已经具备了一定的学科知识积累，但是，如果让这些知识长期处在相互分割和备用的状况之中，它们就会被遗忘，就会逐渐失去可能发挥的效用。研究性学习的重要目标是在综合运用中提高各科知识的价值。

三、研究性学习的基本特征

从对"研究性学习"内涵的分析可知，研究型教学不同于传统教学的功能和特征，这些特征对于激活学生的自由个性、学习兴趣、内在潜力、创新精神以及培养学生的科学素养和实践能力，具有重要的价值。当然，由于研究性学习的内涵可以从不同的角度去认识和理解，研究性学习的实践根据不同的标准可以划分为不同的模式和类型，这就决定了研究性学习的特征也必然是复杂的、丰富的和多元的，难以给出一个全面的和完整的答案。为了便于直观、简明地认识和理解研究性学习的内涵与机理，本节从教与学两方面，把研究性学习的一般性特征归纳如下：

在"教"的方面，研究性学习的主要特点有：在教学内容上，突出问题和情景的设置，并将知识点隐含于问题分析的结果之中，强调知识的生成和灵活运用；在教学方式上，突出启发性、引导性、探索性等特征；在教学目的上，强调学生知识和技能的自主生成以及学生潜力与个性的发掘；教师的角色体现为学生学习的倾听者、引导者、合作者和促进者。

在"学"的方面，研究性学习的主要特点有：在学生角色上，突出学生的主体地位，强调学生学习的自主性、能动性和独立性；在学习内容和学习目标上，强调隐性知识、研究方法、研究经验、科学态度、科学精神和自由个性等多元内容和目标；在学习方式上，强调问题性、探索性和过程性，把学习看作学生质疑、判断、比较、选择、分析、综合、概括和得出结论的过程（刘智运，2006），把问题看作是学习的动力、起点和贯穿学习过程的主线，把学习过程看成是发现问题、提出问题、分析问题和解决问题的过程；在学习场景上，强调师生之间、学生之间在开放、宽松、民主、平等、热烈、和谐的探索氛围中，密切合作与有机互动，共享学习成果和学习经验。

四、研究性学习的模式和类型

研究性学习的模式和类型是多样化的，体现在实践和研究两方面。

在实践方面，不同的国家和地区对研究性学习有着不同的实施模式类型，例如美国和加拿大倡导"探究学习"（inquiry-based Learning）、"项目学习"（Project-based Learning）以及"基于问题的学习"（Problem-based Learning，PBL），法国实施"有指导的个人实践活动"（Travaux Personnelle Encadres，TPE），日本设置了"综合学习时学习有着不同的实施模式和类型，如麻省理工学院设置了本科生研究机会计划（UROP）、独立活动期计划（LAP）、工程实习项目（EIP）、综合研究项目（ISP）等实践模式，加州伯克利高校则设立了"本科生科研学徒计划"（U2RAP）、本科生研究经验计划（REU）、校长本科生研究奖学金计划（PUP）等类型。

在研究方面，不同的教师和学者对于研究性学习有着不同的认识和划分。代表性研究主要有以下几种。

在美国，4种基于问题的研究性学习模式归纳如下：

（1）医学院模式（Medical School Model）。这种模式较多地使用在医学院临床医学的教学中，学生通常被分成8~10人一个小组，由小组安排时间讨论学习材料，在小组探讨案例或者问题过程中强调以学生中心，教师主要作为指导者或主持人而很少或者根本不讲课。当班级小组数较多时，教师可以使用研究生、外聘人员等人员辅助教学。

（2）流动促进者模式（Floating Facilitator Model）。该模式把学生分成4~5人一个小组，使每个成员在各种小组活动中承担足够的学习责任，有足够的发言时间。在该模式只有一部分课堂时间用于每个小组的讨论，教师作为流动促进者从一个小组转到另一个小组，提问答疑。然后在其他时间安排每个小组分别向全班汇报或演示问题解决方法和小组讨论结果，有必要时就进行全班讨论，或者开展小型讲座，促进学生进一步的学习和交流。

（3）同学导师模式（Peertutor Model）。当班级较大、小组数量较多时，任课教师可以使用经过培训的优秀本科生担任导师角色，同学导师的主要作用包括：协助教师检查讨论的内容，督促小组讨论，确保讨论的深入和深化；为无经验的学生做出榜样，促进每个学生都积极参与；协助教师了解各个小组的情况，并回答学生提出的部分问题，或通过提出问题引导学生讨论。

（4）大班模式（Large Class Model）。对于班级规模大、小组数量多的情况，教师可以使用优秀本科生或研究生助教担任流动促进者，协助班级管理。为了防止讨论偏离主题，教师把小组讨论时间限制在10～15分钟，明确学生在讨论中的责任，并要求讨论结束后每个学生和每个小组都做出汇报。

从教师指导这一视角，研究性学习可以分为4种。

（1）证实经验（Confirmation Experiences），学生根据设定的程序证实已知的科学原理。

（2）结构性探究（Structured Inquiry），教师呈现给学生一个未知答案的问题，让学生按照一定的步骤去分析和解决。

（3）引导式探究（Guided Inquiry），教师提供学生一个问题去研究，但需要学生自行探索和选择解决问题的方法。

（4）开放或独立的研究（Open or Independent inquiry），教师允许学生去发展自己的问题，并设计他们的研究。

独立的研究性学习模式分为以下四种：

（1）问题探讨模式，这种模式由教师在课堂上呈现需要探讨、解决的典型问题或案例，学生在教师指导下通过分析与探讨，寻求问题解决的方法与技巧，培养思维能力。

（2）课题研究模式，这种模式由教师提供课题供学生选择或学生根据各自专业和兴趣设计研究课题，并在教师的指导下自主探索，实施研究计划，完成课题研究。该模式注重学生主动探索和社会实践的能力的训练，更适用于课堂下的研究性学习，可采取实验探索或调查研究的方式进行。

（3）学习小组模式，此模式把学生分成每组4～5人的若干小组，使每个人承担所在小组的部分任务，分配一部分课堂时间用于小组内讨论，教师流动到各组问答题促进各组讨论，每个小组都要向全班汇报小组讨论结果和问题解决办法，并进行全班讨论、辩论。

（4）科技创新活动模式，可以通过开展高校学生科技创新与学科竞赛活动，充分展示高校学生的学习研究才能，开拓高校学生的学术视野。

Levy等（2007）从师生的作用（学生引领VS教师引领）以及知识获取方式（获取现有知识VS建构新知识）两个维度认识研究性学习。

师生作用维度主要用于区分学生是独立学习还是由教师引导学习，根据此维度可以把研究性学习分为两大类4种类型。

（1）学生引领的自主学习（Student-led），强调学生学习的自主性和独立性，包括主动获取知识信息（Information-active）和主动探索发现（Discovery-active）两种学习类型。

（2）教师引领的学习（Staff-led），包括响应性获取知识信息（Iformation-responsive）和响应性探索发现（Discovery-responsive）两种类型。

知识获取方式维度主要用于区分学生学习是获取现有知识基础（Knowledge-base）还是建构新的学科知识基础，此维度也把研究性学习分为两大类4种类型。

（1）探讨和获取现有知识（Exploring and Acquiring Existing Disciplinary Knowledge），强调以获取学科现有知识为目标，包括主动获取知识信息和响应性获取知识信息两种类型。

（2）参与学科知识的建构（Participating in Building Disciplinary Knowledge），强调以学生现有知识基础为手段和工具去探索和构建新知识，包括主动探索发现和响应性探索发现两种类型。

五、研究性学习实施过程中的难点问题

作为一种深层次的学习，研究性学习具有迥异于传统学习方式的复杂特点和多样化模式。这也就意味着，研究性学习的实施也必然会面临传统学习过程中所没有的困难和挑战。相关研究主要从教师和学生两方面分析了研究性学习所面临的困难和挑战。一些国外学者通过录像、实地观察、访谈以及文献梳理等方法对研究性学习项目中的学生进行了研究，根据这些研究可以把学生在研究性学习中经常面临的困难归纳为如下几点。

（1）不能持续地保持探究的兴趣和动机。学生的学习兴趣和动机往往随着学习过程中困难的增多而逐渐减弱，而兴趣和动机的不足则影响研究性学习的有效实施。

（2）缺乏探究技能，包括不能提出有意义的问题，不能有效地运用科技手

段，不能根据研究问题系统地收集和分析资料，不能根据资料总结研究发现、不能系统地完成学习任务等。

（3）缺乏开展探究学习的知识基础和知识运用能力。一方面，研究性学习对学生的知识储备和知识运用的能力要求较高，而实践中学生知识基础一般较为薄弱，并且不能将学习活动与相关知识结合起来，导致研究性学习往往追求了活动本身，流于形式，无法对活动中所能蕴涵的知识性、思维性内容进行深入挖掘。因而学生对研究性学习只能浅尝辄止而不能真正享受其挑战和收获。

（4）难以管理自己的探究活动。研究性学习需要学生具备一定的自我管理习惯和能力，如何管理时间和知识，如何融入小组探究活动之中，如何展示研究成果等。而自我管理能力的不足则会影响学生的有效参与和研究性学习的有效开展。

从学生面临的挑战和困难来看，教师建设性的指导对研究性学习的有效开展至关重要。根据Thomas的研究，可以把教师在研究性学习实施过程中所遇到的主要困难归纳为如下几方面。

（1）需要投入过多的时间和精力。研究性学习需要教师事先设置相应的问题或情境，并将所学知识融入到要探讨的问题和案例之中，这就要求教师花费更多的时间和精力进行备课和上课，而现实中教师往往会面临教学和科研等工作之间在时间安排上的冲突。

（2）难以控制和管理研究性学习的过程。研究性学习需要教师在维持教学秩序与学生自由支配之间平衡，确保教师指导与学生探究之间的平衡和互动，而在实践中教师往往难以恰当的把握这种平衡。

（3）对教学技术和教学方法的要求更高。研究性学习要求教师掌握并灵活运用启发诱导、情景设置、问题驱动、案例分析、小组合作多样化的等教学方法和技巧，要求教师把各种现代科技手段作为认知工具充分地运用于指导学生学习之中，而现实中教师深感自身难以胜任这些要求。

（4）研究性学习的评价较为困难。教师不能设计恰当的工具和方法评价学生在学习过程中的理解程度和需要程度，从而难以在学习过程中给予学生恰当的反馈。

六、研究性学习的时代内涵与历史超越

从学习目的看，历史上的"研究性学习"或旨在培养"理性的人"，或旨在

培养"民主社会的公民",或旨在培养"智力的卓越性";而今天倡导"研究性学习"则指向于培养个性健全发展的人,它首先把学生视为"完整的人",把"探究性""创造性""发现"等视为人的本性,视为完整个性的有机构成部分,而非与个性割裂的存在,所以,个性健全发展是倡导"研究性学习"的出发点和归宿。从学习内容看,历史上的"研究性学习"大多局限于某一方面内容,比如,布鲁纳、施瓦布、费尼克斯等人所倡导的"发现学习""探究学习",其内容即是"学科结构",而且主要是理科的学科结构,这未免狭隘而且脱离学生生活实际;而我们今天倡导的"研究性学习"主张从学生的自身生活和社会生活中选择问题,其内容面向学生的整个生活世界与科学世界,而不把学科知识、学科结构强化为核心内容。从学习理念看,历史上的"研究性学习"倡导者大多数认为存在一个普遍的、适用于所有学生的"研究性学习"模式,只要找到了这个模式的共同要素,并严格遵循这个模式,即可培养出"研究性学习能力";而我们今天倡导的"研究性学习"秉持迥然不同的理念,认为每一个人的学习方式都是其独特个性的体现,每一个人都有自己的"研究性学习方式",课程应遵循每一个人的学习方式的独特性。

由此看来,我们今天倡导的"研究性学习"课程不仅仅要转变学习方式,而是旨在通过转变学习方式以促进每一个学生的全面发展,它尊重每一个学生的独特个性和具体生活,为每一个学生的充分发展创造空间。"研究性学习"课程因此洋溢着浓郁的人文精神,体现着鲜明的时代特色,因此,研究性学习无论是作为一种学习方式,还是作为一种课程形态,都有着独特的不可替代的价值。对于学生而言,至少可以做出以下几个方面的价值定位:

1. 保持独立的持续探究的兴趣

兴趣是学习和研究的源泉。研究性学习就是保持或发展儿童与生俱来的探究兴趣,使它不会因后天繁重的知识学习而丧失。这是学生发现问题和解决问题,有所创新和成就的重要心理品质。

2. 丰富学习的体验

研究性学习关注的重点是学生的学习过程,通过延长或深化学习过程,相对于简约化的课堂知识学习,它更强调学习过程中深刻的、充实的、探究的经历和体验,体验丰富而完整的学习过程。

3. 养成合作与共享的个性品质

研究性学习立足于对学生学习需要、动机和兴趣的强化，鼓励个性化的学习方式。同时，通过小组学习，促使学生在与他人共同学习、分享经验的过程中，养成合作与共享的个性品质。

4. 增进独立思考的能力

研究性学习是对知识的批判性考察，是在问题解决的过程中获得对知识的理解与应用，因此，知识学习能够启发学生的思考。不仅如此，由于研究性学习确立起学生在学习中的主体地位，各类探究活动的展开都以学生为主体，教师居于辅导的地位，因而它可以增进学生的独立思考能力。

5. 建立合理的知识结构

研究性学习打破学科教学的封闭状态，把学生置于开放、多元的学习环境中，提供给学生更多的获取知识的方式与渠道，使学生汲取多学科的知识，获得更多新的信息。同时，通过对知识的探究和应用，可以有效解决学科知识割裂整体知识的问题，建立合理的知识结构。

6. 养成尊重事实的科学态度

研究性学习突出研究性的过程与方法，对于学生形成实事求是的科学态度具有促进作用。研究性学习的过程与方法对于：绝大多数中小学生而言，重点并不在于获得多少重大的创新成果，更重要的在于形成尊重事实、注重独立思考和研究的意识及态度倾向。这对于提高整个国民综合素养具有基础性意义。

七、研究性学习与高校研究型教学

研究性学习是学生在教师的指导下，通过选择一定的课题，以类似科学研究的方式进行主动探究，从而获取知识和应用知识的一种学习活动，它既是一种学习方式，也是一门课程。高校研究型教学与普通教育中的研究性学习相比较，有很多思想和观念都是接近或相似的，如它们都重视学生创新素质和个性品质的培养，强调教学内容和教学方法的研究性和探索性，强调学生学习的主体性、师生关系的民主性和互动性、教学过程的动态性等特点，但二者在其内涵和发展目标上存在着层次和水平的差异。

研究性学习中的"研究"是手段，而不是目的。在中小学开展研究性学习，其着眼点在于学习方式的改变，而高校研究型教学过程中的"研究"则既是手段，也是目的。因为高校教育的重要特性之一就是其学术性，即高校应培养高级人才，研究高深学问。

高校教育要为学生奠定学术研究的根基，培养学生的学术研究能力和学术研究精神。因此高校研究型教学的一个非常重要的目标就是要在传授知识、教会学生正确的学习方法的基础上，培养学生的学术研究能力和学术研究精神，即要培养学生的以分析与综合、比较与分类、归纳与演绎、抽象与具体的思维能力为内容的逻辑思维能力，以联想和想象力为内容的形象思维能力，以观察和实验为特征的经验思维能力，以提出问题、解决问题的能力为内容的理论思维能力，清晰地论证和表达问题的能力以及勇于探索、创新的探究精神，甘于寂寞的献身精神，独立思考、超越时尚的精神，追求真知、坚持真理的精神，怀疑和批判精神。

研究性学习内容主要是类发现性的，而高校研究型教学中的研究内容却既可能是类发现性的，也可能是发现性的。研究型教学要求教师一方面在各学科课堂教学中，精心选择和设计教学内容，以科研为先导，把科研引入教学，在教学内容中反映学科发展的前沿动态和研究趋势，充分体现教学内容的研究性特点；另一方面要指导和组织学生进行课外研究性课题研究，研究性课题的设计更强调其可探索性、实践运用性和创新性。研究性学习更多的是强调学生学习方式的改变，对教师自身参与科学研究的要求相对较低。而高校研究型教学一方面强调教师教学的研究性，即教师要进行科学研究和教学研究，要在教学中反映学科发展的理论前沿和学术动态，在教学过程中，教师要运用科学研究的方法进行教学，同时也要附带进行科学研究方法、科学研究态度的讲授，从而达到让学生在学习科学知识的同时，掌握学习方法和科学研究方法形成科学观念和科学态度的目的；另一方面，研究型教学也强调学生学习的研究性，即学生在教师的指导下以类似科学研究的方法主动学习，从而获取知识、运用知识、提出问题、探究问题、解决问题，达到培养综合素质、创新意识和实践能力的目的。在这里师生互为主体，互相学习与研究，互相促进和提高。

高校研究型教学不仅要求课堂教学的研究性，同时强调教学、研究与实践的紧密联系。它不是一门课程，它应体现在各科教学中，它也不仅仅是某个课题研究活动，它是课内研究型教学与课外研究性课题研究、教师研究性地教与学生研究性地学的有机整合与互动。

第四节　自主学习理论与研究型教学

一、自主学习的定义

与研究型教学的概念一样，对于什么是自主学习，由于人们的理论立场与研究方法的不同，国内外研究者的观点尚未形成统一看法。维列鲁学派、操作主义学派、现象学派、社会认知学派、意志理论、信息加工心理学等都从不同角度对自主学习作过一些探讨。但毋庸置疑的是，自主学习是相对于"被动学习""机械学习""接受式学习"而言的一种自觉、主动的学习。自主学习要求个体对为什么学习、能否学习、学习什么、如何学习等问题有自觉的意识和反应。

目前，国外使用的与自主学习有关的术语很多，如自我调节学习、自我指导学习以及自我监控的学习等。关于自主学习的含义，国外比较有代表性的是齐莫曼的定义。他认为，当学生在元认知、动机和行为三个方面都是一个积极的参与者时，其学习就是自主的。同时，他还认为，自主学习的动机应该是内在的或自我激发的，学习的方法应该是有计划的或已经熟练达到自动化程度，自主学习者对学习时间的安排是定时而有效的，他们能够意识到学习的结果，并对学习的物质和社会环境保持高度的敏感和随机应变能力。

国内关于自主学习的概念，学者们的意见也是各有侧重，又有交叉。我国学者一般认，自主学习是指学生自己主宰自己的学习，是与他主学习相对立的一种学习方式。自主学习可分为三个方面：一是对自己的学习活动的事先计划和安排；二是对自己的实际学习活动的监察、评价、反馈；三是对自己的学习活动进行调节修正和控制。由此可见，自主学习实质就是独立学习。

我国学者庞维国主张从学习的维度和过程两个角度来定义自主学习。从学习的维度界定自主学习是指如果学习者对学习的各个方面都能自觉地做出选择和决定，其学习就是自主的。即自主学习的动机是自我驱动的、内容是自我选择的、策略是自我调节的、时间是自我管理的，学生还能主动营造有利于学习的外在环境，并能对学习结果做出自我判断和评价。从学习过程界定自主学习是指从学习活动的整个过程来阐释自主学习的实质，即学习者在学习之前，能自定学习目标自定学习计划、做好学习准备，在学习活动中能够对学习进展、学习方法自我监控，自我反馈、自我调节，对学习结果能进行自我检查、自我总结、自我评价的学习。他认为，自主学习与他主学习相对立，它们的根本分水岭是学生的主体性在教学中确立与否。

综合国内外学者的观点，笔者认为自主学习是一种以学习者为主体的学习方式，即学生在教师指导下，根据课程特点、自身的条件和需要，自觉地运用学习策略主动有效地进行学习的方式。自主学习体现了学习者的主体性和能动性。它是实施各种学习方式、达成学习目标、提高学习能力的基础。

二、自主学习的特征

从自主学习研究成果分析，综合大多数学者关于自主学习的特征论述，自主学习具备下列一些特征：主体性，独立性，相对性，选择性，创新性。

1. 主体性。即在教学过程中，是以学生为中心的，强调教师在自主学习中不再是知识的传授者，而是教学内容、教学过程、教学活动的组织者、指导者。学生在教师的指导下，根据课程特点，运用各种学习策略开展有效地学习。

2. 独立性。它要求学生在整个学习过程中尽可能的摆脱对老师或他人的依赖，发挥自身的主体参与性，由自己对学习的各个方面做出选择和控制，独立地开展学习活动，包括学习目标的制定、学习方法的选择、学习活动的调节等。对大学生而言，自主学习不同于自学，不是自身完全独立的学习，在自主学习过程中，仍离不开教师的指导和帮助。

3. 相对性。在学校环境下，学生的学习不可能是完全自主的，由于教学本身的特点，学生在自主学习过程中有些维度是自主的，有些不是。教师要对学生的自主学习适时地加以指导。同时，目前学校中学生的学习都有一定的自主性，只是有的学生自主性高些，有的学生自主性低些，有些学生在这方面有自主性，有的学生在那方面有自主性。自主学习是在一个完整的教学服务体系下主动地学习，因此它并不等于完全地独立学习。

4. 选择性。自主学习尊重学生的个别差异。学生根据自身的条件和需要，在综合评估的基础上，根据自身的需要，制定出具体的学习目标，选择相关的学习内容，开展有选择的、有针对性的学习，并对学习结果做出自我评估。

5. 创造性。创造性以探索和求新为特征，属于自主学习的最高层次，它是学习主体在建构知识的基础上,创造出能够指导实践并满足自己需求的实践理念模型。学生在自主学习过程中,根据已有知识基础,通过对各种问题的分析与探索,创造性地运用所学习内容去适应新情境、探索新问题、采取新方法,从而实现对知识的创新。

三、影响大学生自主学习的因素

大学生在自主学习过程中,会受到多种因素的影响,这些因素既有来自个体内部的,也有来自个体外部的。同时,这些因素在学习中各自发挥着不同的作用有的引导方向、有的提供方法、有的具体操作。

(一)外部因素

影响自主学习的外部因素是指个体自身以外的所有因素,包括家庭因素、学校因素、社会因素三个方面。在实际教学过程中,影响在校大学生自主学习的具体的外部因素主要有:教学模式、教材的内容与组织、课堂管理方式和气氛、教师的指导与反馈、学生的竞争与合作等。

(1)教学模式。教学模式是在一定的教学思想或教学理论指导下建立起来的较为稳定的教学活动结构和活动程序。由于教学实践依据的教学思想或理论不同,教学实践的形式就不同,从而形成的教学模式也不同。不同的教学模式有着不同的教学方法,从而对学生自主学习会产生的影响也不同。传统教学是以教为中心的,忽视了学生的学习主动性与自主性。许多心理学家认为,有利于学生自主学习的教学应该是以学生为中心的,教师应该由传统的知识的传授者、灌输者转变为学生学习的指导者、帮助者。在教学过程中,良好的教学情景可以发挥学生的主观能动性与积极性,促进学生对问题的主动探索、对知识的积极获取。

(2)教材的内容与组织。教材的内容与合理组织是影响学生自主学习重要因素。因此高校在选择各学科教材应重点考虑学生的学习规律,选择内容活泼、符合学生的兴趣特点、具有明显的应用价值的教材,提高学生的学习兴趣,从而促进学生自主学习。同时,教师在基于教材讲授某门课程时,要根据课程特点、教学目标、教学重点难点、学生的学习方式等合理组织教学内容,避免照本宣科,通过采用多种教学方式促进学生对课程学习的主动性,激发学生的学习兴趣。

(3)课堂管理方式和气氛。良好的课堂管理方式有利于激发学生课堂学习的积极性和兴趣。在教师讲课过程中,对课堂秩序、师生互动、课堂气氛等都应该有科学的管理方法。在课堂教学中，教师要正确处理好与学生的关系，不能搞绝对的权威，也不能对学生听之任之。教师所扮演的角色在创建良好的课堂管理方式和气氛下要发生改变，教师要成为一个学生发展的促进者，成为自己教学行为的研究者，不断对教学管理行为进行反思。在情感上，教师也要由居高临下向课堂的平等融洽转变。

积极和谐的课堂气氛，可以增加学生的注意力，有助于学生积极参与课堂教学，提高学生学习的效率。良好课堂气氛的营造需要教师精心组织与主动创设，要求老师注意观察了解很多东西，比如一个学生的个性、性格、造成这种性格的原因、身上的优缺点，在课堂上实行"问题管理"，用精心准备的问题、激励的语言使课堂活跃起来，但是也要注意在课堂管理中的严格要求与适当的批评。

（4）教师的指导与反馈。自主学习作为一种学习方式，一般是指由学习者自己确定学习目标、选择学习方法、监控学习过程、评价学习结果。但在学校学习环境里实施的自主学习，是一种在教师指导下的半独立性的学习形式，是在教师的指导下，根据自身条件和需要由自己制订并完成具体的学习目标的学习方式。因此，学校环境里的自主学习与教师的指导是密不可分的，教师的适时指导对学生的自主学习有着显著的促进作用。在教学过程中，教师要适时地根据教学目标、学生自身的学习特点、学生的心理特征等给予学生适当的指导，把握指导的尺度，给学生留出充足的独立思考、自主学习的空间。

心理学研究表明，没有反馈的学习是无效的。教师积极、适时的反馈有利于提高大学生自主学习的兴趣。教师对学生自主学习过程及结果的建议、提醒、引导、赞美等反馈有助于提高大学生对学科知识主动探究的积极性与信心，加深学生对知识的掌握。同时，这种反馈应该包括多种渠道，以确保学生在遇到难题时能及时得到解决。

（二）内部因素

影响学生自主学习的内部因素有很多，包括学生的自我效能感、归因、目标设置、认知策略的获得、元认知发展水平、意志控制水平及性别角色等。对在校大学生而言，影响生自主学习的内在因素包括以下几个方面。

（1）学习动机。学习动机的有无是评判学习是否是自主的重要依据，它是自主学习的内在动力与前提。自主学习的学习动机是自我激发的，是推动学生进行学习的一种内部动力。学习动机是学生学习的"内因"，对自主学习具有启动和维持作用。对这种动机具有激发作用的因素很多，包括学习兴趣、自我效能感、结果预期、合适的目标定向等。如，学习兴趣越高，学生学习的愿望就越强。这些内在动机性因素的组合达到优化程度，就会激活学习者自主学习的能动性，自我激励去学习，从而使学生的自主学习能够持续进行。

（2）自我效能感。自我效能感指的是个人对自己的学习或行动能够达到某个水平的信念，是学习者对自己是否能成功完成某一特定任务的能力认识，它的强弱影响着学生的自主学习的多个方面。社会认知理论认为，我效能感能够影响学习者的任务选择、努力程度及坚持性。Wolters研究表明，高效能感的学生比低效能感的学生更多使用自主学习策略。申克和艾特默指出自我效能感在自主学习的学习计划，行为表现和自我反思阶段都会产生相应的影响，相信自己能够完成学习任务的学生，运用更多的认知和元认知策略，不管自己先前取得什么样的成绩，他们的学习都会更加努力，更加持之以恒。

（3）元认知发展水平。自主学习是发生在学习者具有自我意识之后才出现的。自我意识是自主学习最基本的条件。在现代认知心理学中，自我意识大致等于元认知。元认知是指关于认知过程的知识、信念以及对这些过程的监视和控制。它的实质就是人对认知活动的自我意识和自我调节，对自主学习具有重要影响。元认知水平不仅影响学习目标的设置，而且对学习策略与学习方法的选择、学习时间的安排、学习资源的利用、学习结果的评价等都具有重要的作用。

（4）学习策略与学习方法。学习策略是指学习者为了提高学习效果和效率，有目的、有意识地制订有关学习过程的复杂方案。拥有充足的学习策略并且能够熟练地运用这些策略是自主学习不可缺少的内部条件。自主学习过程是正确选择和有效运用学习策略与学习方法的过程，自主学习能力体现了学习者主动选择、正确地运用和适时地调整学习策略的能力。研究表明，善于运用恰当的学习策略与学习方法的大学生其自主学习能力高；反之，则结果相反。

（5）学习目标的设定。自主学习的实质是学习者主动选择、调节、控制，评价自己的学习过程，学习目标与学习计划是进行调节与维持的参考点，具有导向、调节与维持的功能。学习者如何为自己设置合适的学习目标、设置怎样的教学目标、制定怎样的学习计划，这些因素决定了学生的学习方向，对其自主学习会产生重要影响。老师应在可能的条件下，帮助不同层次的学生确定关键的或阶段性的学习目标。有了目标，学生才可以明确努力的方向。

四、研究型教学与自主学习的关系

教学是教师和学生的一种双边活动,包括教师的教和学生的学两个方面。随着教育教学的改革,现代教育思想倡导教学应以教师为主导、学生为主体。教师的主导作用和学生的主体作用是不可分割的统一体。主导是对主体的主导,而主体又是主导下的主体,任何一方都不容忽视。在课堂上,只有"双主"互为作用和谐统一、完美结合,才能开展生机勃勃的教学活动。对于研究型教学来说,它强调教师应通过创设一种类似科学研究的情境和途径,指导学生在独立的主动探索、主动思考、主动实践的研究过程中,吸收并应用知识、分析并解决问题从而培养学生创新能力和创新精神。由此看来,这种教学更能充分体现教学过程中教师的"主导"作用、学生的"主体"性。在有效开展研究型教学的过程中,能更充分发挥教师的"主导"作用与学生的"主体"性。

研究型教学中,教师的主导作用体现在多个方面。例如,在课堂教学的准备阶段,教师的主导作用主要体现在如何创设良好的情境,激发学生的学习兴趣引导学生带着问题参与教学;在课堂教学的结束阶段,教师主导作用主要体现在如何引导学生进行反思总结,并带着问题走出课堂,让学生在课外活动中学学会学习。而学生的主体性则主要体现在教师不在将各类知识直接传授给学生,而是通过创设各种教学情境,引导学生主动发现问题、分析问题、解决问题,进而获取知识。

研究型教学与自主学习是密不可分的,二者相辅相成、相互作用。在研究型教学中,学生主要是自主学习,而教师有效地"教"有助于促进学生的自主学习,学生有效的自主学习则有助于促进教师有效地教学。在实际的教与学中,教师根据学生学习的反馈及时改变教学方法以利于学生的自主学习,学生自主学习的效率高,教师教的效率也会随着提高,那么教学质量也会变得更好。

五、研究型教学中引导学生自主学习的策略

学生的自主学习离不开学校环境与资源的支持,也离不开教师的指导。若要在研究型教学中积极引导学生自主学习,首先要为研究型教学的开展创设良好的外在环境,即学校相关管理制度、评价制度、资源等的支持。同时,学校的资源建设、课程等也是影响学生自主学习的重要因素。因此学校在教学制度、资源等方面要积极为研究型教学和自主学习服务。教师在引导学生的自主学习方面起着极为重要的作用,对于某一门课程来说,研究型教学是一个完整的教学过程,因此教师应

在教学的各个环节为学生的自主学习创造条件，积极引导学生主动参与到教学中来，以促进学生自主学习。

（一）学校因素策略

1.更新教育教学理念

在高校管理者方面，管理者是学校教师教育思想的领导者，是学校发展方向的决策者。高校管理者的教育教学理念对教师的教学有重要影响，同时也间接的影响着学生的自主学习。因此，高校管理者对研究型教学的理解和支持很大程度上影响着研究型教学实施的程度与有效性，对学校自主学习氛围也有着重要的导向作用。研究型教学若想在高校得到有效开展，高校管理者必须更新教育观念，确立"以育人为本，以学生为主体，以教师为主导"的教学理念，积极推广研究型教学，从而进一步促进学生的自主学习。

2.完善教师培训制度

教师是研究型教学的实施者，也是学生自主学习的指导者，因此教师的教学观念、知识基础、专业技能、实践能力以及创新精神与能力等对引导学生的自主学习有着重要影响。高校应积极完善教师培训制度，加强对研究型教学理念的宣传，促进教师形成正确的教学观和学习观。应当使教师在关注本学科课程知识的同时，更加关注学生的学习能力和探究精神的培养，不过分强调教师知识的传授，而要重视学生的主体性，通过多种教学策略引导学生主动探索。同时要促使教师重视学生的个体差异，实施因材施教，采用多种教学方法激发不同学生的潜质和潜能，根据学生自身的学习兴趣、学习特点、学习能力等引导他们自主学习。

3.创新大学教学管理与评价制度

高等学校的教学管理是以高等学校教学的全过程为对象，遵循教学活动的客观规律，对教学工作进行决策、计划、组织、实施、检查、总结等管理的活动，其目的就是最大限度地调动教师和学生的积极性，以保证教育教学目标的实现。高校的教学管理是高校推进研究型教学、促进自主学习的重要保证，教学管理水平的高低直接影响着大学教与学的成效。教学管理是一项复杂的系统工程是教学的服务性和基础性工作。随着高等教育的发展，改革传统的管理模式和手段是当今大学教学的必然要求。

4.创新本科专业人才培养方案

高校教与学的发展方向依赖于高校人才的培养方案。本科专业人才培养方案是学校人才培养方案的顶层设计，是学校人才培养理念的具体体现，是引领本科教学工作的纲领性文件，直接影响到人才培养质量。高校要积极创建多种灵活的人才培养模式，明确大学本科教育定位与目标，促进教师多种研究型教学模式与方法的构建。在推进研究型教学的同时，重视学生自主学习环境的构建，从而促进学生的自主学习，培养社会所需的新型人才。高校要高度重视通识教育与专业教育课程的建设，建立有利于激发学生自主学习、引导学生参与探索的课程体系。

5. 完善教学工作质量评价与激励机制

评价对教育教学实践具有不可忽视的导向、鉴定、改进、激励和管理作用，构建新的教学评价体系，是开展研究型教学的必然要求，也是影响学生自主学习的重要因素。这里的评价是指对教师的评价。首先，学校应建立一套针对整个课程教学的全程性评价模式，包括课程教学的准备阶段、中间阶段及期末阶段。每一个教学阶段设置不同的教学评价指标，以确保对教学评价的层次化、透明化。其次，注重评价内容的多样性。对于教师来说，评价内容应涉及课前准备、教案、课堂设计、资源利用、作业的设计与批改、学生的综合成绩、试卷等多个方面，同时要注重教师自己独特的教学风格。再次就是评级主体的多样性。除了要充分发挥校督导团的作用外，还应包括同行教师评价、学校干部评价以及学生对教师的评价。此外，学校还应建立完善的教学奖励制度，以充分调动教师的教学积极性，发挥教师的特长，培养教师的创造能力。

6. 加强教学资源的建设与课程体系的革新

（1）教学资源的建设

教师引导学生自主学习离不开多种教学资源的支撑。高校应优化校园环境，为研究型教学和自主学习创造条件。首先，大学应完善多种教学硬件资源，如实验室器材、电化教育器材、图书阅览设备、体育运动设备等，为教师和学生提供硬件资源的支持。同时，实验室、计算机房等尽量对本科生开放，为学生创造自主学习的条件与环境。此外，应进一步完善校园网络建设，利用现代信息技术构建网络教学平台，组合优质课程教学内容，校级、省级和国家级优质课程以及各类精品课程资源上网公开，为教师和学生提供丰富的教学资源。

（2）创新课程体系

研究型教学的开展是以课程为载体的，教学目标的实现要以课程为中介，因此创新课程体系是培养高素质人才的关键，也是教师引导学生自主学习的重要影响因素。高校应从培养学生的"综合素质""实践能力""创新能力"等方面出发，建立有利于激发学生自主学习、引导学生参与探究的新型课程体系，为学生的自主学习创设良好的外在教学条件。在专业教育阶段，高校应开设综合型、探究型、讨论式、项目化等多样化的课程，并辅以反映学术前沿动态的专题讲座或学术报告，从而提高学生学习的兴趣、积极性、主动性。

（二）课堂教学策略

研究型教学是一项长期的工作，若想达到预期的培养目标，必须不断积累经验，总结与改进。这就需要每一位老师能够积极探索开展研究型教学的新模式和新方法。每一门课程的教授都是一个完整的过程，教师应若要有效引导学生自主学习，必须在课程的始终都要为学生创造自主学习的条件。

1. 制定详尽的教学组织方案

研究型教学的重要特征是改变学生的学习方法，使学生由被动学习变主动学习。因此，开课前，教师应在充分了解学生的基础上，依据教学目标与课程特点，考虑教学的各个环节，制定详尽的教学组织方案并建立相应的文档资料库，包括教学大纲、课程运行图、实验项目一览表、实验组织管理办法、考核方式、学生反馈意见表等，从教学目标、教学内容、教学资源、教学方法等多个方面引导学生自主学习。如在教学内容方面，应明确哪些内容由学生自学，哪些内容需要在课堂师生共同探讨。在教学资源方面，应为学生提供多种渠道获取本课程相关资源，促进学生对课程知识的主动检索。此外，新课开始前，教师应安排学生自学这种自学习不单单是指让学生单纯地看书，而是要求教师简明扼要地指出学习目标，提出自学相关要求的指导后，让学生带着思考在规定时间内自学，并做好与课程相关资料的查阅。

2. 积极的课堂环境的构建

课堂理论教学是教师引导学生自主学习的重要场所。所谓研究性课堂教学就是基于强调学科原理形成过程和师生互动为主要特征的教学方式。作为与传统的授受式教学不同的教学方式，教师应先在课堂上检查学生的自主学习情况，发现学生自主学习的问题，通过师生共同探讨解决问题，并在此基础上引出与新的教学内容相关的问题，通过这种方式积极引导学生的课前自学。

（1）学习目标与学习计划的确定

确定课程学习目标是教学活动的前提性环节，它形成于教学活动开始之前。

学习目标的确定非常重要，学生只有明确自己的学习目标，才能知道自己需要学什么，学习应该达到什么标准，才会积极主动地为学习目标而努力。

在研究型教学与自主学习形式下，学习目标的制定成为教学的一个重要环节。那么如何制定学习目标？这就需要考虑多个因素，包括课程、学生、资源等多个因素。确定学习目标最重要的是要符合学生的发展需要，由于学生基础不同、能力各异以及需要不同，学习目标需要因人而异。教师应让学生参与学习目标的确定，使学生将教学目标内化为自身的需求，从而有利于激发学生的学习动机，引导学生自主学习。学习目标是推动学生主动积极学习和克服困难的内在动力，针对每一个门课程，教师应指导学生制定适合自己的具体、明确、详细的学习目标。在日常课堂教学中，教师应使学生明确每堂课的学习目标，以便于学生在课下能及时地自我检查，并根据自己学习的情况明确课后的学习目标，从而进行及时的复习巩固以及扩展知识面。同时，教师应指导学生根据自身的学习特点制定合理的学习计划，以保证学生自主学习的持久性。

（2）多样化的教学方法

研究型教学重在为学生创设良好的问题情境，以激发学生的内在动机与学习兴趣。因此，在研究型教学过程中，应积极通过多种教学方法创设多种教学情境，以吸引学生主动参与到教学中来。研究型教学的课堂教学方法多种多样，教师可以根据教学目标、课程的特点、自身的教学优势、学生的学习特点等，选择合适的教学方法，如讨论式教学、案例教学、问题式教学、情景式教学等，每一种教学方法都有它的特定的适用条件，没有一种具有普适性的教学方法，这就是人们常讲的教无定法。教师要根据课程性质、教学内容和学生的特点，创造性地进行教学设计，恰当地运用必要的现代教育技术和信息资源，寻找适当的教学方法来组织实施研究性课堂教学，以激发学生课堂学习的兴趣、积极性，引导学生主动参与教学。

（3）创建良好的课堂管理方式和气氛

教师应创建积极良好的课堂管理方式和气氛，这种课堂管理方式和气氛有别于在课堂管理中学生绝对服从教师或是将学生放任自由的情况，而是一种积极的课堂：学生有足够的积极性，情绪安全感，敢于发表自己的建议和想法，师生彼此尊重、相互接纳，使老师在教学过程中既有效地对学生进行管理，又能提高学生参与课堂、参与学习的积极性。在日常课堂管理中，教师应重视学生的差异性，认真观察学生的课堂学习情绪、注意力、积极性，并根据学生的课堂反应，及时改变教学方法。教师可以在课堂上通过问题创设建立积极地学习气氛，即用精心准备的问题、激励的语言促进学生的主动探索。同时，教师可以使用录像、多媒体等多种教学手段，使教学内容更直观，从而提高学生的积极性，引导学生自主学习。

3. 改善课程教与学方式

（1）课程讲授

在课程的讲授上，内容应该少、精、宽、新，删除陈旧的、重复的内容，以提高学生的注意力；讲授内容应和教材要适当分开，避免"照本宣科"，增加学术前沿知识，从而提高学生的学习兴趣；尽量采用双向交流式的课堂教学，以加强教师与学生之间的互动，以引导学生主动思考与探索。教师应根据课程本身的特点，适当减少课内讲授学时，扩大课外学时比例。这就要求学校要给予教师一定的改变课程课时的权利，允许教师根据实际需求适当改变课内与课外的学时比例，满足实际教学的需求。此外，在课堂讲授过程中，教师应根据课前教学安排与课堂教学需要适当对学生的自主情况进行检查，以培养学生在课前自主学习的习惯。

（2）课程讨论

课程讨论不仅是帮助学生掌握知识的重要形式，也是激发学生学习兴趣、训练学生自主提出和解决问题能力的有效途径，对促进学生的自主学习有着重要帮助。课程讨论过程中，可以加强教师与学生之间的互动，同时也应加强学生与学生之间的互动。为了保证课程讨论的顺利实施，应适当设立助教岗，给予学生适时的指导，以维持课程讨论的秩序和方向。专业教育阶段的课程都应设立相应的讨论课，不同类型的课程讨论课的学时比重与具体安排可以灵活多样。讨论课可以由主讲教师主持，也可以由研究生助教主持。课程讨论前，鼓励学生查阅课程资料，主动思考相关课程问题，引导学生在课程讨论中积极主动发言。

（三）实践教学策略

实践教学作为研究型教学必不可少的一部分，是与理论教学密不可分的，理论知识必须应用到实践中，学生才会获得较深的体验，加深对理论知识的理解和掌握。因此，高校必须完善实践教学体系，加强学分制改革，建立满足高素质人才所需的开放式、研究型、创新型实践教学体系。学生在实践教学中可以提高自身的动手能力，增强对问题的探究意识。教师应积极鼓励学生积极参与到实践教学中来，通过小组合作、独立作业等方式促进学生的对问题的主动探究，增强学生的求知欲，积极引导学生自主学习。

1. 改革教学实验设计

建立由基础验证型、实践体验、提高型（综合性、设计性）、研究性创新等多种类型实验项目构成的教学体系。实践教学内容应丰富多样，面向实际，结合学科前沿，通过采用案例分析、项目教学、产品引导等教学形式，科学规划实验项目内容。学生可以自主选择实验项目，从而满足不同个性、不同阶段、不同兴趣爱好学生的需求。通过创设多种实验条件，促使学生参与探索性和创造性实验。对于实验课时较少的课程，可以将几门课程的实验整合成一门独立的实验课。同时要建立完善实验室开放机制，努力实现时间、空间、内容等多方面开放，吸引学生进入实验室，从而调动学生学习的积极性和主动性。对于实验内容，教师应精心设计，紧密结合理论知识，从而促进学生在实验中的自主探究。

2. 加强校外实习基地建设

学校应加强校外实习基地的建设，为学生提供验证自己学习优劣的机会。在实习过程中，学生将学到的知识应用到实践中去，是一个自主的过程，而这个应用过程可以使学生获得学习的成就感，可以提高学生今后学习的积极性、主动性为今后走向社会打下基础。同时，专业实习还可以使学生发现自身在专业知识方面存在的不足，促使他们更加主动的学习。校外实习基地的建设，应根据不同学科专业或课程教学的需要，与大型企业、集团公司、研究机构、政府部门、法院等单位合作，建立教学、科研、生产相结合的综合性的实习基地。各学院应根据各自专业的特点，有计划、有步骤地选择能满足专业实习教学要求的企事业单位，建立校外实习基地。学校要积极鼓励与支持学生赴海外主流企业参加实习，将毕业实习时间适当延长，提高学生的核心竞争力，在促进学生自主学习的同时，实现学以致用。

3. 建立完善的四层次多元化创新训练体系

学校应以《国家大学生创新性试验计划指南》为指导，以学生为主体，以项目为载体，以兴趣驱动、自主实验、重在过程为原则，建立完善的国家、省、校、院四层次创新训练体系，吸引学生主动参与，同时也可以有效推进研究型教学。教师应积极鼓励学生参与各类创新型训练，通过参与各种训练，提高学生学习的积极性，从而培养学生的探究能力和创新能力。教师还应鼓励本科学生个人或创新团队，自主选题、自主设计实验。此外，教师应定期组织学生交流，为学生创新研究提供交流、展示成果、共享资源的机会。通过引导学生自主学习，提高大学生的科学素质和文化素质，培养大学生的创新精神、创业精神以及实践动手能力等。

（四）课外教学策略

学生的自主学习主要体现在课外学习中，如何有效引导学生在课外自主学习是教师的重要任务，也是教学过程中引导学生自主学习的重要教学环节。教师的主导作用在课外教学中可以充分体现出来。根据调查统计分析以及对教学过程的跟踪，提出以下教学策略。

1. 精心设计课外作业

课外作业是教育输入的关键部分。以"学"为主的动态课堂集中反映学生的知识接受能力，而课外作业则是关系到学生的知识扩展程度、信息反馈及效果评估。针对大学生自主学习能力不断增强的特点，应当减少课内学时，增加课外自主学习的量与质。这就需要教师精心设计课后作业，选材难易适中，既要防止作业太过简单，学生一蹴而就，起不到布置作业的目的，同时也要避免作业太过疑难，打击学生学习的积极主动性。作业的类型应该是多样化的，包括复习巩固课堂学习内容的理论性习题、操作性作业、更深层次的探讨题、问卷调查、资料收集等，以便更好地激起学生学习的兴趣。同时，对于难度比较大的问题，教师应提供相关参考资料，并给予适当的分析，以引导学生继续探究，避免学生因不知如何着手而放弃。教师如何检查学生完成作业的好坏，也是影响学生自主学习的重要因素。除了要对习题作业批改，教师还应在后续的课堂中通过提问、口头汇报等方式检查学生课下作业的完成情况。通过这种方式引导学生在课外积极主动的完成教师布置的任务。

2. 加强对学生课外学习的指导

教师要加强对学生的课外指导，通过拓展网上学习与交流、网上答题与讨论、网上作业与批改等新途径，积极引导学生自主学习。同时，对学生的自主学习提供适时的反馈，以帮助学生改进自己的自主学习方式。教师应根据课程特点为学生提供多种课外教学资源，包括网络教学平台、参考书籍、精品课程学习网站、测试题库等，以扩展学生的知识面，引导学生积极主动学习课程相关知识，加深对课程的理解。需要强调的是，由于教师参与学生课外学习的时间较少，教师若要在课外有效引导学生自主学习，还需发挥课堂教学的作用，将课内与课外教学有效结合，通过课堂教学安排引导学生的课外学习。

此外，教师应根据课程特点适当设立助教岗位。助教在协助主讲教师的教学活动的同时，对引导学生自主学习也起着重要作用。助教具体的工作职责应包括随堂听课（目的在于协助教师创建良好的课堂教学氛围）、课程的辅导、答疑、批改作业、组织课堂讨论以及实验课中对学生的指导。相比教师，助教更直接的接触学生，在引导学生自主学习方面起着更直接的作用。

大学生参与研究与创新活动是研究型教学的重要组成部分，教师应积极鼓励学生参与各种教学活动并给予一定的指导和建议，如学科竞赛、SIT项目等与课程紧密相连的创新性活动，发动与引导相关学生社团组织，自发开展各类教学活动。通过参与多种类型的活动，增强学生学习的积极性与主动性，同时也可以提高学生的探究能力。教师应尽量为学生提供做教师的科研助手、参与教师课题或项目的机会，以便获得探究问题的方法。在此基础上，鼓励大学生自主提出研究课题或自愿组成研究小组，在教师引导下通过对相关资料的分析、归纳、整理等，找到有价值的信息，然后自主设计研究方法、自主完成研究过程，并根据研究结果撰写科研小报告，从而提高学生的自主学习能力与研究能力。

（五）建立多元化的学习评价方式

学习评价是研究型教学的一个重要部分，也是影响学生自主学习的重要因素。因此，教师要因课制宜，依据不同课程的特点及教学目标建成多元化的综合学习评价方式，实行形成性评价和终结性评价相结合、课内教学与课外自主学习相结合的全程评价。通过建立这种多元化的评价方式，促使学生在课程研究型教学的每个环节都积极、主动的学习与探究，从而有效引导学生自主学习。由于学生是不断发展着的个体，课程内容也随着科技的发展不断变化，因此这种多元化的学习评价方式应该是全面的、发展的。同时，评价要考虑到学生的个体差异性。对学生学习的评定应贯穿于课程开始与课程结束的全过程，每个环节都要跟踪记录。注重对学生学习的不同方面和学习过程进行全面考察和评价，以激发学生的学习动力，从而提高学生学习的主动性。

首先评价内容应该是多元的。评价内容不仅要关注学生的学业成绩，而且要发现和发展学生多方面的潜能，了解学生的需求，帮助学生认识自我，建立自信。具体的评价内容应涉及课堂表现、实验操作、习题作业、实验报告、论文发表、期末考试、参与学科竞赛、参与课题等多个方面。这种多元化的评价内容可以促使学生在课内外都积极、主动的学习，从而有效引导学生自主学习。其次是评价主体的多元化。评价者可以是教师或教师小组，可以是学生或学生小组，也可以是家长。这种评价不再单独局限于教师本身对学生的评价，可以促进学生提高对身的学习要求，促使他们通过学习的各个方面获得成就。最后，评价手段、方法上是多元的。具体的方法设计应根据课程特征要求、学生学习特点和专业培养目标等综合因素来确定。可采取教师评价与学生的自评、互评相结合；对书面材料的评价与对学生口头报告、活动、展示的评价相结合；定性评价与定量评价相结合等方法。在实际的教学中，应根据课程的不同特点，加强课程考核的改革。教师应积极鼓励学生的自评与互评，使学生在课程学习中通过互相评价，找到彼此之间的优缺点，增强学生的竞争与合作意识，促进学生更加主动地学习。

此外，学习评价应该是全程性的。自主学习是学生积极主动的学习，离不开学生的坚持与决心。不少学生在自主学习中容易中途放弃或是避难就易。这就要求教师在课程教学的每个环节都要加强对学生的评价，包括赞扬和批评。积极的评价可以增加学生学习的动力，而适时的批评可以使学生认识到自己的错误并加以改正。

第三章
高校研究型教学国内外研究综述

随着高校教学改革的深入，近几年，全国各高校纷纷把实施研究型教学作为教学改革的重要方面。国家教育部《关于进一步加强高等学校本科教学工作的若干意见》明确要求："积极推动研究型教学，提高大学生的创新能力"。这就使研究型教学成为高等教育理论和实践的一个新的研究课题，它反映了现代先进教育教学思想和理念，体现了教学与科研间的内在联系以及时代对人才的要求，对于培养学生的自主学习能力、研究能力和创新能力具有积极的作用，是新世纪高等教育教学发展的重要方向。

第一节　研究型教学的发展及研究现状

在古代，不论在中国还是在西方，教育家们有关教与学的理论中都渗透着研究型教学的思想。我国古代伟大的教育家孔子认为，教学过程是一个渗透着学、问、思的过程。他常把学与问结合起来，强调学生围绕自己的问题自主学习、自主研究，要好学，每事问。他还提出："不愤不启，不悱不发，举一隅不以三隅反，则不复也。"意在倡导学生的主动学习与教师的诱导、启发教学。在西方，研究型教学思想的源头可以追溯到古希腊的苏格拉底（Socrates）的"产婆术"。时至近代，德国教育家赫尔巴特提出的"四段教学法"，德国著名的新人文主义教育家洪堡提出教学与研究相结合的思想以及他在柏林大学所进行的把科学研究引进教学过程的实践等，都是近代研究型教学思想进一步明了的表现。

总的来说，研究型教学思想可谓源远流长，但教育界把研究型教学作为一个专门的对象来研究则始于20世纪初期，并在该世纪中期和后期达到高潮。之后研究型教学已在世界几十个国家和地区实施并推广。美国是世界上较早开展本科研究型教学的国家，1998年，博耶委员会（Boyer Commission）出台了《重建本科教育——美国研究型大学蓝图》报告，要求研究型大学充分利用其研究的优势，吸纳本科生参与科研，提出了教学应与研究相结合学生的学习应基于研究，建立以研究为基础的教学模式，即本科生研究型教学。该报告引发了美国研究型大学本科教学的改革，推动了美国大学研究型教学的迅速发展。

国内对于研究型教学的研究还处在起步阶段，随着大学教学改革的发展，许多高校都在积极开展与探索研究型教学，从最近几年关于研究型教学文献的查询来看，已涌现出一批关于研究型教学的论文，这些论文研究基本都是关于体现研究型教学内涵和特征的研究型教学模式，以及实施研究型教学的重点难点、困境等理论与现实问题。但从国内整个教育界来看，直接研究大学研究型教学的文献量远不及研究中小学的，并且有关高校研究型教学的研究与探索的文章基本都是来自全国重点高校。由于实施研究型教学面临一系列的转变问题，包括教育理念的转变、师生角色的转变、教学模式的转变、教学评价方式的转变等致使研究型教学没有在国内众多高校中得到足够重视与推广。同时，近几年来，关于某一门大学课程的研究型教学模式的论文逐渐增多，大多是关于问题解决模式、项目训练模式、课题参与模式等模式的研究，并且这些研究多半在探索阶段，并没有形成系统的、完善的教学模式。因此，对研究型教学的研究有待进一步深入。

第二节　我国高校研究型教学的问题与根源

实施研究型教学需要多方面多层次的条件保障。多年来，在大学开展研究型教学的呼声不可谓不高，但实际收效甚微。面对研究型教学实施不力、落实不到位的问题，本节通过分析大学研究型教学现状，找到问题的根源所在，在之后的章节中探寻解决这些问题的方法。

一、主观原因

政策就是导向，观念指导行动。每当历史随时代的推演而演变的时候，由于人们旧有的历史的牢固习惯，只能接受渐变的推排，极难适应突变的打击。一方面研究型教学以新的姿态进入大学教学领域，另一方面又受到传统教育观念和模式的制约和影响。

（一）管理者：教育理念、认识偏差

学校管理者能实现对学校教师教育思想的领导，从而使学校在研究型教学实施方面达到教育理念上的统一。实践证明，学校教育理念一旦被全体教师所接受，学校教育工作的方向就会更加明确，教师工作的积极性、创造性将会更加高涨。从这个意义上讲，学校集体形成统一的教育理念是研究型教学实施的一个重要因素。具体而言，研究型教学要在高校实施，首先需要学校管理者理念、认识的统一，通过对教育大环境及学校内部运行机制的深入观察，把它转化为全体教师的教育哲学理念。因此，在研究型教学实施过程中，学校领导的理解和支持程度直接影响其实施的程度和有效性。

目前大部分师生认为学校领导支持研究型教学的力度不够。这说明当前有不少学校的领导不能从较高层面上来认识研究型教学的重要性，因而要推进研究型教学，有待于学校领导进一步更新教育理念，提高对研究型教学的认识。

从各校现状来看，许多学校注重形式多于内容、注重表象多于实质，对研究型教学的意义往往认识不到位，一系列文件通知的印发也未能更新部分学校管理者的教育观念，引起思想上的重视。对于研究型教学，他们的认识存在偏差和误解，有的只是将研究型教学简单地归结为大学生科研计划和各种创新培训（或学术）基地活动；有的认为自己学校不是研究型大学，不需要进行研究型教学；有的认为在整个社会大环境都没有接受和理解的情况下，学校的研究型教学活动更是无法开展，持观望等待态度；还有的认为学校已有现实的教学评估压力，担心研究型教学会影响学生的成绩，故迟迟推延研究型教学。在这些思想观念的指导下，研究型教学成了一纸空文，根本不会将研究型教学细致规划，根据具体情况制定相应的指导纲要和实施意见。如此一来，很大程度阻碍了学校研究型教学深入开展，研究型教学根本没有落到实处，更谈不上有本校特征的研究型教学活动。

（二）教师因素

教师是研究型教学的最直接参与者，研究型教学成功与否，教师的态度、素质、适应性是关键。事实表明，一些教育改革没有取得预期的效果，并不是改革本身出了问题，而是由于教师不积极参与或不能适应的缘故。研究型教学也不例外。研究型教学要求教师的思维方式、教学方法、教学内容组织以及教学组织形式等都发生相应的变化，而教师已习惯、适应了一套课程和教学方法，通常对种"自上而下"的改革产生抵触情绪与反应，因而研究型教学实施过程中必然会遇到来自教师的种种阻力。

1. 认识错位，积极性低

虽然大部分的教师认识到了研究型教学的必要性，但仍有一部分教师认为研究型教学不是很必要，不是很可行。因而这些教师不很愿意进行研究型教学，有些教师甚至坦言对科学研究的兴趣是其选择来教学研究型大学工作的主要原因，对教学的真正变革没有信心，持畏难观望态度。教师对研究型教学的认识不到位，其实际教学行为难免要偏离研究型教学的宗旨。许多教师对研究型教学的认识还很混乱，没有整体把握研究型教学的内涵。教师不能充分认识到开展研究型教学的重要性和必要性，摆正研究型教学的地位，对研究型教学的重视程度与实施的热情不够；教师缺少对研究型教学方案与方法的正确理解，实施中就难以有明确的指导任务和具体的操作方式。教师对研究型教学的态度、对研究型教学理念的理解程度、对研究型教学实施方法与程序的掌握程度都极大地影响研究型教学的具体实施。

2. 传统思维定式、行为习惯制约有效性指导

大部分教师均表示："在理论上，我们都能接受研究教学，但在现实面前，传统教学比较稳定，只要下功夫就会出成绩。"我国传统教学论将课程视为规范性的教学内容，课程实施成为教师对静态课程的复制过程长期以来，教师便形成了被动、消极地执行既定课程计划以及按计划培养学生的心理定式，并逐步养成了按照课程大纲、教材进行教学的习惯。受这种定式影响，教师即使在观念上已接受研究型教学的理念，教学中也会不自觉地回到传统"教"的指导行为上，因而制约了教师在研究型教学中对学生的有效指导。例如，很多指导教师表示发现自己指导学生时放不开，总想规范、约束学生的所作所为，想改变这一现象，但到学生面前就不自觉地"犯职业病"。也有不少教师有与学生建立平等师生关系的愿望，但在实际教学中，凭借教材、知识和其本身的地位优势建立起来的绝对权威地位，师生关系的不平等状况很难改变。随着研究型教学的深入开展，学生对教师、对教材的依赖性降低，师生关系也发生了变化，教师从知识的传授者、学习内容的垄断者变成了学生学习的促进者、组织者和指导者然而当前仍然有相当多的教师思想准备不足，未能及时转变角色，不能很好地表现出适应研究型教学的指导行为。

3. 素质滞后

目前我国教师的素质普遍滞后于教学改革的需要，尤其像研究型教学对教师目前我国教师的素质普遍滞后于教学改革的需要，尤其像研究型教学对教师提出了更高的要求，教师的素质结构更难满足研究型教学的需要。教师的观念落后，知识面狭窄，缺乏实施研究型教学所需要的相关技能技巧，这些都有可能成为研究型教学的阻力。

观念方面，教师普遍缺少研究型教学要求的学生主体观、课程的生成观，多元的评价观等；知识方面，成功地实施研究型教学需要教师掌握跨学科的综合性知识，并能将知识整合起来熟练加以运用，但长期进行单一学科教学的教师往往较熟悉本专业知识，擅长本专业知识的教学，但对其他专业知识知之甚少，加上教师在教学中往往很少对其他专业学科的跨越，这更加剧了知识结构单一、知识面狭窄的情形，对本学科以外知识涉猎很少，不能满足这样的要求。能力方面，研究型教学实施过程是进行课程开发的过程，教师是课程的开发者与设计者，但教师惯于把课程当作教材、课本，不具备根据实践情况确定课程目标、内容的能力；研究型教学综合性、开放性的课程特点决定它的实施渠道和途径多样化，需要教师加强与各方面的协调合作，而长期的分科教学割裂了教师与外界的有机联系；研究型教学要培养学生的探究能力，自然要求指导教师具有相应的研究能力，但一些教师收集信息、处理信息的能力比较弱，不熟悉研究的过程与方法，难以针对学生需要进行指导；研究型教学需要教师对教学实际情境和自身经验做多视角、多层次的分析，对自己的教学进行反思，但教师往往忽视教学研究，缺乏自我探究、自我发现、自我解决教学问题的能力。

4. 工作时间与精力限制

研究型教学要求教师投入更多时间和精力。一方面，研究型教学方法以案例或问题为基础，教师在筛选和自己撰写案例与问题时，要花费更多的时间和精力。另一方面，由于学生往往以小组的形式进行研究凹，教师在进行分组指导时，要花费几倍于课堂讲授的时间和精力。再一方面，练习或作业的答案是开放的、性化的，教师在评价方案上也要花费更多的时间和精力。工作负担重，时间、精力有限是摆在教师面前的现实困难，教师常感到压力重重，在教学指导工作中也往往感到心有余力不足，部分教师缺少实施的热情。

（三）学生因素

众所周知，学校一切教育活动的中心是学生。因此，从某种意义上来说，"教学是为学生而存在的"。反过来说，教学也必然受到学生这一因素的影响和制约，要求学生充分主动性的研究型教学更是如此。在研究型教学实施中，学生有自己的渴望与追求，也有自身的困难和受之于传统教学观学习观的局限，主要表现在对传统教学模式的依赖、科学研究素养的缺乏和实践中的畏难心理三个方面。

二、客观原因

学校是否在制度、管理等方面为研究型教学的开展提供便利、能否提供研究型教学必要的实施条件等也将影响目前研究型教学的实施。

（一）教学管理不完善

我们知道，进行研究型教学需要有教师的指导，需要对经费、设备、相关的实验教学等进行统筹管理，建立相应的规章制度。然而在调查中教师和学生均表示，学校的教学管理制度不能适应研究型教学的需要。

这说明，高校缺乏系统的、规范的管理，缺少对本科生从事研究积极性的保护扶持政策。首先，学校管理各部门职责不明确，没有承担起促进研究型教学的任务与职责，致使学校对研究型教学的组织、指导、管理、评价等工作缺失。如学校对课时安排不到位，课程未与教师的工作量、职称评定等挂钩，导致部分教师缺乏积极性。其次，参与管理的人员不够，很多管理环节不到位。可以说，研究型教学工作牵涉面较广，但学校对于研究型教学的管理并没有形成包括目标管理体系、领导管理体制、工作运行机制、服务保障机制、成果评审机制和引导激励机制等在内的较为完整的管理制度和长效机制。

（二）评价机制不合理

目前阻碍研究型教学的一个重要因素是当前的教育评价机制。

一是学生学业评价机制不合理。用什么样的标准评价教学质量，将直接影响教学的内容和方法。长期以来，尽管我们的教学质量评价标准从理论上讲是全面的、科学的，从知识、能力等各方面都做了要求，但在实际的评价中，常常偏向于对知识的检查，把它们当作"硬指标"，无论是发放奖学金还是推荐研究生都用学生的考试分数作为评价标准，而对能力的评价缺乏具体明确的标准，常常把它当作"软指标"，加之当前还没有制定出一套将研究型教学的评价列入学生的学业成绩的综合考核体系，所以，部分学生担心研究型教学会影响考试成绩，因而对研究型教学缺少一定的热情和兴趣，不能真正融入。

二是教师绩效评价机制不合理。评价机制对教师的工作具有明确的导向作用，"教学"和"科研"是大学教育的"两条腿"，两者应该相辅相成，但是这"两条腿"一直处于"肢解"状态。大学在领导职务提升、职称评审、岗位聘用、薪酬定级确定以及评优时，只看"论文""著作"和"课题"，无不以教师发表的科研论文、取得的学术成就的数量和质量作为唯一合法的标准，而教学只有工作量的规定，并没有严格的质的要求，教学水平和业绩沦为"软指标"，所有这一切的基本依据是"出版记录"，而不是教学的有效性，从而抑制了大学教师教学改革的积极性，有些教师不愿花太多的精力研究如何精选教学内容，改进教学方法，提高课堂教学质量，而把主要精力放在科研上，从而影响了研究型教学的开展。这种情况恰似克里斯托弗·詹克斯和戴维·里斯曼在《学术革命》中深刻淋漓地描绘的美国大学忽视教学的原因："不容置疑，绝大多数的教师愿意自己的课受到欢迎、讲座受到称赞或得到学生们的感激。但由于这样的成就在提薪或者转到一个更有声誉的学校或赢得同事们的钦佩上没有任何帮助，因此，他们都不太可能像做其他的事情那样为取得这样的成就而作艰苦的努力……许多极有潜力的教师在课堂上的表现非常不好，因为他们知道劣质教学不会遭到任何正式处罚。"不是教学不重要，而是科研更重要。

（三）教师培训不到位

教师培训是有效实施教学改革，提高教师认识的基本途径。当前高校教师培训不到位，主要有三个方面的问题：

首先，教师培训时间不到位。对教师的继续教育重视不够，教师的进修提高没有有效的制度保障，教师接受培训的时间或机会少，大多教师只参加了职前培训。

其次，教师培训内容不到位。培训的内容多限于教育学、心理学知识和学科教学内容，要么是教材教法讲座，要么是现代化教育技术指导；缺乏对教改的背景、理念、目标进行了解，而且随着研究型教学的不断深入，教师们本需要更具体的、实用性更强的培训，需要深入研究教师指导中的具体问题，然而只停留在教材解读层面的培训难以满足教师的需要，脱离教学实践和实际。

最后，培训的形式远离教学实践。在访谈中，有教师提出，培训的形式除了讲授式的报告、讲座和纸笔考试外，更需要一种结合自己现实教学问题，在分析问题、解决问题的过程中来提升教育理论与实践技能的教学培训，但学校并没采取探究式、案例分析式等多样的培训方式，让教师参与到研讨交流中，使得培训和实践两张皮，培训中的理念很难内化成教师自己的。

（四）教育资源缺乏

研究型教学需要学校提供充足的硬件设备，教育资源的缺乏是制约研究型教学开展的瓶颈。本科生在研究型教学中产生新观点或者创造某些新意，往往不是很难的事情，最难的往往是对这种新观点或"新意"付出的"求证"过程。"求证"本身需要课堂以外大量的资源，如理科学生要验证自己的发明创造，就需要优良的实验设备；文科学生要验证自己发现的新的假说，往往需要查阅古今中外大量文献，此外还要进行大量的实地调查。近年来，高校的投入逐年增加，特别是进行本科教学评估以来，高校加大了数字信息环境下硬件建设的投入力度，即使这样，随着招生规模的不断扩大，培养学生的要求逐年增加，高校的硬件建设还是投入不足，购置的设备还是不能满足本科教学的需要。

（五）教材体系僵化

教材单一、内容陈旧、体系僵化是目前高校普遍存在的问题。传统的教材观把教材看作是学科知识体系的浓缩和再现，教材即知识，是学科知识的载体。教材中的内容必须是定论、共识或某一领域中公认的原理、法则，排除有争议的问题，教材编排比较偏爱演绎性，很少有按提出问题、解决问题的途径和方法，获得的结论及可能发展的方向来阐述各种知识，缺少怀疑和研究的起点，不符合研究型教学的基本精神。另外现在已有的教材大多都格外注重体系，而体系又都是人为地编造出来的，其目的是学者确定其体系中的核心结论。目前大学教材完全按照学科体系编排，突出了教学中输出的程序，却忽视了学生的学习心理程序，适应于传授，甚至带有强烈的灌输色彩不适应于自行研究。研究型教学要求具有"可怀疑性"，而不是"确证性"内容，否则便失去了研究的价值。由于陈述多于论述与论证，其宗旨还是为了建立结论，这样的教材不仅失去了它的现实的根基，也丧失了理论应有的活力，捧起这样的教材，师生都会产生嚼蜡的感觉，除了去寻找答案，实在刺激不起学生的"问题意识"和研究欲望，更难找到诱发学生创造激情的生长点。

第三节 国内外研究型大学的研究型教学经验与启示

以培养大学生创新精神和研究能力为目标的研究型教学已成为世界高等教育改革的趋势，本节选取了国内外4所开展研究型教学的大学，分析这4所研究型大学在研究型教学中的重要举措，并总结其经验，为我国高校开展研究型教学提供借鉴。

一、牛津大学

牛津大学是英语国家最古老的的大学，连续存在了9个世纪，是世界上仅有的两所保持中世纪高校教育体系的高校之一。

（一）双轨治理体制

牛津大学是一个松散的联邦，实行的是一种高校和学院体系并轨的双轨体制，高校与学院分工协作，共同培养人才。

牛津大学的学院制模式世界闻名。这种模式使得它更像是一个"生物群落"，而不是一个"生物"。学院具有自立、自治和自足的特点，都各自拥有相当自主的管理权力。学院制定自己的院规，筹募所需的财务来源，并招收自己所选择的学生，是一个独立的包括所有专业的导师制教育体制。每所学院都由Head of House和几个Fellows管理，他们都是各种学术领域的专家，其中大多数在学校都有职位。牛津大学的学院并不是按学科来划分的，而是将不同学科的学生融于一个学院之中，大部分学院都包含了高校中的大部分学科。每个学院都是一个独立的法人，拥有自己的教师、职员、校舍、基金各种学习和生活娱乐设施。学生和所属学院的关系，远超过了高校。学生必须先为一个学院所接纳才能成为牛津大学的学生。学生在学院接受导师教育，并在高校接受讲座和课程教育，而研究生的通知书则由各系首先决定，然后是与之相关的学院。学院坚决地捍卫自己的自治权，校方也尊重他们的这种权力。

（二）导师制

牛津大学实行独特导师制，实现课堂教学与个别教学的结合。导师制由15世纪初创办"新学院"的温切斯特主教威廉·威克姆所首创。录取之后，新生到一个学院报到，学院就给他指定一位导师，视需要还可以再选派1~2名课程导师。学生导师由研究人员担任，他们多是品学俱佳的学者，在一定的领域卓有建树。

这种制度被认为是牛津大学长久不衰、历久弥新的秘密所在。加拿大高校利考克教授在考察牛津后认为，牛津大学成功的秘诀，关键就在于导师的作用。学生们知道的一切都是从导师那里，或者不如说同导师一起学到的。他说，牛津并不急功近利，不追求眼前得到的"效率"。只要是有天分的学生，他的导师，对学生的学习和研究发生兴趣，就会在其心里点燃火苗。

（三）教育内容与教育方式

牛津的高校教育在于训练学生搜寻和消化信息，进行独立思考，建立自己的观点并为之辩护。带有明显职业训练内容的课程为数极少。学生在入学时必须选择某个学院入学，可以确定专业也可以不确定专业，确定的也可以转换。牛津大学在培养上采取正规与非正规教育相结合的方式进行。正规教育主要是指：课堂授课——由学者为本科生大班授课、小组讨论——学生分小组与教授教师就某一科目的学习内容进行详细的讨论。教师不照本宣科，不重复课本上已有的、学生能看懂的内容，喜欢精讲多议，画龙点睛，把参考书介绍给学生去阅读。非正规教育则是指通过学生公用室活动、高桌宴会、课外活动等方式使学生、教师之间进行充分的接触和交流熏陶，从而使学生得到锻炼和提高。导师与学生之间的谈话则是介于这两者之间的一种方式。

（四）能力培养理念

牛津大学推崇求实、辩证和以人为本的教学思想。体现在教学上的独特之处有以下几点。

（1）在其人文教育中特别重视阅读原著和注重文本研究的方法。强调对原始资料的掌握，无论什么语言的作品，一般都要求学生做到能够阅读原著。例如，学习英国文学的学生要粗通英语和中古英语，研究文艺复兴以前的历史、文化和宗教，还需学习拉丁语、希腊语和希伯来语等古典语言。在文科中特别注重目录学和版本研究，有很细的专门课程，而且都是必修课程。

（2）特别强调辩证思维和独立思考。导师在指定学生看一部名著时，往往要求学生对作者的观点提出自己的看法，要求对一切持怀疑和批判的态度。在要求学生总结和复述名著要点的同时，鼓励他们从中挑刺，并提出自己的看法和论点。最好是提出相反的观点，并能用论据来支持这种观点。学生在学了语法、修辞学和逻辑学之后，经常要用拉丁语就某件事的正方和反方发表演说和进行论证。

（3）因材施教，注重个性，没有一个固定的模式。每个学生都在导师的指导下制定自己的学习方案，这样能充分发挥学生的主观能动性，自主选择适合自己的最佳学习途径。

（4）口头表达和写作能力并重，培养全面发展的人才。很多课程尤其是研究生的课程都是讨论班的形式，每个人都必须发言。此外，每周一次的与导师见面谈话，如果没有充分的准备或不具有很好的口头表达能力就很难过关。

（五）非正规教育理念

牛津大学认为，在教学方面，必须找到一种适合这个时代的平衡，即让学生获得一技之长和鼓励他们追求道德之间的平衡。所以牛津大学还通过其他非正规的方式培养学生的能力和品格。

（1）在每个学院都有学生公用室，里面有报纸、电视、电话和牛奶咖啡等，使来自世界各地、各专业的学生有很多机会在此相互交流和辩论。专门为学生公用室提供活动经费，让学生自己组织各种丰富多彩的活动。学生公用室每周还在学院餐厅组织一次正式的宴会，并与其他学院对等组织交流。

（2）研究生每周都有一次机会申请参加教师的高桌宴会，与教师一起饮酒聊天、切磋学问，还可以申请参加每个学院的特殊高桌宴会，与教师和学院的研究员共进晚餐，学生和教师都必须穿上黑色的学袍。这就是具有浓郁牛津传统的社交场合。

（3）实行一种荣誉制度，充分相信学生都是正人君子，以此训练其主人翁和责任感。每个学生都有钥匙并随时可以打开学院的大门、图书馆、公用室洗衣房等，可以自由出入学院，可以随时借书和使用计算机等，考试也不需要有人在旁边盯着。总而言之，把整个学院都交到每个学生的手里，把他们当作学院的主人。

（4）丰富多彩的课外活动，为学生营造富有激励性的学习和生活环境。牛津大学各学院组织各种各样的课外活动，现有200多个俱乐部和社团组织，既有体育、音乐方面的体育娱乐性组织，又有辩论、学术方面的组织，学生可以根据自己的兴趣爱好参加各种组织，参加各种课外活动。丰富多彩的课外活动，为学生提供发展兴趣爱好的空间，促进学生的全面发展，使得学生在规模巨大的高校中可享受到小学院的人文关怀和文化氛围，在重个人主义的社会中找到集体的感觉，增强学院的凝聚力。

（六）国际合作

牛津大学的国际化程度很高。首先表现在外国留学生的数量和来源地上。为招收更多、更优秀的外国学生，牛津大学还专门成立了一个国际办公室。其次表现在与世界上80个国家有学术联系，这些联系主要以教员之间的非正式关系为基础。牛津拥有专门研究例如欧洲、日本、中国等的研究中心，还有关于难民问题与全球环境变动的研究中心。以牛津与国内外很多高校签订了学术和研究合作协议、举办联合办学的项目。

（七）启示

1. 研究型高校应该重视本科生的教育教学，培养精英人才

牛津大学学院制和导师制体现了以学生为中心、重视本科生教育的传统。虽然经历了9个世纪的洗礼，高校职能也在不断发展变化，但牛津大学重视本科生教育的历史传统却始终未变。牛津大学的这一办学理念着眼于精英人才的培养。

2. 师生之间、学生之间的交流互动是人才培养的必要途径

牛津大学的学院制和导师制中的相互交流为精英人才的培养提供了一种有效的方式——正规与非正规相结合的模式。首先，在牛津大学的学院中，把高校的集体教学与导师的个别辅导结合起来，一方面能帮助和引导学生合理地规划自己的高校学习、生活和职业生涯，明确自己的目标，少走弯路；另一方面把学生的学业发展与个性发展、生活价值观教育等结合起来，因材施教，充分发掘学生的潜力。第二，学院制和导师制中会面、小组讨论、公用室活动、高桌宴会、课外活动等正规与非正规教育模式营造了一种浓郁的学习和社交氛围，使来自不同学科的学生和老师能够朝夕相处，切磋思想，培养兴趣，人格熏陶，潜移默化，使学生从中受到教益、交融和砥砺，养成了一种自主学习的习惯，判断事物和独立思考的能力，养成了成功者所必需的社会和个人品质。第三，值得一提的是，牛津大学的教育教学重视学生品格的培养，并把学生的品德置于至少与知识能力同等重要的地位，并努力使学习知识技能和追求道德两者趋于平衡。

3. 严格的制度和要求对人才培养来说是非常必要的

严格的制度和要求不但引导教学过程的规范，还为人才的质量提供保障。牛津大学虽然在宽松的环境下培养人才，但是它对人才的最终质量有高标准要求。

4. 开展深层次的对外合作

对外合作应该是广泛的、深层次的实质性合作，应该包含深层次的师生培养

项目，并通过合作和交流解决科研难题，突破高层次人才培养的瓶颈，在更广泛的领域深入履行为社会服务的职能。此外，牛津大学的做法还给我们一个重要启示，那就是通过对外合作，保持和提升校友的水平，这也是提升学校世界知名度的一种途径。

二、加州理工学院

加州理工学院（CALTECH）创建于1891年，是一所私立高校。

（一）精英教育理念

CALTECH最显著的办学特点是精英型教育，始终遵循"学科不求过多，范围不求过宽，严格保证学生入学和学习质量"，宁缺毋滥精益求精的办学方针，扎扎实实"为教育事业政府机构和企业发展培养所急需的具有创新才能的科学家和工程师"。其规模保持在2000人左右，是一个典型的"科学家的社会"。

（二）通识教育理念

CALTECH把理科和人文社会科学作为基础培养学生，所有的本科生都必须学习生物学、化学、物理学和人文社会科学等方面的基础课程。要想取得理工学士学位，必须修满108个学分的文科课程。所有的学生都必须上5门物理课、2门化学、2门数学、1门生物、1门天文或是地质学课程、2门实验课，必须修12门人文或社会科学方面的课程，一般是每个学期1门。此外，CALTECH十分重视跨学科的研究生培养，其跨学科的计划分为两类：跨学科的学位计划和跨学科的研究计划。

（三）寓教于研的人才培养理念

加州理工学院注重将教学渗透到科研中，培养学生的科研能力，提倡包括本科层次在内的所有层次的学生从事创新的研究。CALTECH的院长David Baltimore曾经说过："CALTECH提供一种无比的以研究为基础的教育，那就是普遍地把教学渗透到基础的科学与人文学中去。"该校为本科生设立夏季高校学生研究奖学金（SURF）计划、开设高级论文研究课程，同时，教师还提供具有助研金或酬金的研究工作。夏季高校学生研究奖学金计划为本科生提供了一个参加研究项目的机会，使学生与教师建立个别指导关系，学生在教师指导下写出科研项目建议书，建议书和推荐表由夏季高校学生研究奖学金计划管理委员会审查和批准。学生在夏季的数周内进行科研工作，每周可以参加由学院教师和实验技术人员主持的研讨会，也可以参加由商业、政府和学术界领导出席的午餐圆桌研讨会，参加技术写作交流会和出席报告会等。该计划结束后，学生要递交书面报告，介绍所参加的项目、所使用的研究方法以及最终结论，并在夏季高校学生研究奖学金计划报告周期间，自己做一次学术报告，其中大约有20%的学生可将他们的研究报告发表在正式的学术刊物上。此外，CALTECH也有独立的学习方案，允许学生在教师的指导下设计自己的学习方案，而不必完全遵循学校现有的专业选择方案，但这种方案必须由学校有关方面批准，并为他们组织一个由3位指导教师组成的指导小组，以保证教学质量。

（四）启示

第一，从CALTECH的历史演进看，一开始就以理科为主，这就为它的发展注入了持久的动力，虽然它比麻省理工学院（MIF）建校晚，但发展非常迅速。随着学校的发展，又增加了人文社会学科，并且将人文与社会学科的课程作为获得理学学士学位的必要条件，用于增进学生的人文修养。从CALTECH的这一做法可以看出，人文社会科学的相关课程是高校尤其是理工科高校教学中不可缺少的构成部分。

第二，研究型的教育模式必然呼唤精英教育。CALTECH实施的是典型的精英型教育和研究型的发展道路，规模很小。CALTECH在招生方面对新生质量有严格的要求，接收率极低；在人才培养上注重厚基础、高强度、严标准，培养的人才质量高，很受社会的欢迎。CALTECH的成功意味着，高校之大不在于规模之大，而在于先进的人才培养理念、高水准的科研理念，在于培养出高质量人才和产出高水平的研究成果。

第三，CALTECH重视学生宽厚基础和创新能力的培养，这一方面表现为对所有的本科生都有理科与人文社会科学基础的要求，另一方面表现在跨学科进行学生培养和重视本科生参加科研活动等方面，CALTECH有跨学科项目专门的分部。由此可见，理科和人文社会科学的基础知识是培养学生创新能力必不可缺的基础；而培养学生独立学习、科研和实践的能力是提高人才培养质量和层次的最有效的途径。

三、南京大学

南京大学始于1902年创建的三江师范学堂，是一所实力雄厚、潜力非常大的高校，其毕业生"基础厚、后劲足、能力强、素质好"。如今，南京大学已突破文理型学科结构，追求学科建设的高水平与多科综合型的目标，形成了人文科学、社会科学、自然科学、生命科学、管理科学与现代工程与技术等多学科协调发展的格局。

（一）学科建设理念

第一，统筹谋划精心布局，走跨越发展之路。南京大学在学科建设上坚持"四个统筹"，即统筹文科和理科的发展，统筹传统学科和新兴学科的发展，统筹基础学科和应用学科的发展，统筹一般学科和重点学科的发展，学科结构得到了较大改善，形成以国家重点学科为骨干、多学科协调发展的整体格局和学科体系。

第二，设立学科特区。南京大学在全国率先设立学科特区。所谓"学科特区"是指在国际科技前沿领域着力选择少数几个突破口，根据新兴学科对学科整体发展的影响力、在国际学术界的地位、持续发展的活力等作为衡量标准，从国内外引进优秀人才，突破现有的学科组织结构模式，遵循国际惯例，创立全新的管理机制，采取特殊的运作方式，在不太长的时间内形成突出优势。学科特区以"学科新、机制活、效益高"为特征，按照国际惯例，采用所长负责制，享有充分的自主权。所长看准研究方向按需招人，并实施目标考核管理。该校已成功地建立了分子医学研究所、地球系统科学研究所、理论与计算化学研究所等"学科特区"。绝大多数学科都有两位在国内外具有相当影响的中青年学科带头人或学术骨干。自"985工程"学科建设项目启动后，各学科特区都在较短的时间内显现出旺盛的活力，不仅在申报国家重大项目、发表高水平学术论文、培养年轻优秀人才等方面取得了明显成效，更重要的是对全校学科整体水平和学科创新能力起到了重要的促进作用，激活了追赶世界先进水平的学科力量。

第三，以基础研究为依托，实施学科拓展提升战略，推动优势理科向新型工科延伸。南京大学以其强大的基础研究实力和基础学科为依托，瞄准国家重大研究计划和新兴产业，向大工科的学科领域拓展，推进基础研究与现代工程技术交叉融通。

（二）因材施教的精英教育理念

南京大学确立了"吸引——流生源、给予——流培养、造就——流人才"的指导思想，以培养"各行各业的未来领军人才和拔尖创新人才"为目标，在实践中形成了"拓宽口径、鼓励交叉、多次选择、逐步到位"的人才培养思路，构建了个性化、多元化的人才培养目标体系。

（三）开放办学理念

南京大学与世界上众多一流高校和高水平科研机构建立了紧密的协作关系。一大批国际一流高校校长、国际知名学者和名流访问过南京大学。南京大学为直接借鉴国外的教学科研及管理经验，积极探索多元化、多层次的开放办学模式，主要包括以下形式：

（1）与国外高校建立联合培养项目。

（2）建有国际教学与科研合作机构。

（3）大力开发国际化课程和国际实习项目。

（4）开设了若干个长期学生交流项目。

（四）启示

1. 人才培养与学科建设融通，是培养优秀人才的基本条件和路径

首先，合理的学科结构是高校培养优秀人才和保障自身健康发展的必要条件。南京大学在学科建设方面，重视文科与理科、传统学科与新兴学科、基础学科与应用学科、一般学科与重点学科的协调和统筹发展，创新管理模式，建设学科群以整合和优化配置学科资源，促进学科交叉和互动发展；建立学科特区紧跟国际学术前沿，其经验值得借鉴和推广。第二，学科建设可以为人才集聚和人才生长提供领域和范围。南京大学在学科建设的资金投入和政策支持方面，没有走平衡发展的道路，而是紧跟国际学术前沿，选择少数突破口，通过资金和政策方面的重点支持，形成学科中的"特区"，并通过扶持和引进有潜力的青年科学家，在短期内形成了竞争优势。同时，以学科建设推进教学建设，培养了一大批优秀人才，反过来检验了其学科建设思路的可行性。

2. 通识教育与专业教育的有机结合，科学教育与人文教育的统一，是培养高素质精英人才的有效途径

南京大学在人才培养上建立合理的课程体系和培养体系，将通识教育与专业教育相结合，强化基础，拓宽知识面，强调学生知识结构的合理与平衡，注重全面素质的提高。其中，大量高水平通识教育课程的开设、大量科学与艺术讲座和活动的开展为通识教育与专业教育的有机结合以及科学教育与人文教育的统一提供的条件基础。这种宽口径模式有助于奠定学生学术创新能力和实践能力形成的基础，也奠定了学生走向社会、适应社会的能力基础，是构筑"完人"教育的有效探索。

3. 尊重学生的自主选择有助于学生个性化的培养，即使在班级规模较大的情

况下也具有可行性

南京大学建立了专业分流、多元培养分流制度以及专业准入准出制度，加强与学生的沟通、交流和专业引导，充分尊重学生的个性选择和专业意愿，为学生提供自主选择专业课程模块及发展路径的机会。这些做法使学生在多次选择中找到了切合自己发展的方向，有助于充分挖掘学生的潜力和个性。同时，南京大学把科研和研讨课程引入学生的培养中，创造了实践与实验机会，使学生在科学研究、研讨和解决实际问题的过程中实实在在地巩固了知识，发挥了潜力，提高了能力，张扬了个性，使其成长为杰出人才。

4. 开放办学的模式多种多样，可以采取灵活机动的模式

例如在国内建立联合培养项目、到国外开办学位班、开发国际化课程、学生交流交换、开展国际研究性实习项目、校企合作、研究合作、教师交流、文化交流，不仅要进来，还要走出去。但无论是哪种形式，都不应脱离教与学这两种实质性活动，都离不开人才培养这一职能和目的。

5. 人才培养模式的探索试点和推广是精英人才培养模式完善的重要保证

南京大学学科建设的"特区模式"，以学科群为依托的"基地""基地班""强化部""基础学院""创新试验基地""创新训练项目"等人才培养模式的演进，无不体现了其对教育教学理念探索方面的努力，是南京大学精英人才培养成功的重要经验。

四、哈尔滨工业大学

哈尔滨工业大学（以下简称哈工大）是中国近代培养工业技术人才的摇篮。经过多年的建设与发展，学校已经发展成为一所特色鲜明、实力雄厚、在国际上有较大影响的多学科、开放式、研究型的国家重点高校。

（一）精英教育理念

作为研究型高校，哈工大一直秉承精英教育的理念，不断探索精英教育的模式。为了推进世界一流高校的建设步伐，加快拔尖创新人才培养模式的完善，培养具有国际竞争力的一流高素质本科毕业生，在对相关资源进一步整合的基础上，哈工大于2011年5月13日正式成立了本科生院，下设教务处、教学研究与质量管理处、实验室管理与教学条件保障处、英才学院、基础学部。本科生院的发展目标是：建立坚持继承苏联办学传统与欧美重创新、个性化的教育模式相结合，坚持以

德育为先的通识教育与专业教育相结合，坚持目标管理与过程管理相结合，坚持学分制与学年制相结合，坚持拔尖创新人才培养与带动后进共同达标相结合，坚持本科教育国际化与形成哈工大特色相结合的精英教育模式。在人才培养过程中，遵循课程学习与项目学习结合、理论学习与社会实践结合、课内学习与课外学习结合教师教与学生学结合等原则，大力倡导学生主动学习、自主学习，注重对学生能力和素质的培养。建立统一高效的教学管理机制，提高本科教学质量与水平；整合全校的教育资源，提高面向教师和学生的教学服务能力；面向国家与社会需求，培养"研究型、个性化、精英式"的具有国际竞争力的一流高素质本科毕业生，打造具有国际影响力的哈工大本科教育品牌。

（二）"规格严格，功夫到家"的办学传统与特色

哈工大"规格严格，功夫到家"这一办学传统与特色已经深入人心，并融入哈工大办学的方方面面。就教与学而言哈工大历来就以严格著称，有着非常严格的规章制度。改革开放之后，哈工大"规格严格，功夫到家"的要求和作风不断得到强化和发展，而且在覆盖面上也有了很大的扩展，其要求和精神已经渗入到学校的各项工作和各个环节中。

（三）科技素质与人文素质相结合的教育理念

哈工大是工科院校，专业教育思想在师生和教学管理人员的头脑中根深蒂固，传统教育模式导致学生素质结构中人文素质的缺失。为了更好地适应现代社会对人才素质的要求，哈工大不断创新教育模式，加强教学改革，调整课程结构，探索素质教育的模式。哈工大的素质教育模式在原有教育模式侧重科学素质教育的基础上，强化了人文素质的成分，强调专业教育与素质教育的统一，强调科技素质和人文素质的平衡。

（四）重视工程实践能力培养

哈工大自建校之日起就以工程技术人才为培养目标，十分重视实践能力的培养。为了培养具有工程实践能力的高水平的工程技术人才，哈工大在实验教学和学生实习方面做出了不懈努力。在实验教学方面，哈工大改革了实验室管理体制，优化了资源配置，提高了设备使用率。与此同时，哈工大争取外资建立联合实验室，与国内外一些著名公司建立了哈工大-罗克韦尔自动化实验室、哈工大-微软机器翻译技术联合实验室、意法-哈工大联合实验室等联合实验室。同时，加强实验技术队伍建设。在加强实验条件的基础上，哈工大高度重视实验教学质量，明确要求

综合性、设计性实验达到一定的开设比例,以利于学生创新精神与实践能力的培养;注重通过实验技术研究,促进实验教学内容的改革;不断探索开放式试验教学模式,提高实验技术研究的水平。在实习基地的建设方面,哈工大利用世界银行贷款建成了校内工程训练中心,开设了"工程训练系列课程",每年接纳校内外实习学生近万人。哈工大坚持双赢原则,发挥研究型高校的科研优势,采取产、学、研结合的形式,密切与企业联系,在哈尔滨、大庆、长春、大连、北京、天津、上海、苏州等地建立了稳定的校外实习基地,在实习时间、实习场地、实习讲课及食宿等方面均有保障。本硕贯通和企业联合的培养模式、工程领导力课程建设与专门项目训练、在工程领军人指导下的企业实习等环节成为哈工大培养工程领军人才的新途径。

(五)教学队伍建设理念

哈工大历来重视教学工作,形成了对教学人员支持和鼓励的制度体系,这些制度对于形成基础扎实、水平高、素质过硬、业务精熟的教学队伍,对于推动本科教学水平的有效提高,提供了有力的保障。

(六)以科研促进教学

哈工大充分利用自身的研究优势,将研究的元素融入教学之中,推进教学水平的整体提高。哈工大以科研促进教学主要体现为两条路径。

第一,以科研丰富本科教学内容和教学模式。在课程教学方面,哈工大要求教师把科研课题、科研成果融入本科教学之中,用科研课题、科研经费扶助、支持本科教学,从而做到理论联系实际,激发学生的兴趣,活跃学生的思维,提高学生分析问题、解决问题的能力。在课程开发方面,哈工大要求教师将科技前沿知识引入教学,补充课程内容,开设新的课程。为了进一步将科研成果迅速固化到教学中去,哈工大不仅把科技创新纳入培养计划,开设了以培养本科生科学精神和科研能力为主要授课宗旨的"创新研修课程",还实施了"基于项目的学习计划",并将其纳入本科培养方案的新体系中。在教材建设方面,教师将科研成果固化为教材内容,产生高水平的教材。在实践教学方面,哈工大要求以科研成果丰富实验和实践教学,以科研项目作为学生毕业设计和论文题目的来源,通过实行本科生导师制和毕业设计一年制,积极推进实验室开放,本科生逐步加入导师的科研活动和参与工程实际,较早地进入实验室开展科技创新活动,使本科生的课程实习、毕业论文和设计实现了"真刀真枪""真题真做",提高了创新意识、动手能力和科研素质。

第二，以教育教学研究，推进教育教学改革。坚持以教育教学研究推进教育教学改革是哈工大的优良传统。哈工大一直把教育教学研究放在重要位置。主要表现在以下几方面：第一，一直坚持把教学研究会议作为学校工作的一项重要内容，每四年召开一届本科教育工作会议，并不定期地进行教学工作研讨会，各学院的教学研讨活动也开展得如火如荼。第二，每两年举行一次为期一学期的全校教育思想大讨论，解放思想，统一认识，不断推进教育教学改革。第三，承办和参加了国家的各种高层次的教育研究会议。第四，对于国家级、省级教学研究项目给予一定比例的经费配套支持，资助结题费用和在国家新闻出版署备案的教育类核心期刊所发表文章的版面费。第五，每年都开展哈工大教学研究项目的立项与结项工作，并给予经费支持。第六，将学校内部教育类研究期刊《科教论坛》定为教师职称评定的核心期刊，鼓励教师参与教育教学研究。自上而下和全员参与的教育教学研究推动了哈工大的教育教学改革，使哈工大在每一次国家教育改革的浪潮中都引领着时代的潮流。

（七）启示

第一，以广阔的视野和包容的胸怀办学，是高校获取外部可持续养分的奥秘之一。

在资源的吸纳方面，哈工大在人才培养、科学研究、学校管理等方面都本着"不求所有，但求所用"的原则，在世界范围内学习和借鉴经验，充分发掘一切可以利用的资源为其所用；在人员的培养和使用上，哈工大不拘一格，唯才是举；在教育布局方面，哈工大建立了科学技术研究院和工业技术研究院以优化学科布局，在具有地理或经济优势的深圳市、威海市建立了新校区，开创了"一校三区"的局面，弥补了校本部所处位置在地理和经济方面的不足。哈工大地处经济不甚发达的边疆城市，在生源、人才、资源方面都不占优势的今天，仍然能够保持强劲的发展势头，其广阔的视野和包容的胸怀为其发展提供了源源不断的办学资源支持。

第二，严格精细的制度文化极其有力的实施保障是办学质量保持和提升的关键。以教学为例，哈工大形成并实施了"教学带头人"制度、教学名师奖评审制度、优秀青年教师培养制度、"教学优秀奖"制度、讲台准入制度、教师认证制度、校级教学成果奖评选制度等一列严格精细的制度，有力地保障了教学队伍素质和教学质量的提升。这些精细制度的形成又源于哈工大"规格严格，功夫到家"的办学传统，这一传统与特色已经融入学校办学的各个环节之中，融入每一个哈工大师生的心中，成为办学竞争力之源，引领和规范着办学的方向。

第三，学科体系与课程体系的不断完善和创新是人才培养质量提升和发展潜力释放的必要条件。哈工大在人才培养过程中，强调专业教育与素质教育的统一，强调科技素质和人文素质的平衡，强调宽厚的理论知识基础与工程实践能力培养的有机结合；在学科建设上，重视文理科基础及其对工科的支撑，并以科学技术研究院、工业技术研究院以及基础与交叉科学研究院3个平台为载体凝练学科方向和整合优化资源。这些做法保证了学科体系以及人才培养体系的完整性，形成了哈工大持续发展的动力，也是哈工大毕业生后劲足并受用人单位好评的主要原因。

第四，以研究丰富教学内容和教学方法，以教育教学研究不断推进教育教学改革，不但可以解决科研与教学之间的矛盾冲突，而且可以成为高校保持正确办学方向的基础和保障。哈工大在长期的办学实践中坚持科技创新与人才培养"两条腿走路"，教学与科研相互促进、协调发展，坚持以高水平的科研工作促进师资队伍建设，以高质量的科研成果凝练新学科和新专业，并及时地转化为教学和教材内容，使学生尽早地参与科学研究，培养了学生的创新精神、团队精神和实践能力，锻炼了师资队伍，使本科教育教学水平与质量得到了显著提高。哈工大鼓励和支持教育教学研究，不断探索和改革拔尖人才培养模式、师资建设模式、科研管理模式、国际合作模式，由此不断推进教育教学改革，使其在发展过程中保持了正确的发展方向。

第五，人才培养模式和培养路径的探索和改革，是精英人才培养模式完善和人才培养质量提升的前提和关键。哈工大在学生培养方面经历了实验学院、英才班、英才学院、基础学部和本科生院等模式的发展演变，这一探索过程是不断创新、不断积累经验并不断推广的过程。除了培养模式的探索之外，哈工大还从培养路径方面下功夫，如"真刀真枪"的专业实习与工程训练，持续的大量学术讲座、科技实践与竞赛活动，丰富的社团活动、社会实践活动，这些路径促进了学生理论联系实际、知识的整合运用以及行动与思维的活跃，提供了环境和条件基础。

第四章
高校研究型教学的理论构建

高校研究型教学是高校教学理论与实践的创新。任何创新都是建立在继承的基础上的。对高校研究型教学的理论构建与实践探索起到重要启发和借鉴作用的理论有很多，如启发教学思想、交往教学论、创造心理学、发展教学理论、建构主义学习理论、发现学习理论研究性学习理论多元智力理论等。

第一节　启发性教学理论

关于教学活动的研讨性、研究性、探究性等问题的探讨，可以追溯到古代教育家的思想中。孔子的启发性教学思想即是它的根。

一、孔子的启发性教学思想

早在两千多年前，我国古代教育家孔子已在教学中倡导启发式教学。虽然孔子的教育理念及其教育实践与我们现代的高校教育和教学实践存在着培养目标、教育内容以及教学时空等多方面的差异，但他的教育教学思想仍然是我们现代教育的根，为现代教育理论的发展提供了养分。在集中反映了孔子的教学思想的《论语》中，我们可以总结概括出他的教学目的观、教学内容观、教学方法观。在教学目的上，孔子的教育思想体现了立足于"成人"的全面的、差异的教学目的观。孔子认为教学目的就是要使人变得聪明、智慧，使人的道德变高尚，使人正确地评价自己和果断行动。有了这样的基本素质，也就内可"修己"，外可"治人""治国平天下"，人也就是"成人"或"完人"了。但是，由于人的禀赋不同、环境不同、志向不同、努力的程度不同，每个人在"仁""智""勇"三方面发展水平、结构也不一样，教学目的应有差异。在教学内容上，孔子的教育思想体现了着眼于丰富人生意义的整体的教学内容观。他非常重视全面的文化知识及其全面发展的价值，同时也强调行为修养教学、言行一致教学。在教学方式和方法上，孔子的教育思想体现出致力于开发人的内在道德力量，拓展人的本质，提升人的价值的综合教学方式方法观。

孔子的教学方法是多种多样的，既有个别教学，又有集体教学；既有讲授，也有对话、讨论教学；既有正规的教学，也有非正规的现场教学。就教学的方式方法看，孔子首创的启发性教学对我们现在所倡导的研究型教学具有深刻的价值和意义。

（一）孔子的启发性教学的主要内涵

在世界教育历史上，孔子第一次精辟地表述了启发性原则："不愤不启，不悱不发。举一隅不以三隅反，则不复也。"按照朱熹的解释："愤者，心求通而未得之意；悱者，口欲言而未能之貌。启，谓开其意；发，谓达其辞。"就是说只有当学生有强烈的求知欲和进入积极的思维状态时，教师才适时地诱导、引发，"开其意""达其辞"。如果让学生认识一样东西，告知其一面，而他不能由此推知其他方面，表明学生未处于积极思维状态，就不要勉强施教；假如将各个方面不厌其烦地一一告知，反而会养成学生的依赖性，阻碍其思维的发展和独立思考。启发性教学的核心是教师发挥自己的聪明才智，运用高超的教学艺术，最大限度地调动学生的积极性。根据孔子的经验，要注意抓住：第一，了解学生的认识规律，掌握学生的心理状态，适时施教。"可与言而不与之言，失人；不可与言而与之言，失言。知者不失人，亦不失言"，"言未及之而言，谓之躁；言及之而不言，谓之隐；未见颜色而言，谓之瞽"。教师要成为不失人、不失言的知者，不能成为躁者、隐者和盲者。第二，教学的难易要恰当，"当其可"而教，使学生始终处于欲罢不能的状态。第三，充分利用学生已有的知识，使之"温故而知新"。第四，善于运用学生比较熟悉的浅近事例阐发出深刻的原理，"能近取譬"，并且多方激发学生的学习兴趣，使其"好学""乐学""学如不及，犹恐失之"，使学生对知识感到如饥似渴，这样才能培养出"闻一以知二""闻一以知十""告诸往而知来者"的学生。

（二）孔子的启发性教学思想的主要特点

1. 视学生为学习的主人，强调激发学生学习的主动性

在孔子的启发性教学思想中，突出了学生的地位。孔子认为只有当学生认识

到自己是学习的主人的时候,他们才会发挥主观能动作用,从而积极、主动、创造性地学习。因此,他从不同的角度,用不同的方法教导学生体会学习的乐趣,认识其重要性。如用"学而不厌""大问哉"等话语激发学生的学习兴趣;又以"君子博学于文,约之以礼""学而优则仕""学也,禄在其中矣",不好学将危害仁、智、信、直、勇、刚六种品德等道理帮助学生认识到学习的重要性,激发其主动学习,发奋求知。学生一旦出现"心愤愤""口悱悱"的状况,便为教师的启发、点拨创造了条件。

2. 注意把握学习机制,提高学生的学习能力

在"愤、启、悱、发"这一名言中,孔子首先强调的是启发的时机,即要求学生形成"愤""悱"的心理状态;其次是启发的目的,即培养学生运用知识的能力,并以此检验启发是否得当。为了更好地把握学生学习机制,孔子又进而从师生两个方面提出要求。

他说:"知之者不如好知者,好之者不如乐知者。"从而提示了"知""好""乐"三种不同层次的求学心理状态及其对学习的不同影响,旨在形成好学、乐学的最佳心理机制。孔子还指出:"言未及之而言,谓之躁;言及之而不言,谓之隐;未见颜色而言,谓之瞽。"这是告诫教师要善于把握学生的学习机制,适时进行诱导启发。这同样体现了学生为主体的思想。

3. 启发思考,发展学生认知能力

从朱熹的注中,我们可知,"愤"表明学生处于积极的思考状态;语言是思维的物质外壳,"悱"正好反映了思维尚不清晰,想说又不能恰当地说出来。在这种情况下,教师予以启发的出发点是帮助学生调理思维、表达思想。学生学习过程是一个自求、自省、自得的过程,教师如把准时机给予启发帮助,学生的认识就会出现质的飞跃,从而能深入理解所学知识,并达到融会贯通的程度。孔子强调学思结合。他说:"学而不思则罔,思而不学则殆"。只学习不加思考就迷乱而不明,只思考而不学习也会空乏而不实。

4. 相互启发,教学相长

孔子一方面注重教师的主导作用,做到"无隐""不倦""善诱",另一方面,要求教师向学生学习。孔子的"和而不同"的一贯主张,表现出对学生的尊重与鼓励。他提倡不同观点并存,允许学生有自己的取舍。他在启发诱导的过程中对"和而不同"的原则是实现得最彻底的。他还认为启发式教学成功的关键在于师生

积极性的最佳结合。

二、孔子的启发性教学思想在中国古代教育中的继承和发展

孟子也强调教学的启发性，他说："君子引而不发，跃如也。"其中的"引"，是指拉弓，"发"是指射箭，"跃如"是好像要射箭的样子。比喻不直接说破，而只是进行启发引导，让学生自己领悟。孟子同时强调："求在我者也"，"欲其自得之也"。他认为学生是教学活动的主体，是学习的主人。教学的关键在于通过教师的启发引导，达到学生"自求""自得"的效果。

《学记》对启发式教学作了最完善的发挥。《学记》强调启发诱导在于"喻"。它说："君子之教，喻也。道而弗牵，强而弗抑，开而弗达。"意思是，指引途径而不牵制，严格要求而不强迫，开其端绪而不和盘托出。它认为，作为教师，只有达到其言"约而达，微而藏，罕譬而喻"，才算是"善喻"。《学记》的这些论述，正是孔子"愤、启、悱、发"和"举一反三"教学思想的最好注脚。朱熹对启发式的阐述被视为经典，他的教学也堪称启发式范例。他在多年教学活动中，积累了不少启发式教学的经验。他说："读书始读，未知有疑。其次则渐渐有疑。中则节节是疑。过了一番后，疑渐渐解，以至融会贯通。都无所疑，方始是学。"他把读书看作是一个从未知有疑、渐疑到释疑的过程。在释疑中要熟读精思，而教师的作用在于指导，"指引者，师之功也"。他指出："某此间讲说时少，践履时多，事事都用你去理会、自去体察、自去涵养。书用你自去读，道理用你自去究索，某只是做得个引路的人，做得个证明的人，有疑难处，同商量而已。"他的教学就是循着愤启悱发、多学少讲，甚至不讲规则进行的，更为可贵的是他将启发式贯彻到教学的过程、形式、原则和方法等各方面。

三、启发式教学思想在国外教育历史上的发展

启发式教学在西方最早始于古希腊的苏格拉底。他经常采用谈话问答的方法使学生获得知识。苏格拉底在教学中并不直接向学生传授各种具体知识，而是通过问答、交谈或争辩的方法来宣传自己的观点。他先向学生提出问题，即使学生回答错了，他也不直接指出错在什么地方和为什么错了，而只是提出暗示性的补充问题，使对方不得不承认答案的荒谬和处于自相矛盾的地步。最后，从苏格拉底的引导和暗示中得出苏格拉底认为是正确的答案。这种方法有助于激发学生积极思考、

判断和寻找正确答案。"一方面在使学生跟教师共同寻求最正确的答案,另一方面则在发展他们的自动性"。这种方法即所谓苏格拉底法,又称"产婆术"。这是一种要求学生和教师共同讨论,互为激发,共同寻找正确答案的方法。苏格拉底在依据这种方法进行的谈话中,往往从对方所熟知的具体事物和现象开始,进而求得结论。因此,亚里士多德把他称为归纳法之父。

苏格拉底法的主要特点是,抓住学生思维过程中的矛盾,启发诱导,层层分析,步步深入,最后导出正确的结论。苏格拉底从不给学生现成的答案,而让学生自己通过探索去作结论。他让那些自以为是的人意识到自己的无知,并使其发现真知,因此人们从内心深处得到那些自以为还不知道实际上都早已具有的知识。因此可以说:知识必须自我认识,自我认识只能被唤醒,而不像转让货物。一个人一旦有了自我认识,就会重新记忆起仿佛很久以前曾经知道的东西。

教育家夸美纽斯在其著作《大教学论》中谈到,要寻找一种教学方法,使教员因此可以少教,但使学生多学;使学校因此可以减少些喧嚷、厌恶和无益的劳苦,多具闲暇、快乐和坚实的进步。这种理想的教学方法,包含启发式教学的思想。他反对教学中机械灌输,主张引导学生观察各种现象,来独立探究事物的根源,并且用各种方法来激励求知的欲望和求学的热情,达到启发学生智慧的目的。

在启发式教学发展过程中,德国的赫尔巴特把启发学生多方面兴趣作为搞好整个教学工作的基础。在他看来,兴趣是学生理智的自动精神,是学生内心主动性的具体表现。他在心理学的基础上,建立了教育、教学的方法论,把注意分为随意注意和不随意注意两种。在教学过程中,教师要启发学生的兴趣。他还从"明了、联想、系统方法"四个阶段来进行启发式教学,对教学过程的科学化进行了探索。

德国民主主义教育家第斯多惠认为:"教育就是引导",要调动学生的主动性,这是他启发式教学的首要原理,也是他教学成功的基础和标志。他说:"一个真正的教师指点给他的学生的,不是已投入了千百年劳动的现成的大厦,而是促使他去做砌砖的工作,同他一起来建造大厦,教他建筑。"他又说:"如果使学生习惯于简单的接受或被动的工作,任何方法都是坏的;如果能激发学生的主动性,任何方法都是好的。"他主张实行启发式教育的教学,认为"在学校里必须使思维的工作高于一切"。他还认为"只有在教师起领导作用的条件下,才能在教学过程中发展儿童的主动性"。他建议,教学要采用发展的方法,即"是一种归纳的或诱导的、分析的、回归的、启发式的教学方法"。启发式教学能激发学生的智力,使他们能够"探求、考虑判断、发现"。他的名言是："不好的教师是传授真理，好的教师是教学生去发现真理。"

四、启发式教学思想的主要特点及对研究型教学理论建构的价值

从历史上关于启发式教学的思想的起源和发展看，孔子的启发性教学与苏格拉底法是其思想源头。他们的思想有一致的地方，也存在着差异。孔子和苏格拉底都十分重视学生思维过程中的矛盾，但是两者处理思维矛盾的方法则完全不同：苏格拉底是通过教师连续不断的提问迫使学生陷入自相矛盾状态，从而把学生的认识逐步引向深入，使问题最终得到解决；孔子则是由教师或学生自己提出问题，由学生自己去思考，等到学生处于"愤"的心理状态，即遇到思维过程中的第一种矛盾而又无法解决时，教师才去点拨一下，然后又让学生自己继续去认真思考，等到学生进入"悱"的心理状态，即遇到思维过程中的第二种矛盾且无法解决时，教师又再点拨一下，从而使学生柳暗花明，豁然开朗。

苏格拉底主张教育不是知者随便带动无知者，而是师生共同寻求真理。这样师生可以互相帮助，互相促进。师生在似是而非的自我理解中去寻找难题，在错综复杂的困惑中被迫去自我思考，教师指出寻求答案的方法，提出一连串的问题，而且不回避答疑。当基本知识了然于胸之后，真理就清晰显现出来，而成为维系群众精神信仰和安身立命的纽带和本源。有人认为苏格拉底法是主观片面的，它不是在学生注意观察实际现象或阅读掌握大量资料文献的基础上进行对话，其结果对问题的探讨很难深化，不易于提高学生的思想水平，苏格拉底的对话法实际上是以教师为中心，学生完全被教师牵着鼻子走，这种启发式虽然也能使学生印象深刻，但是由于学生的主动性发挥不够，对于较复杂问题的理解，即涉及高级认知能力的场合，恐怕难以对问题理解得很深入。

孔子的启发式则是以学生为中心，让学生在学习过程中自始至终处于主动地位，让学生主动提出问题、思考问题，让学生主动去发现、去探索，教师只是从旁边加以点拨，起指导和促进作用。两相比较，不难看出，尽管两种启发式在教学中都很有效，都能促进学生的思维，但是显然孔子的启发式有更深刻的认知心理学基础，更加符合学生的认知规律，因而具有更高的理论价值。孔子的"不愤不启、不悱不发"八个字是关于启发式教学的高度概括，也是最科学、最天才的概括。

孔子的启发教学思想是中国乃至世界教育文化遗产中最宝贵的一部分，在历

史发展中，有作为的教育家都从不同的角度去研究挖掘孔子的这一思想。孔子的教学思想具有超前性的特点。经过几千年的洗练，至今仍然具有鲜活的生命力。应该说孔子的启发性教学思想是我们构建研究型教学理论和方法的主要基础。虽然我们现在提倡的研究型教学与启发性教学相比，在培养目标、教学内容、教学时空等方面都有了新的时代内涵，但启发性教学的许多思想观点都对研究型教学具有指导、参考或借鉴作用，换言之，现代高校研究型教学仍然需要整合、吸纳启发性教学中的合理思想，为新时代的高等教育教学服务。

比如，注重因材施教，使学生多才多艺、有特色地发展，强调"学为主体""以学论教""先学后教"等思想和观点都是研究型教学所重视的。教师在承认学生是学习主体的前提下，引导他们自觉自主地学习、独立思考、积极探索，在学生学至"愤""悱"之时，给予必要的诱导与点拨，从而促使学生融会贯通地掌握知识、发展智能，对我们的高校教学有着深远的意义和深刻的价值。

1.孔子重视学生独立学习、终身学习能力的培养

孔子的这一主张与研究型教学的宗旨是高度一致的。孔子强调教学要注重启发思维，举一反三。他提出："不愤不启，不悱不发。举一隅不以三隅反，则不复也。""心愤口悱"和"举一反三"是学生在一定基础上进行积极思维的表现，孔子认为教师应在学生达到这样的境界时再加以启发，才能发挥启发的作用。这不仅强调了在学生需要的条件下进行启发，并且要求学生在启发后进行积极思维，以求举一反三，否则教师就不要过多地启发，让学生自己去思考，这样才能培养学生的独立思考能力。启发思维切不可越俎代庖。可见，孔子反对教学上的"灌输式"而主张"启发式"。高等学校担负着培养大批社会主义现代化建设所需要的高级专门人才的历史重任，一个有益于社会的人才，不仅应掌握前人创造的知识，更重要的是要运用所学的知识解决实际问题，探求未知，要有新的发现、新的创造，要有"举一反三"的创造性。

2.孔子强调了解学生，因材施教

孔子针对学生学业程度的高低，学生的优缺点、志趣、要求和爱好，"各因其材而教之"。孔子强调的"因材施教"原则，对高校学生的教育具有极其重要的意义。我们提倡的研究型教学实质上就是素质教育和创新教育的体现，它要求尊重学生的主体地位和主动性，根据受教育者的个性特点、兴趣爱好、特长和优势进行有的放矢的教育，是一种注重开发人的智力资源、形成人的健全个性为特征的教

育,其目的是使高校学生成为德才兼备、有专业特长的社会所需要的专门人才。

3. 孔子主张学思并重,温故知新

孔子既重视学习,又重视思考。在学的方面,他说:"博学之,审问之,慎思之,明辨之,笃行之。""博学"是指扩大知识面,"审问"是问难质疑,"明辨"是分清真伪是非,"慎思"是独立思考和分析判断,"笃行"是注重实践。他还说:"学而时习之,不亦说乎?"他又说:"温故而知新,可以为师矣。"他认为不能把学生当成一只仅有固定用途的"器皿",而要重视学生知识的贯通。因此,培养和疏导学生"勤于思考"是极其重要的。学习时如果不积极思维,就会毫无所得;但是思维如果不以学习为基础,就会流于空想,徒然使自己疑惑不定,流入梦幻之乡。这些思想与研究型教学的思想及其教学方法、原则和教学策略都有着深刻的现实意义。

4. 孔子强调师生互动,教学创新

孔子坚持"学用一致"的教学目的。他说:"诵诗三百,授之以政,不达;使于四方,不能专对。虽多,亦奚以为?"不理解公式定理,只一味死记硬背,有什么用呢?高校教学改革的实质在于教师与学生的关系问题。在课堂教学中,要特别注意教师与学生双方的互动,应由"以教师为中心"转变到"以学生为中心"。如果学生积极参与活动过少,必然要妨碍学生独立思考能力的发展。教学应不再是老师讲、学生听的"注入式"的满堂灌,教师应转变为课堂活动的组织者、指导者、参与者、答疑者。学生的活动也应多种多样,不断丰富课堂教学的内涵。孔子认为学习知识是学生独立思考的过程,在教学中,教师要用不同的方法开启学生的思维,培养他们的创新精神,这样才能将知识学深、学透、学扎实。孔子还提出了"四毋"——"毋意,毋必,毋固,毋我"的原则。这是教人勿妄自臆度,勿独断,勿固执,勿自以为是。这个"四毋"的要求,在思维教学中也很有积极意义。

第二节 建构主义教学理论

一、建构主义教学思想的主要内涵

建构主义教学思想是目前国际上在教育领域最具影响力的一种理论。它既是一种学习理论又是一种教学理论,尤其是在西方,随着多媒体和Internet应用的普及,建构主义思想已逐渐在学校教学领域占据统治地位。建构主义的核心是强调学生是认知过程的主体,是知识意义的主动建构者而不是教师灌输的对象。因此在教学过程中必须强调以学生为中心,要让学生主动去发现、去探索。建构主义认为,学习活动不是由教师向学生传递知识,而是学生根据外在信息,通过自己的背景知识,建构自己知识的过程。与行为主义和认知主义相比,建构主义更加关注学习者如何以原有的经验、心理结构和信念为基础来建构自己独特的精神世界。

（一）建构主义学习观

1. 建构主义学习观的内涵

（1）学习是一个积极主动的建构过程,学习者不是被动地接受外在信息,而是根据既有认知结构主动地、有选择地知觉外在信息,建构当前事物的意义。对于学习者来说,先前的经验是非常重要的,建构主义理论认为知识是主体个人经验的合理化,因而在学习过程中,学习者先前的知识经验是至关重要的;同时学习者也不是空着脑袋走进教室的,他们在日常生活中,在以往的学习中,已经形成了比较丰富的经验,而且,有些问题他们即使还没有接触过,没有现成的经验,但一旦接触到这些问题,他们往往也会从有关的经验出发,形成对这些问题的某种合乎逻辑的解释。既然知识是个体主动建构的,无法通过教师的讲解直接传输给学生,因此,学生必须主动地参与到整个学习过程中,要根据自己先前的经验来建构新知识的意义,这样,传统的老师"说"、学生"听"的学习方式就不复存在。

（2）知识是个人经验的合理化,而不是说明世界的真理。因为个体先前的经验毕竟是十分有限的,在此基础上建构知识的意义,无法确定所建构出来的知识是否就是世界的最终写照。既然知识并不是说明世界的真理,只是个人经验的合理化,因而不应该以正确或错误来区分人们不同的知识概念,而要尊重个人意见。

（3）知识的建构并不是任意的和随心所欲的。建构主义认为,知识是个体与他人经由磋商并达成一致的社会建构,因此,科学的学习必须通过对话、沟通的方式,大家提出不同看法以刺激个体反省思考,在交互质疑辩证的过程中,以各种不同的方法解决问题,澄清所生的疑虑,逐渐完成知识的建构,形成正式的科学知识,因此要注重互动的学习方式。

（4）学习者的建构是多元化的。由于事物存在复杂多样性,学习情感存在一定的特殊性,以及个人的先前经验存在独特性,每个学习者对事物意义的建构将是不同的。

2. 建构主义学习的特征

（1）积极的学习。建构主义认为，学习应该是积极的，因为当学生为了用有意义的方式，学习教材而对输入的信息进行加工时，他们必须做一定的事。各种建构主义的信息理论，都强调了学习者在建构性学习中的积极作用。

（2）建构性的学习。学习是建构性的，因为在学习中学习者必须对新信息进行精制，并将其与其他信息关联起来，以便学习者在保持简单信息的同时，理解复杂信息。

（3）积累性的学习。信息是积累性的，因为在建构主义的学习中一切新的学习都是以决定学什么、学多少、怎样学的方式，建立在以前学习的基础上的或在某种程度上利用以前的学习。在建构主义的学习中，知识的累积是必要的，但这不是知识的简单叠加或知识的量变，而是对原有知识的深化、突破、超越或质变。

（4）目标指引的学习。建构主义的学习是目标定向的，因为只有学习者清晰地意识到自己的工作目标，并形成与获得所希望的成果相应的预期时，学习才可能是成功的。在建构主义学习中，学习目标的功能如同灯塔一样起着整体的导向作用，在动态的学习过程中应鼓励学习者确立自己的目标，通过不同的途径达到目标，并评定自己在达到目标过程中获得的进步。

（5）诊断性学习与反思性学习。把诊断性与反思性作为建构主义学习的核心特征，意味着学习者必须从事自我监控、自我测试、自我检查等活动，以诊断和判断他们在学习中所追求的是否是自己设置的目标。诊断与反思是建构主义学习评价的重要组成部分。

（二）建构主义教学观

建构主义者从他们独有的理论视角出发，对教学过程有着独到的见解。建构主义教学观念与传统教学观念的区别涉及教育理论的各个层面。建构主义教学理论对教学过程中的教学评价、教学目标、教学任务、教学方法和教学模式、教师的作用及师生关系等方面进行了论述，具有一定的深刻性和合理性。传统教学观认为，教育是通过教师对客观世界进行再现与描述，知识被看成是固定不变的，学生的意识被看成是"一个空桶""一张白纸"或是"一面镜子"，学生的学习过程就是等待教师用理性的结论把空桶装满或把美丽的图画印到纸上。传统教学观否定学生学习的能动性和主动性体现在具体的教学过程中，传统教学观采取的是教师传授模式,教师是理性的代言人,学生在学习过程中则是被动的接受者。评价学生对知识的学习往往是看考试的结果。与传统教学观相反,建构主义认为人的意识是一个建构客观世界的概念体系,人有能力观察与解释世界。建构主义者主张,世界是客观存在的,但是对于世界的理解和意义的赋予却是由每个人自己决定的。在这个过程中,学生不是被动的信息吸收者和刺激接受者,他要对外部的信息进行选择和加工。而且,知识或意义也不是简单地由外部信息决定的,外部信息本身没有意义,意义是学习者通过新旧知识和经验间反复的、双向的相互作用过程而建构成的。每个学习者都以自己原有的经验系统为基础对新的信息进行编码,建构自己的理解,而永远有知识,又因为新经验的进入而发生调整和改变,所以学习并不是简单的信息的量的积累,它同时包含由于新旧经验的冲突而引发的观念转变和结构之间的重组。学习过程并不单是信息输入、存储和提取,而是新旧经验之间的双向的相互作用过程。这个过程是别人无法替代的。建构主义认为,学习活动中包含四个因素:学生的背景知识;学生的情感;新知识本身蕴涵的潜在意义;新知识的组织与呈现方式。学习活动要发生则必须满足两个条件:学生的背景知识与新知识有一定的相关度;新知识的潜在意义能引起学生情感的变化。学习活动发生后,学生通过与其他学生和教师的不断交流和沟通,在自己原有背景知识的基础上完成新知识的意义建构。

建构主义教学观认为,在传统教学观中,教学目的是帮助学生了解世界,而不是鼓励学生自己分析他们所观察到的东西。这样做虽然能给教师的教学带来方便,却限制了学生创造性思维的发展建构主义教学就是要努力创造一个适宜的学习环境,使学习者能积极主动地建构他们自己的知识。教师的职责是促使学生在"学"的过程中,实现新旧知识的有机结合。建构主义教学更为注重学生在教与学的过程中分析问题、解决问题和创造性思维能力的培养。

与建构主义学习理论及建构主义学习环境相适应的教学模式可以概括为:以学生为中心,在整个教学过程中由教师起组织者、指导者、帮助者和促进者的作用,利用环境、协作、会话等学习环境要素,充分发挥学生的主动性、积极性和首创精神,最终达到使学生有效地实现对当前所学知识的意义建构的目的。教学过程中的教师、学生、教材和媒介四要素与传统教学相比,各自有完全不同的作用,彼此之间有完全不同的关系。特别是在教学方法上,为了保障学生在建构主义的教学模式下顺利完成知识意义的建构,建构主义开发出了一系列的教学方法:支架式教学、抛锚式教学、随机通达教学、自上而下的教学、情景性教学等，并对这些方法进行了详细的说明。

（三）建构主义教师观

在教师的地位和作用问题上，建构主义学习环境中的教师与学生的关系已经发生了很大的变化。因为在建构主义学习环境中，学习者必须通过自己主动的、互动的方式学习新的知识，就是教师不再是以自己的看法及课本现有的知识来直接教给学生，而是植根于学生的先前经验来教学；而且，在建构主义的教学活动中，知识建构的过程在教师身上同时发生着，就是必须随着情景的变化，改变自己的知识和教学方式以适应学生的学习。在这个过程中，师生之间是一种平等、互动的合作关系。因此，在建构主义教学模式下，教师不再是知识的灌输者，而应该是教学环境的设计者、学生学习的组织者和指导者、课程的开发者、意义建构的合作者和促进者、知识的管理者，是学生的学术顾问。

建构主义强调，这种教师地位和角色的转变，并不意味着教师的角色不重要了，教师在教学中的作用降低了，而是意味着教师起作用的方式和方法已不同于传统教师。相反，在建构主义学习理论中，为了促进学生对知识意义的建构，教师课下所做的工作更多，对教师能力的要求更高。教师不仅要精通教学内容，更要熟悉学生，掌握学生的认知规律，掌握现代化的教育技术，充分利用人类学习资源，设计开发有效的教学资源，善于设计教学环境，能够对学生的学习给予宏观的引导和具体的帮助。因此，教师的新角色较之以往传统的知识讲演者的角色从深层次的作用上看更为重要。教师只有具备更广阔的心胸、更良好的沟通能力、更高超的教学技巧，才能协助学生完成知识意义的建构。

二、建构主义教学思想评价及对高校研究型教学理论构建的价值

从行为主义到认知主义再到建构主义的发展，不仅是认识论上的飞跃、学习心理学的进步，也是对传统教育的一场革命。建构主义教学思想对我们实施研究型教学具有非常大的启迪和借鉴作用。

首先，建构主义把教学视为学生主动建构知识的过程，这种建构是学生在自身的经验、信念和背景知识的基础上，通过与他人的相互作用而实现的，并且受社会环境因素的影响，因而建构主义认为，教学过程不仅仅是教师和学生之间的互动，而是教师与学生个体之间的多边互动作用的过程，教师与学生都应该是建构知

识过程的合作者。在传统的教学设计中,我们总是假设教师能够给学生提供一个行动计划,学生学习的成功仅仅是完成这一计划,教师作为知识的传授者,负责安排学生的学习,向学生提供知识,领导学生进行学习活动和完成作业。但在实践中的问题是学生由于认知方式、兴趣和爱好的不同,在学习中也许能或不能够进入教师提供的行动计划。再者,我们教育学生的目的不是让学生跟随教师走,而是让学生自己对新的学习进行反应,看出问题并采取行动,教学焦点应该是教师帮助学生培养其对所学知识和所处环境进行回应的能力。在这种情况下,教师对学生不是知识的传授者和学术上的权威,而是教学活动的组织者。

其次,建构主义学习理论强调学习过程中学生主动地建构知识,强调学习过程应以学生为中心,尊重学生的个体差异,注重互动的学习方式等主张,本质上是要充分发挥学生的主体性,使学生在学习过程中是自主的、能动的、富于创造性的。建构主义的教学观更加关注的是如何在教学过程中培养学生分析问题、解决问题的能力,进而培养他们的创造精神。教师应该看到传统教学观以传授——强化——记忆为过程的教学模式已经不能适应现代社会对人才素质的要求。在知识经济时代,由于知识更新速度加快和市场导向,社会对人才的需求是多元的、灵活的、多变的。这就要求教育管理者和教师改变传统的教育观念,承认学生在学习活动中的积极性和主动性,给学生以"学"的主动权。在教学活动中,课堂不该是老师个人的知识专制的天下,学生也不应该是接受现成知识的被动容器。教师应该认识到学生在"学"的过程中既是"知识"的载体,也是"认知"过程的主体。在"教"的过程中,教师应帮助学生对其所学的内容进行分析和理解,给学生以想象的自由,体验知识发现和创造的愉悦,而不是简单地告诉学生结果和答案,限制学生的思维。

第三,教育的目的是为社会培养合格的人才,而合格的人才不仅应有专长也应有很强的人文素养和与人合作的能力。在这一点上,建构主义的"对话教学"模式给我们提供了启发。所谓"对话教学"模式是教师不仅应支持教师与学习者之间的合作交流,也应支持学习者与学习者之间的合作与交流。对话教学可以增强师生之间的交流,给学生自己创造知识的机会。在一个交流的环境中,学习者之间可以有更多的机会揭示问题,并就该问题寻求同龄人对问题的解释。通过在学习中与同龄人的交流,学习者会开拓自己的眼界,与此同时也能学会尊重他人的观点和与人合作的方式。但在传统的教学活动中,由于过多地注重知识的传授,教学中学习者之间的合作往往被忽略了。

第四，在认识论上，建构主义认为作为认识的主体不是对现实进行"复制"，而是在认识的过程中根据已有的经验，以自己独特的方式对现实进行选择、修正，并赋予现实特有的意义。因此，认识不是来源于现实本身，而是来源于主客体之间的相互作用。

这一点正是建构主义在认识论上的飞跃。建构主义的认识论是能动的反映论，它对认识个体的主体性给予了前所未有的关注，为科学地处理教学过程中的师生关系、充分发挥学生的主观能动性提供了认识论方面的理论依据。建构主义认为知识的建构受时间、空间和环境的影响，知识离开了时间、空间和环境就失去了真实性，对于学习者来说也丧失其意义。因此在教学中，要想取得好的效果，教师不能把现实社会中复杂的东西简单化，必须向学生展示问题的原貌。因为任何事物都会有不同的解释、不同的观点，这样就造成了事物的复杂性，教师应让学生通过对事物的多方面观察和分析，建构自己对事物的理解和认识。此外，建构主义认为意义学习是以经历情景的形式为标志的，因而案例形式教学要比抽象的规则教学好得多。在规则教学体系中，知识被看成是简单的、固定不变的，而现实生活中，这种固定不变的知识只是一种假设。

建构主义作为当代西方一种重要的社会科学思潮，它融合了后结构主义、解释学、批判理论等哲学思想及心理学的最新成果，它以其丰厚的理论蕴涵和强烈的现实主义批判精神来思考、关注教育，以动态的、开放的视野来解读知识、人的学习与发展等问题，它正在动摇着传统教育教学理念的根基，给当代教育理论研究和教改实践注入新的活力。建构主义所强调的知识是人对环境的理解和意义建构的结果，学习的本质是双向建构，教学的目标在于帮助学生实现建构，教师是学习者共同体内的高级伙伴等新颖的教学理念，与我们倡导的研究型教学的思想存在着高度的内在一致性。虽然建构主义的学习理论和教学理论主要是在基础教育教学中运用，但对高等教育教学仍然有一定的指导和参考意义。高校研究型教学对学生主体地位的重视、对师生同步发展的关注、对师生关系的平等与民主的强调、对培养学生创新能力和研究能力的重视都与建构主义理论有较高的吻合度应该说，建构主义的理论和观点对研究型教学理论的构建具有深刻的意义和价值。

第三节 交往教学教学理论

一、交往教学论的一般观点

（一）什么是交往教学论

交往教学论是20世纪70年代德国的沙勒与舍费尔首先提出的侧重探讨师生关系的教学论思想。该理论以"教学过程是一种交往过程"这一观点为基础，着眼于教学过程中的师生交往关系，十分强调教学的教育性，把"解放"作为学生学习的最高目标，要求学校尽可能发展学生的个性，强调学生个性的"自我实现"。交往教学论学派的代表人物舍费尔认为，教学中存在两种交往形式，即对称的形式和补充的形式。对称的相互作用形式意味着交往的参加者，即师生，具有同样的自由活动余地和同等的说话权利，任何人都没有优先权或者特权，不允许任何人支配或压制别人。补充的相互作用形式则意味着交往的参加者具有不同的自由活动余地。他们之中有人是起主导作用的，是站在给予他人的地位上的，也可以说是起补充别人不足的作用的。对此，后现代主义课程论者多尔用"平等者中的首席"界定教师的作用。"作为平等者中的首席，教师的作用没有被抛弃；而是得以重新构建，从外在于学生情境转化为与情境共存"，"教师是内在于情境的领导者，而不是外在的专制者"。师生就是在这样的一种存在着差异的状态中追求理想的平等状态，追求"对称的相互作用形式"。事实上，正是由于这种地位的差异、发挥作用的不同，使教学交往目的的实现更为顺利。因为教学的中心任务在于发展学生，而不是教师。

（二）交往教学的主要特征

1. 交往教学的目的性

交往教学是师生之间、生生之间，为了某一共同的目的而进行的沟通、对话、理解等活动，其目的既有外在的价值引导，更有交往教学自身的结构功能与其环境相互作用过程中形成的目的。具体有：

（1）通过开展形式多样性、内容丰富性及结构变化性的创造性交往活动，发展学生多方面的智力、能力。

（2）通过多极主体的社会交往，使学生的社会关系得到极大的丰富、和谐，发展学生的社会性，促进学生的社会化。

（3）唤醒学生的主体意识，促使学生个体的潜能开发和个性的充分发挥。

教学交往提倡师生主体之间的对话，因为对话使双方的内心世界不再闭锁。在这一过程中，师生关系不再僵化，双方的内心世界变得敞亮，也只有在这一过程中，教师才能更好地把握学生个体的特点和现在所处的状态，才能结合这些特点不断改造自己的教学计划。这才是对教学创造性本质的尊重。

2. 交往教学主体的多极性

在交往教学过程中，师生作为教学的主体不仅具有年龄和性别的差异和特点，而且具有知识、能力、兴趣、爱好和人格上的差异和特点，作为多极主体的教师集体和学生集体，不仅具有构成要素、结构、功能上的差异和特点，而且具有教学思想作风与活动方式、方法上的差异和特性。多极主体的共存与互动是交往教学向前发展的主要资源和动力机制。

3. 语言、文化中介性

师生教学交往的中介是观念形态的文化，特别是语言和非语言的媒介。语言作为一种媒介，是人们相互交流与沟通的手段，是教师和学生相互作用的基本手段；语言作为信息的载体，是师生之间进行精神交往的内容；语言作为人存在的方式和状态，是教师和学生生活状态和存在方式的直接反映。因此，语言、文化作为交往教学的中介使师生的全面交往与深入交往成为可能，并成为交往教学与其他教学或其他交往的根本区别之一。

4. 双向交往性和双向建构性

真正意义上的交往依赖双方的共同参与、合作，离开其中任何一方的作用，交往便不能继续，教学中的交往是师生之间的相互沟通、相互促进的人际互动，这是一个动态的、双向的过程。教学互动不是自然发生的、既存的、预存的，而是在交往中创造的、生成的；是开放的，而不是封闭的；是一个从无到有的建构过程。

在这种双向建构过程中，师生双方的主体价值也都得到了确证。教师在交往过程中，通过自身的本质力量的活动，变为促进学生现实学习和发展的手段，同时，学生又以自身的本质力量影响和反作用于教师，从而实现了自身的价值。

5. 实践性

教学就其本质而言，是交往的过程，是对话的过程，是师生在交往与沟通活动中，共同创造意义的过程。对教师来说，教学活动是其肩负社会重托，具体履行教书育人基本职责的社会实践活动。在教师自我生存和发展的意义上，教学活动同时也是教师形成、表现、确证自我的生活实践过程的一部分，而且是主要的一部分。对学生来说，教学活动更是使其更快、更好地汲取人类优秀文化成果，迅速成长的特殊实践过程。对社会来说，教学是其实现自身的复制与创新，加速人的本质的积淀与获得的一种目的性和社会历史实践。

6. 互利互惠性

教学交往关系是一种需要关系、利益关系和价值关系。交往教学中交往的多方总是希望通过交往而满足自己一定的需要，获取一定的利益，实现一定的价值。交往教学中的需要、利益和价值更强调的是精神层面的内涵。交往中，教师以自己的知识、才学、人格魅力为手段去影响学生，促进学生的发展；学生以自己的积极行为反馈于教师，教师从学生的成长中受到鼓舞，体会到自己劳动的价值，实现自己的事业理想。

7. 创造性

创造性是交往教学区别于其他教学的最重要的特征，因为，学生的大脑的创造意识和创造思维结构与功能具有巨大的创造潜力，这是进行交往教学创新的基础和物质条件。同时，交往教学的开放性结构和建构性活动使创造具有可能。再则，现代教学必须培养具有创新精神和创新能力的人才，交往教学是对这种时代的主动关照。

三、交往教学论对高校研究型教学的启示

交往教学论是用整体交往观来研究教学生活现象并建构理想的交往模式的理论，它是针对传统教学过于机械刻板、师生缺乏互动的现象提出来的，是对传统教学论的总结、升华和超越。作为一种富有生机的教学理论与策略，交往教学论已受到我国教育理论界的重视和关注。我国有学者认为，交往教学论是一种教学生建构性学习的理论；是既教学生有效地获得知识，又教学生学会创造的理论；是一种指导教师教人的理论，更是一种启发教师自教的理论；是一种宏观教学理论。交往教学论对研究型教学理论体系的构建具有深刻的启迪意义。主要有：

1. 交往的基础是平等

交往教学论的倡导者认为，"合理的交往是一种合作式的交往"；"参加交

往的双方都应放弃权威地位，相互持平等的态度"。他们强调民主对交往的重要性，但这种民主不能流于形式，而应该真正做到民主。"合理交往的结果将取得一致的认识，但并非一切合理的交往都必须达到一致的认识，尤其是不允许在交往终了时做出盲目的决定"。师生的交往就应当遵循这些原则。教师尤其要放弃权威的地位，民主、平等地进行教学，打破教师中心主义的传统。教师要善于引导学生质疑，而不是诱导他们向所谓的标准答案靠拢，要鼓励学生独立思考，大胆发表自己的见解，并为自己的观点找到恰当的理由。

2. 交往的目的是解放

交往教学论将"解放"作为教学的目的。所谓"解放"，这里指的是要求教师尽可能地发展学生的个性，强调学生个性的"自我实现"，使学生通过教育达到成熟状态，最终能够摆脱教育，从受教育的状态中解脱出来，从而具有独立的人格以及独立的能力。只有当教学面向学生、强调学生参与时，才能达到"解放"的教学目标。单纯的灌输只能导致学生过分依赖教师，缺乏独立思考和创新的能力，只能是离"解放"的目标越来越远。在课堂上，学生只有拥有更多学习、思考和活动的自由，个性才能得到更好的发展。为此，教师的教学应该是个性化的。

3. 交往的过程在于合作

交往教学论认为，教学活动是一个师生之间、生生之间的多边合作、互动过程。如果没有师生之间、学生之间的相互合作，教学过程就容易流于形式，教学任务就难以真正落实。因此，合作探究是交往教学模式中的重要一环。合作学习是一种促进学生之间人际交往和合作互动的基本形式，它通常将学生分成2~6人的小组，设置小组共同目标，并将小组成员按不同的角色、自身的家庭环境等进行组合。在教学时，教师可以将准备好的材料分给小组成员，但要注意资料的"故意残缺"，即一个人不能占有全部资料，要求不同的角色完成不同的任务，学生必须共享所有的资料，在相互合作过程中才能完成任务。此外，在合作时，师生还应共同创设情景，提出假设和问题，进行探索、发现和创造。这种合作探索的过程，打破了传统的学生被动接受的过程，而非常重视学生对解决问题方法的获得，重视学生创新意识和创新能力的培养，从而在合作探究发现的过程中，使学生之间的交往频繁，方式增多，质量提高。在合作探究之后，教师应该先让各学习小组按照不同的角色分别进行程序性的发言，表述自己的观点，然后展开自由争辩，进行交流互动，而教师应起到启发性的指导和协助的作用。在交流互动过程中，既要注意加强组内交流，注重组内讨论、相互评价、相互激励，又要注意加强组际交流和师生交流，如组际互查、组际讨论、组际竞赛等，以促进个体与群体、群体与群体、教师与个体、教师与群体之间的互动交往，实现学习成果的分享。

交往教学论关注每一个学生的需要和特点，注重学生个性的发展与解放，提倡建立平等融洽的师生关系，在教学中加强师生间的合作与交流等等，这些都与高校研究型教学所倡导的理念有异曲同工之妙。

第四节　现代智力理论

一、智力三元理论

（一）智力三元理论的基本观点

智力三元理论是美国心理学家斯腾伯格在1985年提出的一种试图说明更广泛的智力行为的理论。他认为，大多数人的智力理论是不完备的，它们只从某个特定的角度解释智力。斯腾伯格认为人的智力是复杂的而且是多层面的，所以三元智力理论把智力看成一个整体，从情景、经验和成分三个层面进行分析，于是形成了三个亚理论：成分亚理论、经验亚理论、情境亚理论。

成分亚理论与个体的内部世界相联系，主要考察构成智力行为基础的心理机制的潜在模式，探索智力行为究竟是如何产生的。斯腾伯格认为，智力包括三种成分及相应的三种过程，即元成分、操作成分和知识获得成分。元成分是用于计划、控制和决策的高级执行过程与确定问题的性质、选择解题的步骤、调整解题思路、分配心理资源等；操作成分表现在任务的执行过程，是指接受刺激，将信息保存在短时记忆中，并进行比较，它负责执行元成分的决策；知识获得成分是指获得和保持新信息的过程，负责接受新刺激，作出判断与反映，以及对新信息的编码和储存。在智力成分中，元成分起着核心作用，它决定人们解决问题时所使用的策略。经验亚理论涉及个体的外部和内部世界，经验是联结主体内部心理世界和外部世界的桥梁。斯腾伯格认为，智力包括两种能力，一是处理新任务和新环境时所需要的能力，二是信息加工过程自动化的能力。新任务是个体以前从未遇到过的问题，新环境是一种新异的富于挑战性的环境。当遇到新问题时，有的人能够有效运用已有的知识和经验来解决，而有的人却束手无策；在面临新环境时，有的人能够应付自如，有的人却不知所措。任务、情境和个体三者之间存在相互作用。斯腾伯格认为，应对新异性的能力和自动化的能力是完成复杂任务时两个紧密相连的方面。情境亚理论涉及个体现实的外部世界，它与智力行为的内容有关，对于不同的个体和文化而言，什么样的行为才算智力行为是存在着差异。斯腾伯格认为，智力是指获得与情境拟合的心理活动。在日常生活中，智力表现为有目的地适应环境、塑造环境和选择新环境的能力，这些智力即情境智力。一般来说，个体总是努力适应他所处的环境，力图在个体和环境之间达到一种和谐。当和谐的程度低于个体的满意度时，就产生不适应。这时，个体就会重新调试和选择，以达到个体与环境的新的和谐。

斯腾伯格在智力的功能上提出了有别于前人的引导个体走向成功的成功智力理论，形成了其智力研究指导思想的再次超越斯腾伯格认为，所谓成功智力就是用以达成人生中主要目标的智力，它能导致个体以目标为导向而采取相应的行动。成功智力理论力图从智慧行为的机能本质上更深入地把握智力的精髓，将分析性智力、创造性智力、实践性智力列为成功智力的三个关键。成功智力是一个有机整体，只有在分析、创造和实践智力三个方面协调、平衡时才最为有效。知道什么时候以何种方式来运用成功智力的三个方面，要比仅仅具有这三个方面的素质来得更为重要。具有成功智力的人不仅具备这些素质，而且还会思考在什么时候、以何种方式来有效地运用这些素质。

（二）智力三元理论对高校研究型教学的启发

斯腾伯格的智力三元理论从人的内部世界、外部世界及经验与智力的关系三个方面来阐述智力的结构，并集中强调了元成分在智力结构中的作用，突破了传统智力研究中一直占统治地位的外显理论研究模式，探究了智力的整体本质，代表了智力理论发展的新趋势。

在研究方法上，他摆脱了传统智力研究的实证方法和分析统计技术的束缚，吸收了人文科学的研究方法，将自然科学的研究方法与人文科学的研究方法有机地结合起来，用整体的、动态的观点全面把握智力的本质，实现了智力理论的突破，这在方法上给高校研究型教学以极大的启发和影响，高校研究型教学的研究就是试图采用多学科的研究方法，对高校教学问题进行整体的、动态的、综合的研究。

智力三元理论关于智力成分的元认知成分和操作成分思想，对于研究型教学中强调教学中问题情境的有效设置，重视学生的生活经验和学生在学习过程中的感受、体验，教师要关注学生的心理机制和精神建构等观点都提供了理论支持。

斯腾伯格明确地将创造力作为一部分而纳入智力范畴，这是具有首创性的，这同我们所倡导的研究型教学的宗旨具有一致性。斯腾伯格指出智力问题的关键不在于数量，而在于平衡，在于什么时候、如何运用分析能力、创造能力和实践能力。但是目前教育体制都强调分析的能力，而忽视创造能力和实践能力，所以学生在这两方面的技能没有能够得到很好的发展，导致学业出众的学生在现实生活中却表现平平，不能获得成功。因此我们在实施研究型教学改革的实践中，应该考虑如何将分析、创造和实践三方面的能力结合起来培养和发展，如何营造有利于培养具有创造性的人才、能使个人潜能得到充分发挥的环境等具有挑战性的问题。

二、多元智力理论

（一）多元智力理论的基本观点

美国哈佛高校心理学教授加德纳于1983年在其著作《智力结构》中提出了多元智力理论。加德纳认为，智力是在某种社会和文化环境的价值标准下，个体用以解决自己遇到的真正难题或生产及创造出某种产品所需要的能力。智力不是一种能力而是一组能力，智力也不是以整合的方式存在而是以相互独立的方式存在的。

多元智力理论认为，人类的智力并不是单一的一元结构，而是由多种智力构成的。①言语/语言智力。即人对语言的掌握和灵活运用的能力，表现为个人能顺利而有效地利用语言描述事件、表达思想并与他人交流。诗人拥有真正的语言智力，演说家、律师等都是语言智力高的人。②逻辑/数理智力。即对逻辑结构关系的理解、推理、思维表达能力，主要表现为个人对事物间各种关系，如类比、对比、因果和逻辑等关系的敏感，以及通过数理进行运算和逻辑推理等。科学家、数学家或逻辑学家就是这类智力高的人。③视觉/空间智力。即人对色彩、形状、空间位置等要素的准确感受和表达的能力，表现为个人对线条、形状、结构、色彩和空间关系的敏感以及通过图形将它们表现出来的能力。如海员和飞机导航员控制着巨大的空间世界，棋手和雕刻家所具有的表现空间世界的能力。空间智力可用于艺术或科学中，如果一个人空间智力高且倾向于艺术，就可能成为一名画家、雕刻家或建筑师。④音乐/节奏智力。即个人感受、辨别、记忆、表达音乐的能力，表现为个人对节奏、音调、音色和旋律的敏感以及通过作曲、演奏、歌唱等形式来表达自己的思想或情感。在作曲家、歌唱家、演奏家等人身上表现得特别明显。⑤身体/运动智力。即人的身体的协调、平衡能力和运动的力量、速度、灵活性等，表现为用身体表达思想、情感的能力和动手的能力，最典型的例子就是从事体操或表演艺术的人。⑥人际交往智力。即对他人的表情、说话、手势动作的敏感程度以及对此做出有效反应的能力，表现为个人觉察、体验他人的情绪、情感并作出适当的反应。对于教师、临床医生、推销员或政治家来说，这种智力尤为重要。⑦自我反省智力。即个体认识、洞察和反省自身的能力，表现为个人能较好地认识和评价自己的动机、情绪、个性等，并且有意识地运用这些信息去调适自己生活的能力。这种智力在哲学家、小说家、律师等人身上有比较突出的表现。⑧自然观察者智力指的是人们辨别生物（植物和动物）以及对自然世界（云朵、石头等的形状）的其他特征敏感的能力。这种智力在过去人类进化过程中显然是很有价值的，如狩猎、采集和种植等，同时这种智力在植物学家和厨师身上有重要的体现。⑨存在智力指的是陈述、思考有关生与死、身体与心理世界的最终命运等的倾向性，如人为何要到地球上来，在人类出现之前地球是怎样的，在另外的星球上生命是怎样的，以及动物之间是否能相互理解等。每种智力都是一个单独的功能系统，但这些系统可以相互作用，产生外显的智力行为。作为个体，每个人都同时拥有相对独立的九种智力。

加德纳认为，每个学生都在不同程度上拥有上述九种基本智力，智力之间的不同组合表现出个体间的智力差异。教育的起点不在于一个人有多么聪明，而在于怎样变得聪明，在哪些方面变得聪明。在加德纳看来，智力并非像传统智力定义所说的那样是以语言、数理或逻辑推理等能力为核心的，也并非是以此作为衡量智力水平高低的唯一标准，而是以能否解决实际生活中的问题和创造出社会所需要的有效的产品的能力为核心的，也是以此作为衡量智力高低的标准的。因此，智力是个体解决实际问题的能力和生产出或创造出具有社会价值的有效的产品的能力。为此，加德纳承认每个人都或多或少拥有不同的九种多元智力，这九种智力代表了每个人不同的潜能，这些潜能只有在适当的情境中才能充分地发展出来。

（二）多元智力理论对高校研究型教学的启示

第一，多元智力理论对传统的智商或其他标准化测验的科学性提出了质疑与挑战，为高校研究型教学体系中学生观、发展观和评价观提供了理论基础。多元智力理论，直接影响教师形成积极乐观的"学生观"。多元智力理论认为：每个人都同时拥有九种智力，只是这九种智力在每个人身上以不同的方式、不同的程度组合存在，使得每个人的智力都各具特色。这样的学生观一旦形成，就使得教师对每一位学生报以积极、热切的期望，并乐于从多个角度来评价、观察和接纳学生，重在寻找和发现学生身上的闪光点，发现并发展学生的潜能，关注学生个体间发展的差异性和个体内发展的不均衡性，评价内容多元、评价标准分层，重视评价对学生个体发展的建构作用。

第二，多元智力理论直接影响教师重新建构"智力观"，为学生的多方面发展指出了一条比较现实的道路。虽然教师担负着发展学生潜能的责任，但是很少有教师真正思考过人类学习潜能——数理能力为核心的整合能力，于是世界各国教育的重点定位于追求优异的语文和数学表现；而多元智力理论则强调，智力的本质更多地表现为个体解决实际问题的能力和生产及创造出社会所需要的有效产品的能力，而这些能力显然远远超越了传统教学和评价关注的重点。因此，多元智力力量拓展了教师的智力观，课程功能由此开始发生着根本的转变，教师不但关注学生的学业成绩，同时关注学生的全面发展，尤其重视培养学生的实践能力和创新能力。

第三，多元智力理论帮助教师树立新的"教育观"，为"多元教学""丰富教学""个性化教学"提供了理论支持。多元智力理论不仅提出每一位学生都同时拥有智力的优势领域和弱势领域，而且提出在每一位学生充分展示自己优势领域的同时，应将其优势领域的特点迁移到弱势领域中去，从而促使其弱势领域，得到尽可能的发展，这就是我们教育工作者的责任和义务。因此，教育首先是赏识教育，教师相信每一位学生都是有能力的人，乐于挖掘每一位学生的优势潜能，并给予充分的肯定和欣赏，树立学生的自尊和自信；其次教育是个体化的教育，教师变得更主动、自觉地为每一位学生设计"因材施教"的方法，以配合其智力组合的特点，促进其优质才能的展示和发展，实现个人价值；而且，教育还是主动发展的教育，教师帮助学生发现和建立其智力优势领域和弱势领域之间的联系，以此为切入点，引导学生有意识地将其从事优势领域活动时所表现出来的智力特点和意志品质迁移到弱势领域中去。

多元智力理论拓展了教学理论研究的视野。长期以来，教师对学生的认识和理解都是平面的、普遍的，忽视了学生认识发展的动态性和特殊性，高校研究型教学就是要探讨促进学生多元智力发展的教学体系。

第五节 耗散结构理论

耗散结构理论是比利时著名科学家普里高津,通过对非平衡系统的长期研究,于1969年创立的一种自组织理论。它不仅为揭示自然现象之谜提供了一把理论钥匙,而且为探索复杂社会现象的运动变化规律提供了可以洞见的自然科学工具。作为一种具有普遍意义的方法论,耗散结构理论对于研究型教学的开展也有着重要的启示。

一、理论基础:研究型教学的基本特征与耗散结构高度契合

耗散结构理论是一门研究耗散结构的性质、稳定和演变规律的科学,它探讨一个系统在何种条件下才能够从无序走向有序,并出现一种新的、稳定的、内部充满活力的结构。该理论认为,如果一个系统处于开放状态,在从平衡态到近平衡态、再到远离平衡态的演化过程中,当达到远离平衡态的非线性区时,一旦系统某个参量的变化达到一定的阈值,通过涨落,该系统就可能发生突变,由原来的无序混乱状态转变为一种时间、空间或功能有序的新状态。这种在远离平衡区形成的、新的稳定的宏观有序结构,需要不断与外界交换物质和能量才能维持,并保持一定稳定性,且不因外界微小扰动而消失,此即为耗散结构。耗散结构的形成必须具备以下几个基本条件:系统的开放性;远离平衡态;系统内部各个要素之间存在非线性的相互作用;发生"涨落"且达到或超过一定的阈值。

研究型教学是社会生产力发展到一定程度的产物,它与当代国际教育界普遍倡导的研究性学习一样,都建立在建构主义的理论基础上。一般认为,研究型教学是指"在教学过程中由教师创设一种类似科学研究的情境和途径,指导学生在独立的主动探索、主动思考、主动实践的研究过程中,吸收并应用知识,分析并解决问题,从而培养学生的创造能力和创新精神,提高学生综合素质的一种教学模式"。简单地说,研究型教学就是借用科学研究的方式、思维来组织教学,促进学生提高学习兴趣、提升学习能力、增强学习效果,其旨趣在于"教、学、管"的全过程都贯穿着研究性的特征,包括教师研究性地"教"、学生研究性地"学"、学校研究性地"管"。研究型教学的基本特征包括教学环境的开放性、教学模式的创新性、

师生的互动性、教学形态的不固定性。

可以看出，研究型教学的基本要求与耗散结构的形成条件高度契合。研究型教学要想取得良好成效，就必须改革传统的狭隘封闭的教学模式，更新教学观念，优化教学结构，形成具有生机活力、开放有序的教学系统，这正是形成耗散结构的过程。

二、开放性系统：耗散结构形成的前提，研究型教学的基点

耗散结构理论认为，开放是系统形成耗散结构的必要条件和前提，一个系统要想形成并保持有序的结构状态，必须不断从外部环境引入物质、能量和信息的负熵流，并不断排出其"代谢"产物。而研究型教学要走向有序、取得成效，也必须以教学系统的开放为基本出发点。

传统教学过程由于过分强调预设和计划，从而走向了机械和封闭：过于强调教材和教学大纲的指导规范作用，教学内容远离社会实践和现实需要过分强调教案的执行，教师的任务就是按教案引导学生，直至得出预定答案；过分强调教学计划与进度的一致性，教学过程缺乏生气，师生的活力在教学中得不到充分发挥；过分强调课堂理论教学，实践性教学成为薄弱环节，忽视对学生课外自主学习和创新实践的引导。

强调教学系统的开放性是研究型教学的基本特征，扩大开放、引入负熵、建立耗散结构，也是开展研究型教学的客观要求和必然选择。具体体现在以下几个方面：

第一，教学思想的开放性。任何一项改革的推进与实施，其最大阻力来自传统思维定式的惯性，最大动力也源自思想观念的转变与更新。在知识经济和信息时代，新思想、新观点层出不穷。只有不断地学习和研究新的教育教学理论，在解放思想中更新教育观念，在学习研究中掌握现代教学理念，在教学过程中贯彻先进教育思想，才能深化教学改革，实施研究型教学，培养高素质的创新型人才。

第二，教学内容的开放性。在知识更新很快的今天，封闭的教材体系已经不能满足学生发展的需要；同时，现行的有些课程内容过于陈旧，不利于学生接受新的信息。因此，研究型教学不应只局限于教材，而是既要依据教材，又要超越教材，不断优化教学内容；既要注重吸收新信息、新知识，使教学内容及时反映科学发展的最新成果，又要积极引导学生运用新知识理解或解决各种具体问题，使学生

在实际应用中进一步巩固和丰富知识。

第三，教学过程的开放性。封闭的过程是预设性的，开放的过程则是发展性的，研究型教学过程应该是充分开放的。强调教学过程的开放性，不是不再需要教学计划和教师课前的设计，而是指在制定计划和课前设计时就要为学生的主动参与留出空间和时间，为教学过程的动态发展创造条件。教学计划和课前设计只是对教学现实的预计与构想，而现实教学往往会出现许多预想之外的情境，计划与实施之间会产生一定的落差。所以开放的教学过程应密切关注学生的学习情况，根据教学实际适时调整教学思路。

第四，教学时空的开放性。研究型教学的主阵地无疑是课堂但它不仅仅包含课堂教学，还包括创新实践性教学环节、指导学生课外自主学习和组织开展各类科技创新活动。实践性教学是人才培养的重要环节，课外教学是课堂教学的重要补充，各类科技创新活动是提高学生创新能力和综合素质的有效途径。因此，教学时空必须突破规范、闭塞的课堂区域，从课内延伸到课外，从教室延伸到图书馆、学生生活、社会实践和网络学习系统，实现学习与探究结合、学习与生活结合、学习与社会结合。

三、远离平衡态：耗散结构的有序之源，研究型教学的活力所在

耗散结构理论认为，系统状态有平衡和非平衡两类。平衡态是指构成系统的部分、要素在物质、能量或信息分布上的均匀、无差异状态，这种状态在结构上是最无序的，也是无活力的。非平衡态则是有差异、分布不均匀的。"在所有层次上……非平衡是有序之源"，远离平衡态是形成新的有序结构的最有利条件。显然，研究型教学要达到有序并维持活力，也必须远离教学平衡态。

所谓教学平衡态，是指在传统教学模式的长期影响下，在较为封闭的教学系统中业已形成或约定俗成、处于表面平衡状态的各种教学规范。这种表面平衡状态具有许多缺陷。如：过分强调培养目标的统一性，忽视因材施教，导致人才培养缺少个性和特色；过分强调教学结构的完整性，以结构是否完整作为考核教学优劣的重要指标；过于注重知识记忆和考试的甄别、筛选功能，忽略了学生实际能力和综合素质的培养。教学平衡态制约着教学改革的深化，延缓了教学系统从无序到有序的进程。因此，研究型教学突显活力的关键在于打破传统、远离平衡、改革创新。

第一，远离培养目标平衡态。必须打破传统的人才培养模式和框架，确立具

有适应性、体现多样化的培养目标。首先，要适应现代科技不断分化与综合的发展趋势，培养厚基础、宽口径的高素质人才；其次要适应高等教育由精英教育向大众化教育发展的需要，满足社会对各类人才的多样化需求；再次，要适应学生个性发展的需要，教育的目的不是抹杀或者忽视个体之间的差异，应是寻觅每个受教育者成材的最佳途径，实行分类、分层次教学，追求全面育人和个性发展的统一。

第二，远离教学目的平衡态。教学计划规定的教学目的是所有学生必须达到的基本要求，而不是全部要求。研究型教学不追求传递多少知识，讲授多少内容，而注重培养学生的思维品质、学习能力和创新精神，教学结果达成往往也是非预测、不确定、多向度的。远离教学目的平衡态必须潜在和开放地接纳始料未及的体验，提倡师生互动中的即兴创造，超越预定目标的要求。

第三，远离教学方式平衡态。必须深化教学方法与手段改革，改变以教师为中心、课堂为中心、教材为中心的传统教学模式。具体包括：调整课程结构优化教学内容，科学设计教学流程；修订教学计划压缩课堂教学总学时，扩大第二、三课堂，增加学生自主学习空间；综合运用多种教学方法发挥教师主导和学生主体作用；充分利用现代信息技术辅助教学，加强和改进多媒体教学手段；大力推进网络课程建设，通过网络进行教学互动，使教师教学由教导变引导学生学习由被动变主动。

第四，远离教学评价平衡态。必须改革传统教学评价方式、建立研究型教学考核体系。一是评教形式多样化。综合运用多种教师评价方式，将领导评价、专家评估、督导评课、同行评议与学生评教有机结合起来。二是评学主体多元性。通过教师评价、学生自评、同学互评相结合，使考核评价成为学生学会反思、继续学习的过程。三是学绩考核灵活性。改变"考定全局"的评价模式，突破"唯一标准答案"的思维定式，实行形成性评价和终结性评价相结合、课内教学与课外自主学习相结合的全程评价。

四、非线性作用：耗散结构的内在依据，研究型教学的变革依托

普里高津认为，系统内部各个要素之间存在非线性的相互作用是新的有序结构形成并得以保持的内在根据。所谓非线性作用，就是指不具备均匀性和叠加性的作用。系统要形成新结构，构成系统的各要素之间既不能是各自孤立的，也不能仅仅是简单的线性关系，只有它们之间存在非线性的相互联系和作用，才能产生复杂

的相干效应和协同动作，进而形成区别于原有系统结构的新的有序结构。研究型教学需要的正是在教学系统内部形成这种非线性作用的关系。

传统的教学体系表现为教学管理者、教师、学生之间单向的线性关系。教学管理是以管理层为中心的教管关系，实行的是行政型教学运行模式。教学组织是以教师为本位的教学关系和师生关系，表现为两种情形：一是以教为中心，学围绕教转。教学关系是我讲你听、我问你答、我写你抄的单边活动；师生之间是权威与依从、控制与服从的单一关系。二是以教为基础，先教后学。教学关系是教了再学、教多少就学多少、怎么教就怎么学、不教就不学的单向交流；师生之间是主动与被动的线性关系。可见研究型教学的变革关键在于打破传统的教学体系，促进师生之间非线性多边多向互动。

第一，创新教学管理体制，促进立体联动作用。必须改革传统教学模式下的教学管理体制，建立完善的研究型教学管理制度体系，构建适应现代教学需要、教管学立体联动的新型管理体制；在教学管理者与师生之间架设"信息高速公路"，形成教学运行的快速反应机制，变管理控制为服务引导；积极引进现代教学管理制度，扩大学生的学习自主权；积极推行导师制，建立与班主任、辅导员相结合的导师队伍，加强对学生课外研究性学习的引导和指导。

第二，创新教学组织形式，构建新型教学关系。研究性的教学关系，强调教学双方的作用。教师的教必须是创新性的，学生的学也应是创造性的。建立研究型教学关系，必须实现主体本位的转变，即从以教师"教"为本位向以学生"学"为本位转变；教师的角色必须从传统的"传道、授业、解惑"者向学生学习的"设计师、引路人、推进者"转变；学生的角色则必须从"被动接受者"向"主动参与者"转变，从"消极学习"向"积极学习"转变，从"他律服从"向"自律能动"转变。

第三，倡导新型师生关系，促进师生多向互动。现代心理学认为，多向交流较之单向交流和双向交流有着更加显著的效果，能最大限度地发挥相互作用的潜能。研究型教学不能局限于传统的单向活动论和双向活动论，而应提倡师生的多向互动，形成一个信息交流的立体网络。在研究型教学的师生"关系场"中，教师和学生都是平等的资源，他们共处于教学过程的多向流变状态之中，实现着来自多种渠道的知识信息（不只是学科知识还包括人格、兴趣、情感等多种要素）的共享和互动。

第四，建立协作学习机制，实现生生多向交流。传统的教学相互作用理论，只限于教师与学生群体的彼此作用，忽视了学生同伴之间的相互影响。实质上，教师在教学上的一切行为，几乎都发生在学生群体同伴相互作用的情境之中，生生之间的互动也是教学中非常重要的资源。因此，要通过多种途径构建协作学习机制（包括网络学习、博客交流、小组学习、质疑争辩、讨论探究等），促进学生之间的交流协作，从而使研究性学习的自组织过程顺利而有效地进行。

五、有效性涨落：耗散结构的动力场研究型教学的突破口

涨落是指系统中某个变量或行为对平均值所发生的偏离。按照耗散结构理论，涨落是耗散结构形成的"种子"和动力学因素，达到或超过一定阈值的有效性"巨涨落"，是使系统形成新结构的关键。当系统中的涨落运动所引起的扰动和振荡达到或超过一定的阈值，就会破坏原有系统的结构，从而为出现新的有序结构提供可能。因此，推进研究型教学也必须通过加强涨落来寻求突破。

在我国，从提出研究性学习到倡导研究型教学，虽然经过多年的努力，但依然困难重重没有突破性发展。其主要原因在于，对研究型教学的本质内涵缺少深刻的认识，围绕研究型教学所进行的教学改革还不够深入，对研究型教学的研究和实践还不够泛，导致缺少适时适度的有效性涨落。

第一，要创造有利的条件，促进发生涨落。首先，应建设一支具有研究型教学素质的教师队伍。研究型教学"对教师的知识结构、工作经验和工作能力都提出了比传统教学方法更高的要求"，教师不仅要有扎实全面的知识结构，还必须具备最新的教学理念，较强的组织教学、掌握课程和驾驭课堂的能力。只有成为一个高素质、复合型的教育者，才能在教学中自觉形成涨落行为。其次，创造一种有利于研究型教学的文化氛围。研究型教学需要有利于创新的校园文化，其中包括对科学探索活动的赞赏、对改革创新者的褒奖、对探索失败者的宽容、对无私献精神的提倡、对追求真理行为的支持、对不同学术观点争鸣的鼓励，等等。这种文化氛围更易引发教学工作的涨落。再次，应营造一种平等和谐的学习环境。从心理学角度分析，这种学习环境来源于心理安全和心理自由两个方面。心理安全是指感到自己在被人承认、信任、理解、尊重时的一种心理感受；心理自由则指能意识到自己是自我的主人，可以自主决定自己行为的一种心理状态。当心理安全和心理自由获得满足时，学生能自由地表达思想，学习过程中更易导致思维的涨落。

第二，要把握涨落的时机，促进适时涨落。研究型教学并不是神秘莫测和高不可攀的东西，人们常常谈论的启发式教学、发现式教学、问题式教学、情境式教学等，其实就是一种研究型教学。教师在教学过程中自觉或不自觉地运用到上述某一教学方式时，就是对原有教学体系的一种偏离，即涨落。当教学系统处于平衡状态时，这种涨落显然不合时宜能对原本稳定的教学系统进行一些小的干扰或校正，无法产生宏观影响。但应该看到，涨落的形成是随机的、偶然的，系统对涨落的选择也是随机的、偶然的，而可以导致系统新的有序状态却是必然的。因此我们必须坚持做到：要善于发现并保护"闪光点"。对于教学过程中已经出现的星星点点的涨落变量、零零碎碎的偏离行为，要及时抓住，并给予足够的保护、支持和鼓励；二要善于把握有效涨落时机。当教学系统中这种零碎的有效涨落积累到一定时期，我们要善于把握有利时机，及时出台改革措施，果敢行动，促进变革。

第三，要谋求涨落的强度，促进适度涨落。一般情况下，涨落只有在达到一定强度、到达某一阈值的"临界点"后，才会被放大产生宏观效应。一是扩大开放度增强外涨落。系统外部因素造成的涨落，称为外涨落。要通过深入开展教育思想的学习与讨论，积极汲取国内外开展研究型教学的先进经验，加强对研究性教学的政策引导等，不断增强有利于研究型教学的信息。二是扩大改革面，增强内涨落。系统内部原因造成的涨落，称为内涨落。要不断深化各项教育教学改革，将"研究性"体现在人才培养的各个环节，促进教学系统内部各要素的大变革大涨落。三是扩大参与面，增强正反馈。必须创造使小涨落加强的正反馈条件，形成全体教师主动探索和广大学生广泛参与的良好局面，不断促进涨落强度的增加；加强对已有涨落的扶植培育，促进生长壮大；用研究性教学的典型案例进行现身说法，发挥典型引路作用；开展试点工作，以点带面促进师生对研究型教学的理性思考；建立有效的激励竞争机制，引导师生投身研究型教学的实践探索。

第五章
高校研究型教学的教师素质

高校研究型教学已经日益显示出对人才培养的重大作用，但也对教师提出了前所未有的挑战。高校实施研究型教学，教师必须具备完善的知识结构、过硬的专业能力与一般能力，这样才能培养出具有创新精神与创新能力的新型大学生。

第一节 教师在高校研究型教学中的作用

虽然研究型教学在高校教育还是处于起步阶段，要想取得良好的效果，更主要的是师资队伍的建设。高校的办学水平如何，与教师的素质息息相关。教师水平的高低直接关系到高校水平的高低，要促进高校的发展，开展研究型教学，首先要抓教师队伍建设。

一、教师研究型教学观念确立为实施高校研究型教学奠定前提

高校教师首先要转变观念，树立教学也是学术活动的理念，认识到研究型教学在实现从传统教学模式向现代教学模式转变中的重要意义。其次，要在学生中加强思想宣传，提高广大高校学生对科研与教学关系规律的认识，促使教师把研究型教学理念引入到教学计划、教学内容、教学过程、教学管理等本科教学的全过程。实现从传统教学模式中的"传道、授业、解惑者"向"设计师、引路人、推进者"的转化。再次，教师要确立以学生发展为本的教学观，学生要养成积极主动的自主精神。这些不仅需要外在的宣扬和内化，更重要的是一段心理的旅程。

二、研究型教师队伍是构建高校研究型教学的核心

构建促进优质本科教育的研究性教师队伍是研究型教学的保障。一方面，教

师必须进行科学研究，教师自身应有创新意识，才能有自己的"问题意识"，才可能把自己对"问题"的思考渗透到教学之中，课堂上才会给学生更多的启迪和思考。同时，教师要做好教学工作，还必须进行教学研究，通过教学研究课题去研究教学模式、课程体系、教学规律等，只有这样，才能实现真正意义上的教书育人。另一方面，要建立有利于研究性教师队伍建设的激励机制。包括：在教师职称提升和岗位聘用时考虑教学因素，对于教学效果好的教师，给予政策上的倾斜；设立教学研究与改革基金，资助教学研究改革试验项目，鼓励教师进行教学研究；完善教学成果奖励制度，充分激发教师的教学积极性和创造性；为教师课堂教学提供教学津贴，以激励教师投身教学，并对教师在课堂之外的本科生指导支付奖励；加强教师关于研究型教学技巧与方法的培训，并制定政策鼓励其参与培训。

三、教师创设鼓励、指导学生参与研究活动的平台与条件

高校不但要使更多的学生有机会参与研究与创新活动，而且教师还要吸引学生参与研究。

研究型教学倡导每门课程都有问题领域需要学生去探索，每个教学环节学生都有研究和探索的机会。在教学过程中，为了吸引学生参与研究，在教学管理上，教师可以为从事科研的本科生开设与科研相关的课程，为促进学生更快地了解研究、高效地进行研究奠定基础；设立本科生科研学分，凡参加一定时间的探究活动，提交研究报告或者研究论文，经评价合格者，可根据从事科研的工作量，可取得不同数量的学分。比如在美国研究型高校，要求学生提交科研论文或科研计划的课程多得无法计算，有的院系干脆设置一些"某某研究"的课程，并普遍设立了各式各样的"本科生科研计划"。教师可以培养研究生（或高年级的优秀本科生）成为研究型教学的助教，组成教师团队，能在一定程度上解决教师时间和精力投入不足的问题。

四、教师将高校研究型教学作为发展环节整合到教学全过程

对于高校研究型教学的实施，也就是理念在实际行动中的落实。虽然在高校本科教学过程中，有一些研究型教学的做法。但往往是"点"，还未在"面"上铺开，有必要向高校全学程渗透，并且以各种教学制度的形式予以强化和贯彻，使其作为发展环节整合到高校的教学全过程。具体包括：研究性课堂教学。在课堂教学

中，教师可以从创设问题情境出发，激发学生的兴趣和探究激情，引导学生自主探究和体验知识的发生过程，通过师生互动、双向交流的形式，鼓励质疑批判和发表独立见解，培养高校学生的创新思维和创新能力，这是研究性课堂教学设计的精髓。研究性实践教学。教师从实践的角度提出问题，引导学生将理论与实践相结合，探究问题的答案。在研究性实验教学中，学生根据实验内容和要求，自主拟定实验方案，指导教师的基本任务是为实验提示方向，严格审查并帮助完善学生自主设计的实验方案。在实验过程中，注重观察调控，解释疑难，对实验结果与报告开展分析讨论，评价实验所取得的成效，找出不足和改进意见，不断提高高校学生的科学实验能力。毕业设计（论文）是为实现培养创新人才的教育目标而必须完成的一次极为重要的综合性专业实践训练，需要导师更多地投入，使学生的研究性学习经验能够通过一个贴近专业实际的设计或研究项目，完整而充分地体现出来，并在此基础上使高校学生获得高峰体验，进而得到知识和能力的提升和总结。研究性课外教学。研究型教学要求打破教育观念的桎梏，将以课外学术科技创新活动为重要内容的创新教育逐渐纳入到正规的教育教学体系中。同时，教师应根据不同学科专业特点，探索灵活多样的课内外、校内外以及各种时间与空间相结合的技能训练、专业实习、社会调查等实践教学新模式。

第二节　高校研究型教学教师角色定位

现代教育原理认为，"教学"过程是教与学双边互动的过程，对学生传授知识，提高能力，培养创新素质；"研究"是运用已有的知识，创造新的知识，发展新的思想，提出新的理论。把这两者结合起来，用研究的观点、方法和过程，改造传统的教学，就形成"研究型教学"。高校研究型教学的特点，是教学形式与内容的开放性，是学生在教学过程中的主体性和参与性，是研究活动的开展的探究性。那么，当学生主体地位明显加强的时候，在研究型教学中，教师应扮演哪些角色呢？

一、高校研究型教学的教师角色定位

研究型教师是教师发展的高级阶段，与一般教师相比，既有相同之处，又有

不同之处。相同的是，两者都要从事教育教学活动，都要进行备课、教学、辅导、考试等教学实践。不同之处在于，研究型教师要参与教育科研工作，要成为研究者，这就意味着教师不能只停留在"知识传递者"的角色上，而是自己在实践中进行研究和探索。

现在教育原理认为，教学过程是教与学双边互动的过程。研究型教学，的确加强了"学生为主体"的地位，但是却不应削弱"教师为主导"的作用。教师的主导作用主要表现为，在研究型教学中，教师应扮演设计者、组织者、启发者、引导者、鼓励者和促进者的角色，而决不能仅仅作为开题者、欣赏者和总结者。

（一）教师担当"设计者"

教师作为研究型教学中的"设计者"国，首先要选取适合研究型教学的内容，选取的原则可以有四条：一是该内容贴近学科原理形成过程和课程精髓；二是其中有适合学生自主思考和探索的"抓手"；三是问题的难易、大小、繁简应适宜；四是能够激发学生的学习兴趣和探究热情。教师作为"设计者"，在选取内容时可以适当地整合知识点，使之体现该学科的"思想"，这些"思想"往往是知识点遗忘后仍然能够留存下来的东西。

选定内容之后，并不是只要放手让学生去研究，就算是研究型教学。教师应进一步发挥作为"设计者"的作用，设计研究型教学的程序，包括如何引出问题，哪里是思考的重点，怎样引起学生的思考，让学生用什么方式探索，又如何得到结论。在"怎样引起学生的思考"方面，教师可以采用以下几种设计：或由一个相关的问题让学生作联想；或从一开始就设下悬念，步步深入；或在教师的推理中故意出错，让学生去诊断；或证明命题时空下一段让学生补足；或给出证明的脉络后让学生表述理由。在"让学生用什么方式探索"方面，教师可以采用以下几种设计：或让学生独立思考后举手回答；或让学生同座讨论后举手回答；或指定学生上黑板解答后大家讨论；或留作自证题（每人必做）、思考题（有余力者做）让学生课下探讨。

（二）教师担当"组织者"

教师作为研究型教学中的组织者，要善于组织实施事先设计的方案，并在实施中做随机应变的调整。所谓"组织"，既包括整个教学过程中的组织，也包括某一个教学环节的组织。研究型教学中，除了有班级授课制的组织形式外，在课外研究型教学中可以有小组合作研究、个人独立研究等形式。小组合作研究一般有可由若干人构成一个课题组，在教师的带领下进行研究。教师在这过程中担当"组织者"，学生小组活动的分组非常关键，教师组织学生分组，应该按照使小组内部尽量异质化，这样小组成员之间就能够各取所长、优势互补；同时，按照公平起见，各小组之间应该尽量同质化，各个小组实力不能太悬殊。除此之外，教师还需要事先制定一些组织规则，诸如小组沟通频次、小组成员分工、小组活动评价标准、任务完成标准，等等。在对学生小组活动评价时，除采用统一的标准来衡量各组表现外，还需要对小组内部成员的角色与表现予以综合考虑。

（三）教师担当"启发者"

教师作为研究型教学中的启发者，应通过多种多样的方式、方法、手段，启发学生的思考，启迪学生的智慧，开发学生的潜能。教师可以采用的启发手段有：（1）设置情境，引而不发，让学生自己质疑和探究；（2）用教具和多媒体演示引起学生的联想和思考；（3）用有针对性的点拨开发学生的潜能；（4）用讨论式教学，让学生互相启发。这里想特别谈一下教师作为"启发者"，在改进学生思维方式、提高学生思维品质方面的作用。从中学过来的学生，由于长期的应试训练，形成了一种思维定式，认为凡是题目都有标准答案，答案都在老师那里，"对错"由老师说了算。教师应该在研究型教学的过程中，启发学生认识到，有的问题未必有现成的答案，有的问题可能有多种答案，有的问题也许条件不够需要我们自己增加适当的条件才有答案，有的问题可能条件过于庞杂，需要我们自己简化条件才有答案。教师应启发学生逐步领悟开放思维、发散思维、动态思维、整体思维，提高学生的思维品质。学生的另一种思维定式是：凡是书本上写的，都是正确的；凡是老师讲的，都是正确的。教师应在研究型教学的过程中，鼓励学生找出书本上的错误和老师的错误，启发学生领悟求异思维、质疑思维、批判思维、创造思维，提高学生的思维品质。其实，让学生树立打破常规、标新立异的意识，常常比学会具体知识还重要。

（四）教师担当"引导者"

教师作为研究型教学中的引导者，应在教学的全过程指引学生探索的方向，指导学生在曲折和跌宕中前进。研究，很少是一帆风顺的。让学生体会其中的沟沟坎坎，体验面对困难的心态，锻炼克服困难的意志，学会克服困难的方法，积累克服困难的经验，享受克服困难的乐趣，这本身也是研究型教学的重要目的。事实上，科学真理的诞生，总是伴随着困难和曲折的，但教师在课堂上传授这些成果时，往往只讲到克服困难后的收获。长此以往，就会给学生造成一种错觉，以为知识的获得，就应该是这样顺利的；研究的道路，就应该是这样平坦的。这种错觉对学生的成长会产生负面效应。而采用研究型教学，就可能把它转化为正面效应。在其中，教师作为引导者，责任重大。教师可以在研究型教学中常采用以下几种方式对学生进行引导：（1）在学生遇到困难时，通过语言和态度，让学生用平常心去对待困难；（2）当学生缺乏办法时，给学生适当的提示，如回忆知识、点拨思路、介绍方法，让学生找到克服困难的路径；（3）当学生发生错误时，及时纠正错误，引导到正确的方向；（4）当学生遇到习惯性的思维障碍时，引导他们打破常规、标新立异。

（五）教师担当"鼓励者"

教师作为研究型教学中的鼓励者，在学生取得任何一点儿进步时，都应满腔热情地给予肯定，鼓励他们走向成功。这里说的鼓励，可以是分数的、物质的，也可以是语言的、精神的。采用"加分"的方式对学生的研究性学习进行物质鼓励，机会是不多的。可以向学生宣布几个加分规定：在课堂上积极举手发言，可以在计算平时成绩时有加分；在做考题时有超常发挥，可以在计算考试成绩时有加分；在做课下思考题上有创意，或者自己提出问题解决问题上有创意，可以在计算总分时有加分。这些规定，起到了鞭策的作用。采用"语言"的方式对学生的研究性学习进行精神鼓励，机会则是很多的。可以在学生做的思考题或作业上批写简短的鼓励话语，也可以在课堂上对学生的回答作不同程度的表扬。例如"完全正确""非常正确"；例如"基本正确""已经解决了问题的主要部分"；例如"有正确的成分""已经抓住了问题的要害"；例如"思路是正确的""已经贴上边了"。这种鼓励的话语不必太多，但要恰如其分，且尽量不要重复。研究型教学讲究调动学生的内因，所以教师对学生的努力作恰当的鼓励，是必要的、有益的。

（六）教师担当"促进者"

教师作为研究型教学中的促进者，应从多个角度促成、推进研究型教学的发展。除了从教育理念、教学过程上起促进作用以外，还应从考评的方式和内容上对研究型教学起促进作用。在教育理念上，要进行思想动员，转变学生的观念，促进学生由"要我学"转变为"我要学"，教学方法由"以教师为中心"转变为"以学生为中心"，明确研究型教学的任务、要求与意义，促进学生对研究型教学有一个正确的认识，并积极主动地参与，充分发挥学生的主动性。在教学过程上中确立问题阶段，教师引导学生创设一定的问题情境，明确研究任务，做好背景知识的铺垫，激活学生原有知识和经验的储备，诱发其探究动机。引导学生主动学习，进入探究状态，并在自我学习或小组学习的基础上，归纳出研究的具体课题、目标和范围；在实践体验阶段，教师引导学生通过实践体验，形成一定的观念、态度，掌握一定的科学方法与技能。此阶段包括的内容：一是搜集选择和分析加工信息材料。在这一过程中，教师要引导学生将原有的片段知识，从不同维度方向加以改组、整合，从中找寻其必然联系，逐步形成比较确切的概念规律等。二是调查研究与探索攻关。教师引导学生通过收集、整理相关的假设材料，通过制定和实施调查研究方案，观察实验现象，记录、分析实验数据，总结实践结果，从而判定问题情境是否成立，或是否需要改进。三是阶段性实验体验与初步研究结果的交流。教师应引导学生对验证的结果、结论展开相互交流、辩论，扬长避短，补充完善，总结出科学的结论；在成果交流阶段，教师要引导学生提倡成果交流形式多样化，除了按一定要求撰写调查报告、实验报告外，对学术性、技术性较强的内容可写成学术论文，还可以采取报告会、研讨会、答辩会等方式，相互交流，共享成果。考评的方式和内容上也要对研究型教学做促进作用，改变学生学业评价中"一考定全局"的传统终结性评价模式，实行形成性评价和终结性评价相结合。

二、研究型教学模式下教师角色的转变

在研究型教学的实践层面中，最为关键的有两点：一是教师角色的转变，二是对学生的评价从单纯的知识面考核以及期末一次性考察转变为多维度、全过程的考察。

首先，研究型教学模式下的教师角色应从单一的知识传授者（Instructor）角色向学习的推动者（Facilitator）的角色转变，并最终转变为学习的指导者（Mentor）。在"WITH THEM"模式下，教师应遵循认知规律，以学生为中心，设计教学过程、提供教学资源、提供学习建议，对整个学习过程进行控制，在关键环节上对学生进行启发、激励、引导和指导，并及时对学习效果进行评价；在教学中教师应创造学生自我创新思考的情景和氛围，有效推动学习效果的转化。在"BY THEM"模式下，教师要成为一位顾问、一位问题交换者、一名教练。

其次，按照研究型教学的培养目标，学生创新能力、分析问题能力以及解决问题能力的培养更为迫切和重要，因此，对学生的评价不能仅仅局限于知识面的考察，而应该涉及知识、技能、能力以及行为等多个维度，而且评价活动应该贯穿教

学的全过程。

第三节　高校研究型教学的教师素质结构分析

纵观多年来，研究型教学的改革步伐始终是步履艰难，难以取得较大的进展。造成改革缓慢的原因，有人认为是局限于认识与理解的不足，传统习惯的束缚，以及环境条件因素的影响等。还有人提出，应该重视教师的研究创新能力与实践能力的提高，因为研究型教学的主要教学目的不是传授现有的知识，而是培养学生综合能力，尤其是创新能力。因此，教师本身的科学研究能力和创新能力是这些问题解决的根本，是有效实施研究型教学的基础。教师要具备哪些素质才能更好地发挥教师在高校研究型教学中的作用？笔者认为，高校研究型教学的教师素质应该具备以下三大方面，一是知识结构；二是专业能力；三是一般能力。

一、知识结构

美国教育家舒尔曼教授他认为：教师的知识基础分为下列七类：一是学科知识；二是一般教育学知识；三是课程知识；四是学科教育学知识；五是学生及其学习特点的知识；六是教育情景知识；七是教育目的与价值的知识。其他还有泰默认为教师学科教育学知识包括关于课程的知识、关于学生的知识、关于评价的知识。从以上可以看出教师的知识水平包括基础知识、专业知识、相关知识、教育科学知识及社会实践知识。

（一）基础知识

基础知识即基础知识即通常说的常识，主要包括具有哲学、社会科学、人文科学、自然科学的广博的文化知识。教师应该具有广博的文化基础知识，一方面研究型教学目的是培养具有创新能力和创新精神的学生，培养学生的人格。所以强调教学工作的人文性特点，强调教师对基础知识的掌握。因为基础知识本身具有陶冶人文精神，养成人文素质的内在价值。另一方面，教师的职责是传授知识，因此教师除具有各任教学科知识外，还应有广博的知识储备。

（二）专业知识

一般认为，专业知识由专业基础知识、专业主体知识、专业前沿知识三部分组成。专业基础知识是为学好专业和从事学科教学打好基础的知识。专业主体知识是指本学科体系的基本理论、基本规律、基本概念、基本技能、基本资料、基本工具。专业前沿知识是对专业发展前景和趋势的分析与预测。专业基础知识是专业主体知识的根基，宽广厚实的专业基础知识，能促使专业主体知识的发挥。专业主体知识和专业前沿知识越丰富，专业理论水平就越高。专业知识是教师作用于教育对象的资本；是教师影响力的源泉；是教师创造力的基础；是教师自我完善的要素。教师必须切实地、娴熟地掌握所授专业的基础理论、基本知识和基本技能，并能熟练地运用于实践。只有具备了深厚的、扎实的专业知识，才能得心应手地正确处理好教材内容，才能深入浅出地讲好每堂课。教师的研究型教学是一种复杂的创造性劳动，要成功地完成教学任务，首先要精通所教学科知识，对自己所教学科内容有深入适切的理解。研究型教学过程中，如提出创造性问题、评价学生成绩等都需要依靠教师对学科的理解。缺少这些学科知识背景纵使有许多教学经验也不会在教学中自动演进。有较多的知识储备、有一个学科的合理的知识体系和结构，具有跨学科的知识结构体系，拥有学习本学科的有效的学习范式，能够将专业领域的知识用形象易懂的语言传授给学生，能够将本学科的知识与学生的日常生活相联系，能够引起学生的思考。所以说，在研究型教学中，教师有完整、系统扎实精深的掌握自己所教学科的基础理论、基础知识和基本技能的基础上，才能在科学体系中把握学科，了解学科的前沿信息及发展动态，做到对知识的超前积累并保持持续更新，通过有目标、分步骤地对专业知识体系进行科学有效的合理构建以追求在教学过程中"厚积薄发"的理想境界。

（三）相关知识

由于学科的纵深发展，21世纪教师队伍中的单科专业教师将可能逐渐被和谐发展的知识渊博而且有高度修养的综合型教师所取代。高校教师具有广博的科学文化素养是进行研究型教学的客观要求，也是新时代的需要。因此，高校教师还必须在学有所长的基础上，掌握专业知识外，还要广泛涉猎，掌握与之相关的政治、经济、文学、科技等知识，加强对边缘学科、交叉学科的了解和吸收，尽可能扩大自己的知识面，及时吸取当代科技发展的最新知识，了解各新兴学科，边缘学科的基本内容，并将其有机融合于研究型教学中，这样才能丰富课堂上的教学，从而提高教学效果，使自己成为一个知识渊博的人。而且，人才培养目标与社会需求的衔接将更加紧密。服务社会、培养人才、科学研究这三种现代高校的重要职能要求高校教师随时得要为自己"充电"。在研究型教学中，教师的知识结构必须多元化，善于从学科交叉、学科对比与渗透等方面提出研究性问题，打破"专业壁垒"，实现知识的迁移。

（四）教育科学知识及社会实践知识

这些知识包括：心理学、教育学、管理学。其他诸如：政治学、社会学、心理学知识、管理知识、经济知识、贸易知识、科技知识、财政、金融、税收知识、法律法规知识、社会发展的动态与趋势、涉外活动知识等等。教师的实践性知识是教师在面临实现有目的的教学行为中所具有的课堂情景知识及教师教学经验的积累。教学过程中，教师掌握一些有关学生的知识，就能了解、分析、洞悉学生的心理活动和思想状态，在特定的教学情况下做出相应的反应。教学实践性知识还包括不断学习和了解现代化技术发展对教学的推动作用。

教师不仅需要学科知识，而且需要教育专业知识。教师专业化主要体现在对不同学科知识的组织、传递和评价等方面，以及处理这些知识和理论的专门化的能力方面。研究型教学要求教师不能仅凭经验教学，而应遵循教育教学规律，这样才能真正有效地实施教学，促进学生身心健康发展。只有具有丰富的教育理论知识，才能真正掌握教育教学的规律和效率。杜威说"为什么教师要熟悉教育学、心理学和各科教学法？"这主要有两种原因，一种是他能凭借这类知识观察学生的反映，迅速而准确地解释学生的言行，否则学生的反应可能觉察不出来；另一个原因是这些知识都是别人用过而又有成效的方法，在需要的时候，他可以凭借这些知识给学生以适当的指导。

高校教师在研究型教学中，同样需要对包括教育学、心理学、教学法等相关知识的全面掌握，来为"因材施教"的教育理念提供理论保障，以增强教学实践的科学性和实效性。作为高校教师，进行研究型教学，必须了解和掌握高等教育的基本规律和高校教学、科研、管理等活动的原则和操作技能，才能顺利完成研究型教学的任务。另外，良好的心理素质更是人才需求必不可少的因素。而心理素质的培养和提高，是需要靠教师在教学实践中巧妙运用教育科学知识及社会实践知识对学生进行潜移默化的影响及训练而获得的。同时，研究型教学要以学生为中心来组织教学，注重培养学生的自信心、健全的人格和独立思维能力，注重研究性学习方法的掌握和学习能力、创新能力的培养、激发学生学习潜能，注重因材施教和学生全面素质提高，为每个学生提供发展的机会，根据学生间的个人差异，鼓励和引导学生按照自身特点全面发展，这些都需要高校教师具有丰富的教育学、心理学等知识。

二、专业能力

研究型教学的教师的专业能力包括科研能力、创造能力、调控能力、合作能力、评价能力、表达能力、设计能力。

（一）科研能力

培养学生的研究能力、创新精神和创新能力是研究型教学的主要目标，作为实施主体的教师必须首先具备创新的特质，而创新的核心要素便是负载思考和探索的科学研究。教师的科研意识、科研精神和科研能力与科研成果一同构成研究型教学的基础和条件。可以说，科研是研究型教学的灵魂，研究型教学是科研的外化。因此，要进行研究型教学，必须进行科学研究，不做研究，只搞教学，只能是教书匠；当然，如果只做研究，不搞教学，就失去了教师的资格。

教师自身应有创新意识，才能有自己的"问题意识"，教师自身需要经常性地琢磨、积累"问题"，才可能把自己对"问题"的思考渗透到教学之中。一位优秀的教师，必须开展科学研究，有自己的研究方向和研究课题。教师在科研上造诣高，不仅能卓有成效地改变学生的学习方式，促进学生的全面发展，而且能强有力地促进教学与科研的融合，为教学与科研的互动创造情境和机会，即寓教学于科学研究，在科学研究中开展教学活动，在科学研究中开展教学活动，教学发现问题，科研解决问题，二者相互支持、相互依存。当然，科研有助于教师保持在本学科的领先地位，活跃的研究兴趣有助于提高教学质量。Faia认为对高校教师而言，教学与科研是相互促进的。Jencks和Riesman、Centra认为教师的科研有助于增加教师的知识和刺激教师的智力活动。Michalak和Friedrich指出，如果教师从事科研，其学生将更具有挑战性。Volkwein和Carbone的研究发现，学生最满意的教师是教学和科研都很优秀的教师。

在研究型教学中，教师可以实施以下三种途径来促进教学与科研。第一种渗透教学研究成果的教学内容。研究型教学除了讲授书本知识，还要介绍学科前沿的研究状态，特别要将自己研究的最新成果充实到教学内容之中。教师的科研能力，不但为提高教学效果、培养学生科研意识营造适宜的环境，而且对教师处理好教学与科研的关系、促进二者的融合起到非常重要的作用。第二种开放互动的教学方式。研究型教学既是教师研究性的教学，又是学生研究性的学习，采用开放互动的教学方式，让学生与教师一道参与到知识构建和科研的活动中来。教师可以让学生参与自己的课题研究，也可以鼓励学生自主研究，在实验教学中，教师创设问题情境、学生提出问题、搜集科学事实、探求解决方法，最后得出科学结论或完成创新性实验设计、论文、专题研究报告等，教学与科研完美地结合在一起。第三种课内外结合的教学途径。课内外结合的教学形态使得研究型教学的师与生、教与学、学与思、学与做多项组合完美地互动起来。总之，研究型教学能有力地促进教学与科研的互动，很大程度是因为研究型教学具有教学与科研在课内与课外分工协作的特点。

（二）创造能力

高校教师的创造能力就是对新观点、新思路或者变革持开放态度；敢于突破条条框框，突破惯性思维和常识的局限；主动尝试新的工作方法和程序并不断的检验、确证和改进；开创新的解决问题的方式和方法；积极鼓励学生寻求新方法、新方式和新思路；愿意通过实地观察或亲身调查，获取最新资讯，不满足于接受眼前现成的内容，渴望了解更多的资讯。

研究型教学中，其根本的目的不是传授已有的文化知识，而是要把人的创造潜能挖掘出来，将生命感、价值感从沉睡的自我意识"唤醒"，教育绝非单纯的文化传递，教育之为教育，正是在于它这是教育的核心所在。教学是一门科学，也是一门艺术，而艺术的生命在于创造。对于研究型教学的教师来说，知识的积累固然重要，但更应该具有较强的求知欲，要在原有知识基础上进行挖掘、开发，要敢于突破，有所创新，要在科学论证的基础上敢于打破陈旧的观念，求新，求异，在自己所研究的领域有所突破，有重要建树。研究型教学的目标是要培养创新性人才，因此教师自身要有创新教育观念，创新思维和创新能力是高校教师从事研究型教学所必须具备的素质，并且它对学生创新能力的形成起着重要的作用。只有在科学探索中，教师的能力、创造性探索、视野等才能得到进一步拓宽，才有能力为学生设置创新情景，营造创新的氛围，使学生智力活动活跃，创新意识、创新能力不断增强，也只有进行科学研究的人、参加科学创新的人，才能真正理解创新精神，从而在研究型教学中培养具有创新精神的人。

在研究型教学中，教师首先要培养创新教育观念。培养造就创新型科技人才，是我国提高自主创新能力、建设创新型国家的必然要求。知识经济竞争的制高点是人才的质量，创新能力是人才的核心要素。只有这样认识，教师才认识到教学不能循规守旧，总能以新思想、新观念对待教学实践，开展研究型教学。其次，教师必须有意识地训练自己的创造性教学能力。在教学中，教师要充分发挥创造精神，敢于标新立异，能够别出心裁，进行创造性的研究和教学，变传统教学为"创造教学"。教师创造性的教，必须把握教育科学发展的趋势，积极掌握和了解本学科的前沿知识，加强对不同学科知识的融汇，把科学研究成果转化为教学内容，根据学生的身心特点、教材和教学环境的变化以及自己的教学个性，巧妙运用创新的、行之有效的教学方法，提高教学效率，优化教学过程。启发学生的创造性思维，做到常教常新，教以致用，为可持续发展打好基础。

（三）调控能力

教师的调控能力就是教师的教育自觉意识，即教师在教学活动中的自我评估的能力和习惯，对自己教学过程中进行修正和控制的方法和技能，对学生反应的敏感性。研究型教学的教师的调控能力包括：能很好地调节自身情绪和态度，能及时将自己的消极情绪调节成积极的情绪，能用乐观积极的态度看待学生；善于调节学生的情绪和态度，能够调动学生的积极性，及时消除学生的消极情绪，将课堂效率达到最高。敏锐、精细地观察、鉴别学生的能力；对学生进行思想疏导和常规管理的能力；开展课外活动的能力；开展社会活动的能力。

由于研究型教学的双面性、复杂性和多变性，教学过程中常常会出现一些始料不及的新情况、新问题，这就要求教师不仅要具备传授知识的能力，还要有调控能力，包括细致入微的观察力、冷静理智的自制力、灵活机智的解惑力以及及时果断的决策力。可以说，具有调控能力的教师能够将课堂上的偶发性问题和突发性情况转化为创造性地进行教学活动的契机。从这个意义上来讲，有了调控能力，教师就会面对变化的环境自如地应付处理教学过程中遇到的各种问题，应付来自不同方面的挑战。因此，提高教师教学监控能力，是提高教师素质的关键问题。

教师在研究型教学过程中的调控能力主要是通过以下不同的对象来实现的。第一，调控学生。对大学生的调控主要是通过思想教育来实现的。高校教师要善于调动大学生的主观因素积极参与研究型教学活动，善于了解大学生的思想状况，对其深层的思想做出准确的判断和分析，并在此基础上确定行之有效的教育措施。因此，在对大学生的监控需要高校教师有一定的思想教育工作能力。第二，调控自我。自我监控性教育是充满艺术的教育，它包括教师对自身结构主体的控制和对自身心境、情绪的调节和控制。这种自我调节和控制行为会使大学生对相同的教学活动的学习产生十分不同的教育效果，会使教学活动生动活泼、有声有色，始终充满着新意与活力。较高的自我监控性教育能力是21世纪研究性高校教师的核心素质，是其教育能力的"精华"部分。第三，调控情境。在研究型教学中，主要有课堂教学情境和课外教学情境。研究型教学需要教师为学生营造一个宽松、民主、和谐的课堂学习情境。如何引导学生的积极参与，让学生融入教师的授课之中、陶醉在知识的探索之中，这就需要教师的课堂调控能力。教师应从创设问题情境出发，激发学生的兴趣和探究激情，引导学生自主探究和体验知识的发生过程，通过师生互动、双向交流的形式，调动课堂气氛，鼓励质疑批判和发表独立见解，培养大学生的创新思维和创新能力。课外教学也是研究型教学很重要的一个组成部分。高校教师监控课外情境的能力也是其能力的重要组成部分之一。它要求教师必须具备组织协调的能力，组织教师集体和组织学生集体、协调各种关系。高校教师通过调动学生直接参与课题研究的积极性，做自己的科研助手，鼓励学生参加学科竞赛等课外活动，使学生学会和体验科研的基本方法，学会数据采集方法和实验技术，培养初步的探索性研究能力。

（四）合作能力

高校教师从事的是特殊的脑力劳动，受时间、空间的限制小，在教学、科研中有较大的独立性和自由度。但这并不是说，高校教师的某一个体能够单独完成人才的培养。一个学生要成为社会需要的高级人才，其身心发展，知识水平和能力的提高是许多教师共同作用的结果。人才的造就和培养是一项综合性的系统工程，需要各专业老师的协作和配合，通过教师的个别劳动与教师的群体劳动密切结合才能完成。从这个意义上讲教师个别劳动寓于教师群体劳动之中，高校教师只有把自己看成是组成教师群体的一分子，协作共事，默契一致，相互配合，才能出色完成高校教师的任务。

马卡连柯说：在一个紧密联结在一起的集体内，即使是一个最年轻的、最没有经验的教师也会比任何一个有经验和有才干的，但与教育集体背道而驰的教师能做出更多的工作。因此，在世界经济的大发展，学科大交叉、融合的背景下，良好的合作与沟通能力是研究型教学的教师必备的素质。研究型教学由于问题来源的多元化和问题解决的复杂性，多种学科知识在研究型教学的"问题解决"中交汇、融合，学科与学科之间，学科教学与现实生活之间的联系变得空前密切起来。教师已不能单独驾驭对学生在知识、方法、技术方面的所有指导工作，这就要求教师从个体走向合作，从仅仅关注本学科、本专业、本课程走向关注其他相关学科、专业、课程，通过教师之间密切合作，相互支持，达到共同发展。

教师的科学研究活动的方式，有个人的，也有集体的。个人的科研是独立承担课题，独立研究，独立完成。个人行为的科研模式有其自由灵活、有利于发挥个人特长和积极性的一面，但也存在个人能力有限，不便于承担重大课题的不足。随着科学技术的迅猛发展，科研活动更多地趋向于集体攻关模式。集体攻关，能够集中更多人的智慧，依靠集体的力量，承担有重大影响的课题，有利于集中跨学科、跨学校的人力资源，组成最精干的队伍；有利于最大限度地节省人力、物力，缩短科学研究的时间，攻克难关。这样，就要求研究型教学的高校教师之间相互尊重信任，携起手来，通力合作，形成强大的教育合力，利用教师群体的力量来完成复杂的高要求的研究型教学和科研任务。此外，善于与人合作，是一个人具有宽阔的胸怀，具有良好的协调能力、合作能力的体现，同时也是一个人高尚的道德品质，无私奉献精神风貌的集中表现。能够做到既有独立钻研，又能与人合作，正是基于研究型教学的高校教师素质的独特之处。高校教师为了在研究方向上取得突破，在积累和依靠自己的力量基础之上，又要学习和运用团队的力量，通过各种途径参与团队生活，同他人交流信息，要与其他教师和学生一起合作探讨、交流，切磋思想，阐述见解，不断完善自己的创新与成果。

（五）评价能力

高校教师的评价能力包括教师评价学生的学习、评价其他教师的教育行为，并提供建议的能力以及对自己的教育决策、行为、能力和态度等方面进行评价与反思的能力，以增强自我改进、自我成长的自觉性。正确的评价自我、正确的评价学生的学习、评价其他教师的教育行为，并提供建议的能力以及对自己的教育决策、行为、能力和态度等方面进行评价与反思的能力，以增强自我改进、自我成长的自觉性。

课后的工作，一是总结，二是评价。评价能力也是一种重要的教学能力，评价工作高于总结。研究型教学的高校教师评价主要指自我评价，即教师以教师自身为评价主体，把自己的课堂教学活动作为评价对象，按照一定的评价标准，通过自评全面地了解自己的教学状况，并对自己的教学水平做出明晰的、精密的衡量，进行自我检查、自我判断的过程，从而进一步明确努力的方向里。为了保证教学的成功,在教学的全过程中,不断地对教学活动进行积极主动地计划、检查、评价、反馈、控制和调节,可以说,这是教师的反省思维或者说是思维的批判性在其教学活动中的具体体现,有利于调动教师的积极性和主动性,增强教师的参与意识,并在此基础上,努力形成自己鲜明的教学风格。教学风格是教师长期教学艺术实践中逐渐形成的富有成效的一贯的教学观点、教学技巧和教学作风的独特结合和表现,是教学艺术个性化的稳定状态的标志,它具有独特性、稳定性、审美性、发展性和有效性等特征,而教学风格的形成和课后总结评价的能力是分不开的。

研究型教学的自我评价观,能够为教师职业生涯发展奠定牢固基础,能够为教师职业生涯发展建立人际支撑,能够为教师职业生涯发展化解心理困惑,能够为教师职业生涯发展提供不竭的动力。只有通过构建自己的自我评价机制,才能通过自我理解和感悟,获得观念的转变,找到发展的契机。教师在教学中贯彻研究型教学的思想理念,使教学有了这种启迪思考的功能,帮助学员发现自己的问题,并产生某种强烈改进自己的大彻大悟。教师的评价能力可以通过以下方法得到提高。其一是心理感受法。高校教师要获得自身的发展和成功,就必然要做出自己的努力,并且在这些努力的过程中着力去感受,看着自己是否获得了自我心灵思想的充实,是否感受到了自我精神世界的丰富。其二是数量统计法。就自己教学工作中的一些重要事件做一些统计分析,却不失为通过自我评价促进自我发展的一种好方法。其三是现场检验法。在教学活动中,为了保证教学的成功,在教学的全过程中,不断地对教学活动进行积极主动地计划、检查、评价、反馈、控制和调节。

(六)表达能力

教学表达能力是指教师借助言语和非言语手段传授知识、促进学生全面发展的能力。教师良好的教学表达能力是提高研究型教学的教学质量和效率的重要保证。教师的语言必须准确、生动、鲜明、易懂、文雅,并能启发学生思维;同时言语的音质、音量、声调、语速、节奏能吸引学生、感染学生。教师的神态、形象等也能使学生获得更多的附加信息量和进行情感的交流;教师的板书要简明、清晰,还要善于利用教具及现代化教学手段来表达教学意图,以促进学生的观察和思考,帮助学生准确了解并迅速掌握教学内容。

语言是教师实施研究型教学的重要工具,是教师表达思想、传授知识和塑造学生美好心灵的基本工具。教师良好的教学表达能力是提高教学质量和效率的重要保证。富有感染力的语言能引导学生渐入佳境,在有限的时间内获取足够的知识和创造能力。研究型教学要求教师在语言表达方面能顺利大方、感情丰富地传递信息，使学生在接受知识的同时，得到美的享受。高校教师语言表达能力除了语言准确、语汇丰富、表达连贯和语言机敏等一般特点外，还必须体现研究型教学工作的特殊要求，应具有科学性、准确性、形象性、启发性和感染性。在课堂上的所有言语表达都是围绕教学的任务来进行的，能按照书本的体系传授所要讲授的知识，按照自己的思路，清晰明确地向学生传授自己研究的成果，并能使学生掌握。此外，身体姿势、面部表情和与学生交往的方式等非言语表达能力也非常重要。非言语表达能力是指高校教师在课堂教学中通过面部表情、手势、身体姿势、体位的变化等方式进行信息交流的能力。教师的神态、形象等也能使学生获得更多的附加信息量和进行情感的交流；教师的板书要简明、清晰，还要善于利用教具及现代化教学手段来表达教学意图，以促进学生的观察和思考，帮助学生准确了解并迅速掌握教学内容。

（七）设计能力

教师在教学中的许多决策，如课时计划的编写、教学内容的主次设计、教学时间的分配等，从某种程度上来说是一种教学艺术。

在开展研究型教学时，由于学习的内容具有不稳定的特点，研究的范围也难以界定，教学设计的内容和方法必须根据过程的变化而变化。所以研究性的教学设计是一种对未知过程的想象和探索，整个设计过程是动态的。在课前应该钻研教学内容，具备理解教材能力和分析教学能力，做到"懂、透、化"三个阶段，分析教材的地位和作用、知识结构和特征，所涉及的技能、教学要求，及其重点、难点和关键点。然后设计好教案，这种设计主要包括教学思维思路：设计以及教学活动设计，将总体调控教师在课堂上的发挥。教师在教学中应从更高的层面和更宽，根据方案进行具有特色的教学活动。研究型教学，关键在于创设情境。研究型教学主要是问题情境。所谓问题情境，指的是具有一定的难度，需要学生努力，又是学生力所能及的学习情境。通过问题情境的设计，使学生明确研究的目标，给思维以方向；同时产生强烈的研究解决问题的欲望，给思维以动力；通过对问题情境的解决，确定研究课题，给思维以创新。要想设计问题情境，首先要求教师熟悉教材，掌握教材的结构，了解新旧知识的内在联系。其次要求教师充分了解学生已有的认知结构状况，使新的学习内容与学生已有的水平构成一个适当的跨度。再次要求教师对于问题情境中所隐含的"问题"，不要简单地直接给出，要让学生在学习的实践活动中自己去发现问题、提出问题。这些都需要教师具备良好的教学设计能力。

三、一般能力

研究型教学的高校教师除了具备专业能力，也要具备一般教师需要掌握的能力。这些一般能力包括责任心、自我完善能力、获取和处理信息能力、社会交往能力。

（一）责任心

教师的工作特点表明，在有的时候都是"个体劳动"。因此在工作中是全力以赴，认真负责，还是马马虎虎，敷衍了事，只有自己清楚，非但学生很难去准确地评价和考核，就是学校一般也只能对教师提出要求。而工作到位不到位，精力投入不投入，教学的态度和质量的好坏，很大程度上是由教师有无工作的自觉性和主动性决定的。所以，教师的社会责任感和敬业精神，比其他任何职业都重要。只有具备了高度责任感和敬业精神的人，才能成为好教师。

研究型教学需要研究者牺牲自己大量的时间，经历很长时间进行学习、分析、思考和实践才能克服很多研究困难，解决研究问题，有些问题也有可能无法解决。因此，这需要研究者具有一定的心理准备和很强的为工作奉献的精神。为科学研究奉献的精神很大程度上是一种研究兴趣驱动的探索精神，所以要树立这种精神，首先应愿意和喜欢去从事某项科学研究，强迫性和功利性的研究是不可能持久的，也不可能形成很强的创造性。不需要上级的督促自觉完成工作；为更好地完成工作，愿意在没有要求的情况下加班加点工作。

（二）自我完善能力

尤其是高校教师，应该是率先完成向终身学习的观念转变的全体。关注与接受本学科日新月异的成就与发展动态，并把它融入自己的教学实践中，才能真正实现卓有成效的教学改革，收到良好的教学效果，从而也能使学生较早地培养终身学习意识，这就需要教师具备自我完善能力。

人的知识结构不可能做一次定型，需要在不断学习中自我完善。创新学术应该成为研究型教学的高校教师的终生追求。一个研究型教学的教师，应该是一个自我更新的学习者，抱着终身学习能力的观念，学会如何实现知识的再生产，用掌握的信息技能去不断创造发展；应该具有的知识结构是动态的、发展的，具备新知识汲取能力，既能汲取所任学科的新动态、新发展，又能汲取大文化范畴中的新发明、新观念和新见解。

研究型教学的高校教师要充分发挥其潜能，施展其才华和价值，必须具备使自己的思想、业务及人格趋于完善和完美的能力。在教育趋于终身化的时代，教师面对激励变革的社会和迅速发展的学生，需要有较强的自学能力，以充实新知识、调整知识结构；需要有较强的自我修养能力，来不断提高自己的思想品德修养；需要有灵敏地接受对自己教学的反馈信息的能力，以随时调整自己的行为和教学，使教学过程和教学效果得到进一步优化。此外，还要有合理调控心理状态、增强社会适应性的能力。

（三）获取、处理信息的能力

高校教师通过各种教育信息途径，吸取新教育知识、新教育技术、新教育理论，经过选择、加工、提炼、综合传递给学生，注意学生对信息的反馈，及时调整教育教学方法，使学生也逐步形成这种能力。遇到不懂的知识，通过阅读书、杂志、互联网搜寻等来寻找想要的知识；有系统、有计划的收集信息和资料；积极开发各种渠道和方法用于更新相关专业的教学科研知识。

高校教师处理信息的能力，一方面是接受、加工、处理信息的能力，高校教师要充分利用各种信息渠道，吸取新知识、新理论、新技术，经过选择、加工、提炼、综合，传递给学生；另一方面是善于利用信息，即能利用信息进行判断，做好决策。

（四）社会交往能力

知识经济的巨浪已经迫近，高校的功能正在发生深刻的变化。高校不再是象牙塔，全方位的开放性、参与性正日益成为一种世界潮流。高校必须改变封闭的教学观念，树立起开放办学的新思想，扩大同社会各部门的信息交流与国际合作。同时，现代社会知识创新的突破更多的是从多学科的交叉和各种知识的融合中实现的。因此，研究型教学的教师也要具备社会交往能力。

社会交往能力主要包括社会交际和学术交流的能力。它要求教师必须处理好人与人之间、人与社会之间的各种关系，团结合作，协同攻关。此外，将知识转化为经济、科学技术转化为生产力，实现科技成果的产业化，这些都要求我们的教师具备较强的社会交往能力。事实证明，加强教师社会交往，能够加速知识信息的创造、加工传播与应用，缩短科技成果产业化、商品化的进程；同时也能够促进新科技和新思想的不断涌现，进而促进教学和人才的培养。研究型教学对教师从事教学和科研的能力提出了更高的要求。课堂讲授内容的精选、开放式与综合式问题与习题的设计、将最新科研成果转化为教学研究、把握学科基础与发展的联系等，都要求教师具备相当的科研素质，只有这样，才能营造出研究性学习和创新性思维的氛围。因此，研究型教学模式的实施必须有一支教学科研相结合的教师队伍和学科实力作为支撑，只有高校教师具备了上述的素质，才能更好地实施研究型教学。基于研究型教学的高校教师素质，对于高校教师素质培训工作也指明了方向，应坚持以提高学术水平和科研能力为导向，以促进教师的全面发展和高校高层次人才队伍建设为目标，以推进培训机制创新为动力，大力开发培训资源，拓宽培训渠道，进一步完善培训体系。在培训的内容、形式和对象上，注入新的因素，有所突破，有所创新，建立起一套既符合我国国情，又能面向世界和未来的高校教师培训的新型模式。

第六章
高校研究型教学过程、原则与策略

研究型教学作为一种新的教学理念、教学方法和教学模式，对培养具有研究意识、研究能力和创新能力的人才，对促进大学本科教学改革、教学发展，对完善学科教学提高教学质量具有重要作用。本章主要介绍高校研究型教学模式的教学过程、教学原则与教学策略。

第一节 高校研究型教学的过程

本节首先对教学过程的一般性质展开论述，接着阐述高校研究型教学的过程的本质，最后对国内外关于教学过程的主要理论进行评述。

一、教学过程的一般性质

教学过程的本质是教学论中最基本的理论问题，对其把握得准确与否，直接决定与影响着教学内容、方法与组织形式的理论演绎与实践的开展。因此，教学本质一直为学术界所重视。近年来，随着人们对马克思主义认识的不断深化，教育学界重新审视了教学过程的本质问题，在此基础上提出了多种观点。如，"多本质说""实践活动说""特殊认识说"等等。其中，影响最大的莫过于"特殊认识说"。这种观点认为教学过程是一种特殊的认识过程：一方面，教学过程是学生在教师引导下掌握人类长期积累起来的科学文化知识的过程，在这个过程中，学生是有意识的能动的主体，教材所包含的知识及其反映的客观事物是他们的认识客体；另一方面，教学过程又是一种特殊的认识过程，即它是学生个体的认识过程，具有不同于人类总体认识的显著特点，这个过程具有间接性，它以知识，尤其是书本知识为中介，并受教师的引导，因而也更具有简捷性，同时还具有教育性。

但是，"特殊认识说"是建立在单一"主体—客体"认识论框架之上的，因此存在着不可克服的理论局限性，主要表现在：第一，窄化了教学的内涵，把教学过程仅视为传递客观知识的过程，知识的授受成为教师与学生联系的唯一目标，其各自的人格、情感等都退隐一旁，被知识全部取代。在这样的教学过程中，教师与学生只是作为"单向人"而不是作为完整的独特的精神整体而存在，教学过程中不再有真实、直接的精神沟通与交流，师生不是作为"人"而相遇，而成为知识授受的工具。第二，在理论上存在着诸多悖论，其中最纠缠不清的问题就是教学过程的主客体问题。在单一的"主体——客体"的认识论视野中，无论怎样立论，如"教师主体""学生主体"或"互为主客体""双主体"等，都存在着不可克服的逻辑悖论。究其原因，就是固于单一主体论的框架而把复杂的问题简单化了，需凭借新的视角、新的思路方能得以突破。在这样的背景下，随着国外新的教学理论的引入，特别是基于"社会批判理论"而建构的德国"交往教学论"思想的引介，为人们重新认识教学本质问题提供了极其难得的新思想。不仅如此，作为融合中国传统哲学、当代西方哲学、马克思主义哲学的新的理论范式——"交往实践观"的推出，为人们探讨教学本质问题，尤其是教学过程中的主客体关系问题，提供了方法论上的指导，使得教学本质的研究有了更为广阔的多重的向度。

苏州大学任平教授根据马克思主义经典作家的有关见解，依照全球发展的史实，提出了"交往实践是诸主体间通过改造相互联系的中介客体而结成社会关系的物质活动"。这一概念辩证地吸取了现代实践观与后现代实践观的积极、合理的成分，同时又科学地超越了二者，建构了新的理性精神。其表现在多个方面：①交往是主体间物质交往活动，具有主体性、交往性、客观性统一的特征。②诸主体性或主体际性。它反对单一主体中心论，强调多极主体的存在意义。③"主体——客体""主体——主体"双重关系的统一。交往实践观在结构上是现代实践观与后现代实践观的"合题""统一"，它扬弃了二者各自的片面性，而将之作为两个各具必然性的环节包含于自身之中。④"主体——客体——主体"的相关性。交往实践观认为，"主体——客体"与"主体——主体"的双重关系与相关律绝不是相互脱离、相互冲突的双元过程，相反，它们是以实践客体为中介而联结起来的两种或多种"主——客"关系的相互衔接与重重叠加。⑤双向建构、双重整合。交往实践的建构功能是双向的，它既建构交往关系，又建构参与交往的主体，这两个方面都存在着肯定与否定辩证统一的双重向度。⑥系统性。交往实践的扩展，可以在多元、多层、多维中实现。⑦历史性。交往实践既具有静态的结构，又具有历史性的性质。在交往实践的辩证法中，构建与消解都是历史的、动态的。

二、大学研究型教学过程的本质

（一）大学教学过程的特殊性

高校教学过程与中小学教学过程相比，有着自身独特的特点。潘懋元在《高等学校教学原理与方法》中将高等学校教学过程的特点概括为三个方面：一是在教学中认识世界和改造世界相统一；二是在教学中认识已知与探索未知相统一；三是在教学中认识的综合性与专业性的统一。笔者理解这种概括主要是突出了大学教学这种特殊的认识过程与中小学教学过程在教学内容、教学方法及教学发展目标上的相异点，却忽略了师生在教学过程中的交往作用、师生的主体作用等方面的问题。

大学教学过程的特殊性主要表现在：从教学内容看，高校教学过程有明显的专业倾向性。中小学的教学内容强调基础性、起始性，而高校以培养专门人才为目标，其课程设置由博而专，呈"金字塔"状，相应地，整个大学学程中，教学过程是一个专业化程度递增的过程，带有明显的专业倾向性。

从教学关系看，高校教学过程突出学生学习的自主性。大学生在身心发展上已经成熟，具有独立、自主的要求，加之有更多自由支配、独立学习的时间，因此，学生学习的自主性增强。

从教学活动的组织看，高校教学过程注重学生学习的探究性。大学教学要求在课堂教学、社会实践、课外活动等各方面都具有学生独立探究的成分，因此，在教学过程中教师要把教学与科研相结合，不仅传授科学知识给学生，更要注重学生学习方法、研究方法的训练和培养，学生要把学习与研究相结合，在获得知识的同时，形成较强的创造性地分析问题、解决问题的能力。

（二）大学研究型教学过程的本质

在交往实践观的基础上，我们认为大学研究型教学是教师和学生两个行为主体的互动过程。大学教学过程的本质是通过师生交往和共同研究而不断促进师生的共同发展。传统教学观认为，大学教学的本质的文化传播、掌握知识和技能，发展学生的认知能力，因为学生面对的是比较稳定的社会，只需要按书本知识去行事就可以了。现代大学面对的是不断变化的社会，知识不断更新和老化，大学生走出社会便面临着许多不确定的情境，因此，现代大学教学要培养学生可持续发展的能力，如自主能力、创新能力、交往合作能力等。在研究型教学这个师生交往互动的过程中，教师与学生虽然都要作用于"教学媒介"，但其目的或效应是不同的教师作用于"教学媒介"，是为了便于学生理解与接受；学生作用于"教学媒介"，是为了内化"教学媒介"所承载的文化意义，后一过程的实现离不开前一过程的展开。从这个意义上说，"教为主导"依然是成立的，否则，教学实践与其他交往实践就没有本质的区别。在大学研究型教学过程中，不仅承认教师与学生都是教学过程的主体，而且还特别强调彼此共同进步发展，彼此形成一个真正的"教学共同体"。建设好这一"共同体"，将对师生提出各自不同的要求：对学生而言，交往意味着心态的开放、主体性的凸现、个性的张扬、创造性的解放；对教师而言，交往意味着上课不是传授知识，而是与学生一起共享快乐，上课不是无谓的牺牲与时光的耗费，而是教师自身生命活动、专业发展与自我价值实现的过程。同时，交往还意味着教师角色的转换，即由传统的知识传授者转向现代的学生发展的促进者。可以说，创造基于交往实践的多极互动、互惠的教学关系，是研究型教学的一项重要任务。然而，在大学教学实践中，教师的讲课方式和方法，基本上都是注入式、填鸭式，重教师传授，轻学生研究；重学习结果，轻学习过程；重书本知识，轻实践操作；重考试成绩，轻整体素质，师生之间缺乏实质性的交往，教学过程是教师单向传递知识信息的过程。这是典型的以继承为中心的应试教育，其负面影响非常大，就学生的创造能力而言至少有这些弊端：第一，它是创意的"绊脚石"；第二，它扭曲了人的学习方式；第三，它摧残了人的身心。因此，树立以交往实践观为基础的研究型教学本质观，强调师生通过共同研究和交往互动，促进彼此共同的提高，对于大学教学的理论、实践都有重要的意义。

三、国内外关于教学过程的主要理论评述

（一）赫尔巴特的教学过程形式阶段论

赫尔巴特在《普通教育学》第二卷"教学"这章一开头就说："把人交给'自然'，甚至把人引向'自然'中锻炼，这只是一件蠢事"，而主张需要有一种"艺术"来塑造儿童的心灵，即由教师采取符合心理规律的教学程序，有计划、有步骤地把作为一个未来成年人所应具有的知识和品格传授给学生。因此，他根据他的观念及其统觉的心理学假设和多方面兴趣的理论，细致地探究了传授新知识、形成新观念的具体进程和方法，从而提出了"形式阶段"的理论，把教学划分为四个

阶段，即：明了——联合——系统——方法。

1. 明了

明了，即感知教材，这是教学进程的第一步，是在静态中的钻研，这一阶段的教学主要是把新教材分解成各个构成部分，并和意识中相关的观念与已经掌握的知识进行比较。凡是一件事物与儿童已经观察过的事物相类似，并与之有关联，我们一般都能通过单纯提示，使感官可以感知到。明了即把被研究的物体分成小块，以便学生能把他的脑子建立在同其他联系着的事实或细节上，这是一个吸收的过程，这时学生在心理上必须产生注意。在教学方法上，教师讲述新教材，应采用直观教学法。

2. 联合

联合或联想，这是教学进程的第二阶段，是一种动态中的钻研，强调教材应当与学生头脑中已有的观念发生联系。赫尔巴特说这一阶段最容易做：在自由谈话的过程中，学生就把进入大脑的与该物体有关的东西都说了出来。这时学生就不再是专注于一物，而是以一般的方式认识特定的物体与其他物体之间的许多附带的联系，思考恰好开始。赫尔巴特认为在这一阶段，由于学生还不知道新旧观念联系起来的结果是什么，在心理上会产生等待的态度。在教学方法，上，教师最主要应采取谈话法，在教师和学生之间进行不受拘束的谈话。

3. 系统

系统，这是教学进程的第三阶段，是在静态中的理解。即事实在其特有的关系中被认识。联合所指明的关系通常是偶然的，但是这一阶段，什么是本质的，什么是偶然的，两者之间的区别变得明显起来，事实被安排在统一体中，在上一阶段开始的统觉过程现在完成了。学生应当在教师指导下，在新知识和旧观念发生了联系的基础上去寻找结论、定义和规律。学生在心理上应处于探究的状态。在教学方法上主要是引导作结论、规则和定义的阶段。

4. 方法

方法，这是教学进程的第四阶段，是在动态中的理解。即把已经学得的知识应用到新的事实、现象和事件上去。在心理上，要求有行动。在教学方法上，这是进行各种不同教学练习的阶段，这要求学生能广泛地应用所得的知识，有逻辑地、创造性地进行思维的技能，通过观察每一个事实在方法中的位置来对系统加以检查。

按照赫尔巴特的意见，这些阶段决定着教学进程的顺序。它们都是形式的，因为它们不是由教材的具体内容、学生年龄、上课的教学任务决定的。

赫尔巴特把心理学作为教学论的基础，使我们认识到教学过程与学生的心理发展过程的内在一致性，特别是把兴趣作为认识的基础，实际上已经关注到了人的生存领域。但教学过程的顺利进行仍然取决于教师对学生心理的认识，认识学生的目的是为了学生更好地掌握知识，培养学生的德行，学生在教学中的地位和作用没有受到应有的重视。

（二）杜威的以思维过程为核心的教学过程论

美国教育家杜威以实用主义为理论基础，以"儿童为中心"的理念来思考教学过程，认为教学过程是儿童通过亲身实践获得经验的过程，是学生的思维过程。他主张以思维过程为基础建立教学过程：从情境中发现疑难，从疑难中提出问题，做出解决问题的各种假设，推断哪一种假设能解决问题，经过验证来修正假设、获得结论，即所谓"五步教学法"。在教学过程中，教师是学生的顾问和助手。

杜威的教学过程理论直接关注学生的现实生活之域，重视学生自主自由的生活与智力生活。他的教学论思想冲破了传统教学论的藩篱，真正回到人的世界，从而显示了其理论的无穷活力和影响力。其理论的不足主要在于，教学过程中教师和学生之间的平等地位及教师应有的价值引导作用被学生这一中心遮蔽了，教师在教学中的生活本质失去了其应有的价值。

（三）凯洛夫的教学过程理论

凯洛夫以马克思主义认识论为指导研究教学过程，认为教学过程是教师以知识和技能的体系武装学生的过程，学生的学习是接受科学上可靠的知识，而不担负有发现真理的任务。他根据学生认识的特殊性，提出了教学过程的六个环节：知觉具体事物；理解事物的特点、关系或联系；形成概念；巩固知识；形成技能技巧；实践运用等。

凯洛夫的教学过程理论强调了学生在教学中的认识生活，把教学过程与认识过程画上了等号，至于教师的教学生活、学生的情感生活等，都被认识所挤兑了。

（四）赞可夫的促进学生一般发展的教学过程理论

赞可夫认为，学校教学的主要任务不是单纯地传授知识，而是通过教学来达到儿童较高的发展阶段，只要在发展上有了收获，学生掌握知识就更容易，知识质量才能真正提高。只有实现学生发展任务，才能从根本上提高学生掌握技能、技巧、知识的质量。因此，发展应该走在教学的前面，为教学开辟道路。但是，反过来说，发展的任务又要靠在教学过程中来实现。教师的任务就是通过教学来促进发展，并依靠发展来促进教学。因此在赞可夫的体系中，教师首先着眼于发展儿童的观察力、逻辑思维能力、理解能力，强调培养学生的认识兴趣，培养学生良好的学习品质和学习习惯，他认为这些远比分数重要得多。他说："至于学生的一般发展，它包含着发展这个概念的无所不包的意义：由简单到复杂、由低级到高级的运动，沿着上升的线路，由旧的质的状态到新的更高的质的状态的运动、更新的过程。新事物的产生和旧事物的消亡。"从赞可夫的全部论述和实验教学情况看，他所说的发展实际上是以智力发展为主的。为了进一步说明发展的含义，他解释了知识和发展这两个概念既有联系又有区别的关系。在知识和发展中间往往存在着"剪刀差"。因此，不能把两者等同起来。但是发展和知识掌握又是密切联系的。人的头脑不是什么真空的东西。发展不能在真空里进行。学生的发展还是要在掌握知识的过程中进行的。掌握知识应当促进学生的发展，而发展上的进步又应当促进学生很好地掌握知识。在教学与发展的问题上，他反复强调"在学生的发展上下功夫"。他写道："教学的安排好比是因，而学生的发展则是果。这种因果联系是重要的。这里面反映了学生发展过程的被决定性。"赞可夫说："无论学校的教学大纲编得多么完善，学生在毕业后必然会遇到他们所不熟悉的科学上的新发现和新技术。那时候，他们将不得不独立地迅速地弄懂这些新东西并掌握它。只有具备一定的品质有较高发展水平的人，才能更好地应付这种情况。"

赞可夫认为，旧的传统教学论把小学看成是"培养基本技能和技巧"的学校，教学法偏重于教师一次一次地重复讲解同一个材料，要求学生一遍一遍地复习，作大量的千篇一律的练习，或机械地记忆教材。他说，这种教学很枯燥，学生很快进入抑制状态或半睡眠状态，不能开动脑筋。久而久之，就使学生的智力活动变得迟钝起来，阻碍了他们的发展。

赞可夫认为教学过程就是学生的一般发展过程，主要包括观察活动、思维活动、操作活动三个方面。教学过程是学生获得一般发展和掌握知识技能的过程，其中主要是学生的观察力、抽象思维能力和实际操作能力的发展。他认为，教学与发展的关系是：教学要创造最近发展区，适应并促进发展。然而，由于他的教学过程观仍然是以认识论为指导的，师生的交往被排除在教学过程之外，学生的情感生活还是依附于认识并为认识服务的，没有自己的独立地位。

（五）布鲁纳的教学过程理论

美国教育家布鲁纳受结构主义思想的影响，认为教学过程与科学家的创造发明过程一样，教学过程是主体操作自己的认知模式过程，教学就是帮助学生提高对知识的掌握、转移和迁移的能力，使学生获得最好的发展。为此，他特别重视学生的直觉思维。布鲁纳重视教学过程的发现、探索性质，反映了学生的认识本性，也符合时代潮流。然而，即使是发现性认识，也不能等同于学生占有自己的全部本质，况且，发现的活动并不只是个体的活动，师生的共同发现与创造也是教学活动的重要内容。

（六）罗杰斯的情意主义的教学过程论

美国当代人本主义教学思想家罗杰斯受存在主义哲学、人本主义心理学的影响，对传统的教学进行了系统的批判，认为传统教学存在如下弊端：第一，教师的教授，学生只是接受知识的容器；第二，讲演、教科书及其他语言教学手段是传授知识的工具，但单调枯燥；第三，教师是权利的拥有者，学生只是服从；第四，权威人物规定的规则是教学不可改变的政策；第五，缺乏信任，教师对学生不信任；第六，学生一直处于恐惧状态；第七，民主及其价值受到忽视，在实践中遭到破坏；学生不能参与选择教学目标、课程和教学方法，这些都是别人为学生决定的；第八，教学中只有智力而无完整的人，学生的好奇心、兴趣被扼杀了。在此基础上，他把教学过程看成是人与人之间的情意活动过程，信任、真诚和移情的能力是教学过程中所涉及的主要情意因素。教师的主要职责是通过情意因素来促进学生自觉乐意地积极学习，同时给学生提供机会与条件。他说："教师的精力集中在创设一种积极向上的气氛和各种手段上。他也帮助学生去接触有意义的问题。他不进行讲述或讲解，不作评价和批评。"罗杰斯的情意教学过程思想，把师生关系抬到至高无上的地位，充分显示了情意因素所特有的价值，极大地影响了我国的教学理论的发展。

（七）巴班斯基的教学过程最优化理论

20世纪50年代，美国人认为科技的落后在于教育的不力，从而开始了战后大规模的教育改革，并逐渐形成了世界范围的教育改革浪潮。巴班斯基的教学过程最优化理论便是在这种背景下产生的。巴班斯基从系统论的观点出发，辩证地对教学过程的各个要素进行了综合分析和研究，在系统地考察了教学目的、教学任务、教学内容、教学组织形式、教学方法及教学原则等教学范畴的基础上，提出了教学最优化理论。

"最优的"这一术语,按巴班斯基的说法,是指"从一定标准来看是最好的"意思。而这里所指的标准主要有两个:一个是教学效果,即每个学生按照所提出的任务,于该时期内在教养、教育和发展三个方面,获得最高可能的水平;二是时间消耗,即学生和教师应遵守学校卫生学和相应指标所规定的课堂教学和家庭作业的时间定额。所谓最优化的教学,就是在教养、教育和学生发展方面保证达到当时条件下尽可能大的成效,而师生用于课堂教学和课外作业的时间又不超过学校卫生学所规定的标准。巴班斯基认为,所谓教学过程最优化是指在全面考虑教学规律、原则、现代教学形式和方法的基础上,组织对教学过程的控制,以保证过程发挥从一定标准看最有效的作用,教学过程最优化也可以具体理解为教师有目的地选择组织教学过程的最佳方案,这一方案能保证在规定时间内,使教学和教育任务的解决达到可能范围内的最佳效果。教学过程最优化理论不是一种固定不变的公式,而是指导教师合理组织教学过程的重要方法论原则。"最优的"是相对概念,是有条件的,并不等于"最理想的",条件不同,最优的标准也不同。

巴班斯基认为,教学过程是一个系统,是学校教育大系统的一部分。作为一种活动,教学过程包括教学目的、教学任务、教学内容、教学形式、教学方法、教学效果的评价六个基本成分。由此,他把教学过程划分为六个基本环节:①教师掌握教学目的和任务,并在研究学生特点和教学条件、教师可能性的基础上,使目的与任务具体化;②考虑学生特点,使教学内容具体化;③根据师生特点和教学条件,考虑教学形式和方法;④教师进行教学,学生开展学习活动,师生在统一过程中相互影响、相互作用;⑤检查学生对知识、技能、技巧的掌握情况,调整教学过程;⑥师生分析一定阶段的教学结果。

巴班斯基运用辩证的系统方法对教学论进行综合研究,开阔了教学论研究的视野。他的教学过程最优化理论抓住了教学论中的关键问题,即如何通过合理地组织教学过程,既得到教学的最大可能效果,又不造成师生负担过重;既给教师指明了一般的教学最优化程序和一套算法化措施,又没有忽视教师的创造性个性和才能在教学中的巨大作用。这些对我们的教育研究与实践都有很大的参考价值。

四、大学研究型教学过程的特点

大学研究型教学是以创新教育思想、素质教育思想、主体教育思想等为指南，以培养大学生的创新精神和创新能力为目的，融学习与研究为一体的教学体系。它注重教学过程中的研究性、自主性、发展性。在高校教学实践中，把教学过程单纯视为知识传授的过程或最好的情况下把教学过程视为知识传授加能力培养的过程，应该说是大有人在。大学研究型教学主张把教学过程视为一个：知识的建构+情感的体验+态度与价值观的形成、完善以及思想的升华+智慧能力的培养+健康个性形成的过程。在这个过程中，教师得以展示自己丰富、独特、完美的个性，并借此充分调动学生整个个性的内在力量来促进、深化、拓展教与学的过程。在这个过程中师生共同在教学生活中体验、创造、实现生命的价值和意义。

（一）大学研究型教学是师生互动与合作的过程

在大学研究型教学过程中，学生是学习活动的承担者，是学习的主体，认识的主体。学生作为认识活动的主体，能动地参与学习活动的全过程，把课堂获得的信息内化于自身的认知系统。同时，大学研究型教学也强调教师在教学过程中的主体作用的地位。在教师的有效引导下，学生能动地参与学习活动的全过程，师生关系由单向传授的关系转变为双向互动的关系。在这里教师和学生同时扮演着主体和客体的双重角色，在相互交流和沟通中实现着知识、信息、情感的分享和交换。教的重要指导原则是激励、引导学生尝试独立地、创造性地、主动地、合理而有效地探究学习，在这种教学过程中学生真正成为学习的主体。在研究性课题活动中，学生通过自主选题、自主研究，并以课题研究为纽带，开展同学之间、师生之间的合作与交流，从而达到获得知识和提高能力的目的，学生真正成为学习的主人。而且大学研究型教学强调教育者与被教育者之间的平等关系。在课堂教学中，学生感到宽松、融洽、愉快、坦然，没有任何形式的压抑和强制，他们能敞开思维的大门，主动地思考探究，敢说敢问敢做，这样才有利于学生的创新与超越。

（二）大学研究型教学过程是师生沟通与对话过程

教育就是对话，是上一代人与下一代人的对话，是教师与学生的对话，是历史与现实的对话，是人类的历史经验与学生个体的对话。对话是指教育者与受教育者在相互尊重、信任、平等的基础上，以语言等符号为文本而进行的双向交流、沟通与理解。大学研究型教学主张尊重学生的人格，注重培养和发展学生的个性，重视学生的兴趣爱好，师生之间通过平等、民主的对话达到敞亮自我、丰富自我的目的。

师生之间的对话意味着他们的生命个体都是一种自觉、自由的存在。这是一种开放的、自由探索的理性存在，一种具有对话的勇气、能力和水平的现实存在；师生之间的对话意味着师生认知方式或思维方式的改变。对话作为一种认知方式的根本属性是它的生产性、双向建构性、创造性，在师生的对话中，彼此实现了认知建构的不断改组与改造；师生之间的对话意味着师生关系的真正民主、平等，师生之间的对话是作为平等主体之间的坦诚相见，是师生双方相互关照相互包容、共同成长的关系。在这里，师生彼此尊重对方的观点、习俗、信仰和个性，即一种"我与你"的平等的社会关系。

（三）大学研究型教学过程是师生理解与生成的过程

理解和生成是师生的内部交往方式和师生与自我交往的方式。通过师生之间平等的对话、合作与交流，使师生在教学过程中达成相互的理解，实现精神上的融合与共振。

理解与体验是人类特有的认知方式和存在方式，是联结教育影响和个体精神世界的根本方式。理解是指人们通过感知、想象领悟等把握整个生活本身的意义的过程；体验是指人们在与外界交往过程中，由于入情入境而产生的直接感受。理解与体验能使师生都进入主体生成之域，丰富了人的本质。在教学过程中的理解主要包括以下几个方面的内容：师生对课程内容的理解；学生对教师的解释的理解、对教师表达方式的理解和教师对学生学习方式、学习水平的理解；师生对彼此关系的理解和自我理解。只有师生都全身心地投入才可能有丰富深刻的体验，也才有真正意义上的理解，最终达致意义的双向生成。所谓生成性，是指通过教育的价值引导与人的独立的、自觉的、能动的、创造性的活动，使教育的意义在个体身上体现出来，从而使个体的生命内涵丰富和人性更完美的特性。离开了生成，教学就仅仅是一种丢弃了真正生命的、工具化的、生硬的灌输，教学也就失去了本质的意义。

第二节 高校研究型教学的一般原则

教学的原则要对实践发生实质性影响，就必须通过原则来影响师生的观念并引导他们的行为。教学原则是有效进行教学工作必须遵守的基本要求，它指导着教师和学生共同活动。

一、几种代表性教学原则体系评述

（一）凯洛夫的教学原则体系

凯洛夫的教学原则体系是自夸美纽斯以来人类对教学原则的总结和概括。这些原则主要是针对教师提出来的，它的基本前提是学生是教师加工的对象，学生只是被动接受教师影响的容器。他提出了七条指导教师教育教学的原则，即：①在掌握知识过程中学生的自觉性和积极性原则；②教学的直观性原则；③教学中的理论与实际结合的原则；④教学的系统性和连贯性原则；⑤掌握知识的巩固性原则；⑥教学的可接受性原则；⑦教师对班级进行集体工作的条件下，对学生进行个别指导的原则。

（二）赞可夫的教学原则体系

赞可夫对传统教学论提出了全面的挑战。他认为旧的教学内容极其贫乏；旧的教学制度太缓慢，浪费时间；旧的教学体系忽视理论知识的作用；旧的教学方法太死板；旧的师生关系太紧张；旧的教学体系单纯追求分数。因此他在"以尽可能大的教学效果来促进学生的一般发展"的指导思想下，经过近20年的教学实验探索而提出了新的教学原则，其主要精神是要促进学生的智力的高速发展。他提出的五条教学原则是：①以高难度进行教学的原则；②以高速度进行教学的原则；③理论知识起主导作用的原则；④使学生理解学习过程的原则；⑤使全班学生包括"差生"都得到发展的原则。

（三）布鲁纳的教学原则体系

布鲁纳从他的结构教学观出发建构了其教学原则体系。主要包括：动机原则，布鲁纳认为："学习的最佳原则，常来源于所学习的内容本身发生强烈的兴趣。不宜过后重视奖励或评比竞赛之类的外在刺激。"这就是说，促进学生学习的真正动力是内在动机，在教学中应重视激发学生的内在动机，唤起学生的积极性，使理性和非理性、智力因素和非智力因素相结合，促成学生整体协调发展。教学应当根据探索活动的三方面，即激发、维持和指向，来形成和培养学生的内部动机，使学习和问题解决的活动积极主动地进行：①好奇心的激发。要求教师充分挖掘教材的内在魅力，设计一种形象生动的教学情景，点燃学生求知的欲火。②好奇心的维持。好奇心的维持的一个重要条件就是让学生在探索活动中有所发现，有所收获，体验成功。③好奇心的指向。好奇心必须要指向一定的目标。这取决于两个条件：一是学生对所要达到的目标的认识程度。学生认识越清楚、越深刻，就越容易指向它。二是学生达到目标所需要的知识水平是否比学生已有的知识水平高，也就是要考虑学生的"最近发展区"。如果需要解决的问题太难或太易，都不能起到指向的作用。

1. 结构原则

布鲁纳认为，教学应当把教授学科的基本结构放在核心地位。所谓结构，简单地说，就是事物之间的相互联系或者规律性。它们具有普遍而强有力的适应性。布鲁纳曾提出一个假设："任何学科的基础都可以用某种形式教给任何年龄的任何人。""不论我们选教什么学科，务必使学生理解该学科的基本结构。"在这里，学科的基本结构是指学科的基本概念和基本原理之间的内在联系，即传授的学科知识应结构化，并为学生所理解。

2. 序列原则

布鲁纳认为，教材的序列直接影响着学生掌握知识的熟悉程度。序列是指学生在某一知识领域所遇到的材料的程度，它直接影响着学生熟练掌握这一知识体系。对学生来说，独一无二的序列是没有的。在任何特定条件下，最理想的序列是随着多种因素而定的。这些因素包括：学生的学习能力、学生处理信息的局限性和学生探索活动的特点。因此，在组织教材和进行教学时，教师要根据学生过去的学习水平、发展阶段、材料的性质和学生的个别差异来确定最理想的序列。教师要了解学生以往的学习情况、认知发展水平、学生之间的个性差异等，并以经济原则来安排教学程序，以便让学生构成整体性和层次性的知识结构，而且教学还要根据学生探索活动的特点来编制教学程序，以便将学习的材料适用于学生学习。

3. 反馈原则

布鲁纳认为，反馈原则是教学过程中必不可少的一种积极评价，通过提供有关的教学信息，了解教学效果，发现问题，进行矫正和改进。

二、大学研究型教学应遵循的原则

以往的教学理论对教学原则的探讨侧重于基础教育领域，关于大学教学原则创新性的研究不多。如在有的高等教育学的教材中提出的大学教学原则有：科学性与思想性相结合原则；理论联系实际原则；教师的主导作用与学生的主动性相结合的原则；统一要求与因材施教相结合原则；知识传授与能力培养相统一原则；教学与科研相结合原则。基本上是普通教育学中教学原则的复制，只增加了一条教学与科研相结合的原则。张楚廷教授在《大学教学学》一书中提出了较有新意的六条教学原则：以专业知识为主体，人文、科学、社会三大类知识合理构成的原则；以一定的材料为基础，以讲思路、讲见解为主的原则；在教学过程中逐步提高学生参与程度的原则；教师在教学的同时进行科学研究，并让学生结合研究进行学习的原则；在实行教学平等、教学民主中，引导学生增强自由选择能力的原则；在各个教学环节上，促成学生诸心理因素协调健康发展的原则。笔者理解为，这里第一、第二、第三条原则实际上是强调从大学生的知识建构，学法掌握和主动参与学习的意识及在教学中的主体地位为大学生的发展打下良好的基础，同时，这些原则的实施能促使学生具备知识经验、学习方法和主动积极学习的精神，又为他们进一步参与科学的研究作准备，即为第四条原则的实施提供了前提和基础。这些原则应该说比较能反映大学教学的特点和要求。作为大学研究型教学要遵循的原则主要有：

（一）主体性原则

大学研究型教学首先要充分发挥学生的主体作用。即在教师的指导下，让学生自主地探索研究知识的发生过程，在探索研究、解决问题、得到新知的过程中，使其主动性、创造性得到充分发挥，主体性得到充分发展。在这里教师和学生互为教学过程中的主体，即"双主体"。作为主体的教师的客体不仅包括学生、教学内容、教学手段、教学方法、教学环境，而且包括自身。相应地，教师的主体作用就表现为对学生的认识、启发、引导，对教学的精心组织，对教学方法与手段的选择与恰当使用，对教学情景精心设计，以及对自身的认识与改造，特别是知识的扩充与更新，教学观念的转变等。

作为主体的学生的客体包括教学内容、教学方法、教师、同学、自身以及相应的对这些客体的选择、认识与改造。教师的主体地位与学生的主体地位在教学过程中不是对立的而是统一的。特别是实施研究型教学，不仅不会减弱教师和学生的主体地位和作用，相反对此提出了更高的要求，教师越能充分有效地发挥其主体作用，学生也越能成为学习的主体，而学生真正能成为教学活动的主体对于教学质量的提高，对于师生同步获得价值提升和发展具有极为重要的意义。

（二）个性化原则

没有个性发展就没有全面的发展，没有个性就没有创新。人的创新性是由人的独立性发展而来的，有了独特的兴趣、独立的思考和独立的人格才能有与众不同的创造。从教学的角度看，个性教育本质上是差异教育。教师要改变"一刀切"的做法，不能因其某方面、某时期的差异而泯灭扼杀学生潜在独特的成才因素。

个性化原则要求教师把自己的角色定位在引导者上，因材施教，尊重学生的差异性和多样性，激发学生的主动性和创造性，与学生建立起平等、民主的关系。教育的个性化并不是知识经济时代的新命题，无论是古代先哲"因材施教"的遗训，还是一些有识之士发出的"教育的出发点是人"的呐喊，都体现出了对受教育者的深厚的人文关怀。但是在知识经济时代，教育的个性化则显示出更强大的生命力和更新的意义。大学研究型教学，应尽力适合每个学生的身心特点，适合每个学生的认知风格和学习方式，弘扬个性、促进发展，即强化学生的独立人格和自主活动，尊重并发展每个学生的兴趣特长，给他们提供展示和发展个性才能的机会和条件，培养他们独特的人格和创新精神。

（三）开放性原则

大学研究型教学的开放性是指要通过教学主体的自主活动，使某一教学主体与其他教学主体和教学环境全面建立信息、情感、思想、人格等方面的交往，以保持教学的活力和培养学生自主活动的能力。现代大学教学实践是一个开放的、多结构的、多功能的、整体的大教学活动系统，其本质和自身活动的目的就是培养整体的、全面发展的、有个性的高素质人才。因此，大学研究型教学要求突破课堂教学的封闭状态，开放教学空间，开放活动方式，开放教学内容和思维空间等。这就要求加强教学与社会在课堂教学中要有开放的观念和视野，同时也要走出教室，深入社会生活实际，开展调查研究或进行社会服务活动，并通过这个过程从中发现社会的热点、疑点，进而展开讨论和研究，为课堂教学注入新的活力。学生可以通过这些活动，了解社会发展对自身素质的要求，发现自身知识和能力素质的差距，更好地调整自己、完善自己；教师要引导学生学会动用多种感觉器官协同活动，获得丰富、全面的认知经验和体验；要允许学生有充分自由表达自己的观点、见解，提倡多向思维、可逆思维、直觉思维、创造性思维。

（四）创新性原则

创新性原则要求教师在教学思想、教学内容、教学方法、教学形式等多方面的创新，同时要以培养学生的创新精神和创新能力为教学的主要目的。知识创新是指人们通过实践，提出新的概念，做出新的判断和推理，解决是什么、为什么、怎么做等一系列问题，而大学研究型教学的过程就是一个引导学生知识创新的过程。

在教学中，教师首先要对现行的课程内容构成和体系进行改造和创新，强化问题意识，设计与课程内容相关的问题情境，引导学生即席思考并用所学知识进行创造性的解说。其次，就教学活动设计而言，要围绕创新型人格特征，选择、组织好进行创新能力训练的内容载体，确定好培养创新能力的基本要素（如意识的、精神的、技法能力的或创新品质的），选择好行之有效的方式方法。这里所说的创新性人格特征包括气质、情感、观点、能力等各方面，如独立性、独创性、深刻性、坚定性等。再次，就教学过程展开而言，基点是学生的学习活动，最大限度地为学生创设最佳的学习情境。

第三节 高校研究型教学的基本策略

教学质量是衡量高校人才培养质量的一个重要指标。在大学连续扩招的高等教育背景下，我国部分高校的教学质量存在下滑趋势。加强研究型教学有利于提高教学质量，有利于因材施教培养学生的综合能力和创新能力，同时也是顺应国际教育改革形势和国内教育进步的时代要求。通过树立研究型教学理念，完善职称评定体系和教学效果评价体系，加强教学与研究的结合，研究型教学可以摆脱传统教学模式的束缚，正确处理科研与教学的关系，使得相关评价体系更加完善。

一、主体自控——创建教学情境的主导策略

主体自控是指教学活动的教师主体和学生主体对自身教和学的行为能积极主动地计划、调节和控制。学生主体的参与是教学目标能否达成的关键，而学生是否积极参与到教学中，真正成为学习的主体，必须以教师主体作用的发挥为前提，教师主体作用表现得越充分，就越有利于学生的发展。但学生的发展不是通过教师的教就可以完成的，教师的教对于学生的学来说，只是一个外部条件，不是唯一条件，必须由学生主动地认知、同化和重构。因此，教学的重点应放在尊重和唤醒学生的主体意识、倡导和发挥学生的主动性和创造性上。

（一）创设良好情境

教师创造一个民主、平等、友善与合作的环境，是培养学生健康、丰富个性的首要条件。我们知道教学过程既需要教师对学生的宽容和理解，同时也需要学生

的敞开和接纳，而这些都取决于师生之间有心灵的对话和情感的沟通。这就要求教师善于创设一种师生之间相互热爱、信任理解、尊重的良好氛围，充分发扬教学民主，让学生在积极、愉快、活泼、和谐、民主的心理氛围里学习和发展，使教学过程不仅是一个获得真知的场所，更是一个令师生身心愉悦的浓郁的情感场。

（二）多向互动交流

大学研究型教学主张师生之间全通道式的多向交往。现代社会人与人之间的交往、社会之间的联系更加紧密，协作、交流及联合的团队意识和精神就成为取得事业成功的必要条件。因此教师要改变那种"独白式"的教学方式为"对话式"的教学方式，构建一种平等与公正的心理氛围，使学生真正学会交往、学会共事、学会合作，与他人、与社会融为一体，并在这个过程中获得生命的意义体验并形成自己的个性。

二、"授人以渔"——设计教学方法的主导策略

"授人以渔"，即教会学生掌握学习的方法和技巧。现代认知心理学认为，知识不仅是事实、概念的系统描述，更包括知识获得的方法。再者，信息社会的发展，使人们获取知识的途径大大简化。因此，受教育者最重要的能力不是获取储备知识、记忆知识的能力，而是学会如何运用信息和创造信息的能力。因此教学的目的不只是把事实、系统的概念传授给学生，而是更强调它们的手段意义，即把事实、概念、规则的教学作为认识事物的本质、训练思维能力、掌握学习方法的手段。在教学中，教师应善于展现知识形成的过程，引导学生参与发现、探索、研究过程，让学生学会学习、学会思考、学会运用信息和创造信息，并在这个过程中深刻地体会和感悟学习和探索的愉悦和奇妙。

（一）"元认知"策略

元认知是指个体对自己的认知过程和结果的认知。元认知策略是调节和控制认知行为的方法与规则。它包括：计划策略，如设置学习目标、浏览阅读材料、提出有关的问题以及分析如何完成学习任务等；监控策略，包括阅读时对自己的注意状态和理解方法进行追踪、对学习材料进行自我提问、考试时监视自己的速度和时间等；调节策略，能帮助学生矫正他们的学习行为，使他们补救理解上的不足。教师应教会学生根据自身特点以及学习的任务与要求等，灵活制定相应的学习计划，采取有效的学习策略，并对学习活动本身进行积极地反馈和调节，及时地修正学习

策略和改善学习过程。

（二）"先行组织者"策略

所谓"先行组织者"是指先于学习任务本身呈现的一种引导性材料，它的抽象、概括和综合水平高于学习任务，并且与认知结构中原有的观念和新的学习任务相关联。提供先行组织者的目的是为新的学习任务提供观念上的固着点，增加新旧知识之间的可辨别性，以促进学习的迁移。现代心理学已为我们揭示出学生是以其已有的认知结构与外界因素作双向建构的，也就是说，人总是在他所了解的东西的基础上去理解和分析新的知识。学生认知水平的现状决定了他的心理建构水平、实际行动的意识能力，教师的教学唯有建立在学生现有发展水平之上，才可能是有效的。

（三）"优化组合"策略

教师要针对教学对象、教学内容等方面的差异性，创造性地组合各种教学方法，即所谓"教学有法而无定法"教学方法的运用，首先要符合学生学习的特点，教师应研究学生的学习风格与自己的教学策略之间的关系，根据他们不同的个性特点，采用不同的教学策略。其次要考虑教学内容的性质。不同性质的材料，其教学策略应该不同，教师应充分发掘教材内容的创造性成分，多采用启发掌握式、引导探究式、自主探究式、操作活动式等教学方法。第三，要配合教学的程序，在不同的教学环节灵活采用不同的方法，如创造性的导入、演练、激疑、设问、解释等，使整个教学过程成为师生之间积极参与、相互促进、和谐共振的最优化过程。

三、可迁移性——选择教学内容的主导策略

迁移指一种学习中习得的经验对其他学习的影响。它的作用在于使习得的经验得以概括化、系统化，形成一种稳定的整合的心理结构，从而更好地调节人的行为，并能动地作用于客观世界。因为学生学习的目的不是把知识经验储存于大脑中，而是最终要将所获得的知识经验应用于实际的各种不同的情境中去，以解决现实世界的各种问题，而学生必须具备广泛的迁移能力才能使这一切成为可能。

（一）合理确定教学目标，精选教学内容

教师应针对学生已有的认知水平建立合理的发展目标，并在此基础上精选具有广泛迁移价值的、能创造知识的材料，即学科的基本概念、原理、法则、方法、态度，使它们之间的关系结构化、一体化、网络化，既要防止相互割裂、支离破

碎，又要防止互相干扰或机械重复，而且各要素之间上下左右、纵横交叉的联系要沟通。这些有结构的知识一旦被学生所接受，便转化为学生认知结构的组成成分，就可以继续发挥同化作用，不断丰富学生的认知结构。

（二）适应学生发展特点，确定教材难度

大学研究型教学主张，教学应着眼于学生的发展，并走在学生发展的前面。教师在确定教学内容时，应指向学生的"最近发展区"。因此教师应在了解学生身心发展水平的基础上安排教学内容，即使教学本身具有新异性，又跨度适当，同时其难度不能过高或过低，应处于"跳一跳，摘到桃"的水平，以激发学生的好奇心和胜任感。

（三）及时更新教材内容，扩充知识广度

当代课程改革中已充分表现出课程的综合化和与生活的密切联系。教师应不断吸收新的知识信息，广识博闻，择善而施。教师只有自身知识广博，深入研究本学科的理论知识和前沿发展动态，把握本学科与相关学科的关系，了解科学技术发展的特点和趋势，才可能为学生提供广阔的视野。

四、灵活开放——组织教学形式的主导策略

大学研究型教学不是狭隘的、封闭的、孤立的活动，不应局限于课堂上，束缚在教师设置的范围和教材教参的规范中。教学的组织形式应是开放的、多样的。教师应提供条件，让学生能突破课堂教学的局限，根据自己的特点，广泛阅读课外资料，参加专题研究小组活动，广泛联系社会生活实际，吸纳多方面的信息，扩充自己的知识视野。

（一）密切联系社会生活实际

随着终身教育的发展，学习社会化、社会学习化成为未来社会发展和教育发展的共同趋势，教育必然在开放的环境中，与社会生活密切联系，教师要鼓励学生积极参加社会实践活动，这不仅是学习知识的重要途径，更是培养创新精神和创新能力的必要条件。

（二）加强教学的实践环节

教师要指导学生观察、实验，培养学生实际操作能力、发现问题与解决问题的能力，使学习与生活、学习与研究、学与做相结合，最终达到培养创新能力的目的。

五、多元化——评价教学效果的主导策略

教学评价是判断教学目标达成的有效手段。教育领域的教学评价活动不同于物质生产领域的产品评价活动，它的目的不是淘汰次品，而是改善教学过程，提高教学质量。因此，教学评价不仅是一个理性过程，更是一个鼓励学生积极地发现问题、纠正失误的理性——情感过程。有人具有前瞻性地指出："（教学评价）最终必须从它对学生的个性形成是否有益的观点出发作出判断，这中间一个很重要的思想就是不仅仅以一种评价功能、原则来衡量一切，而是要并用各种评价功能、原则，使学生从多方面来把握自己的现状，健全自己的个性"。因此，大学研究型教学评价的标准应是多元化的，它要求：

1. 体现对学生的人文关怀

现代教育的最高理想就是培育和谐发展的人，教学评价应着眼于对人自身的关注，注重学生人格的和谐发展，以人为重，以人为尊，充满对学生的人文关怀。

2. 立足于学生的全面发展

现代教育是终身的、全面的教育，教学评价应着眼于每一个人的一切方面的发展。人的发展应是全方位的，教学评价要充分顾及教学活动中各个要素以及人的发展的各个方面的相辅相成性，使其得以形成最佳的合力，获得最佳的效能。

3. 理性与感性的成分并重

在现代信息社会，知识信息的总量剧增，而且获得知识的途径也变得简捷和快速，因此教学评价要关注的应是如何使学生和谐发展，进而具有创新能力。此外，现代信息技术已能把大量的知识经验转化为视听信息，符号已不再是知识信息的唯一表现形式，教学评价要在重视理性标准的同时增加感性的成分，使各种感官所获得的信息能被内化为综合的精神力量，从而使理性认识与感官体验获得和谐统一。

六、及时性——反馈教学效果的主导策略

教学过程中的反馈主要指教师对于学生的学习结果的反映、评价、质疑和建议等。学生掌握知识的情况，必须通过及时反馈，再采取一定的手段予以矫正，才能达到预期的效果。研究表明，高成效的教师往往比低效率的教师给学生多四倍的反馈机会，以提高和巩固教学效果。及时有效的反馈，要求教师善于提出问题，巧设难局，启发思维，使学生经常面临反馈的情景，培养和提高学生的自我反馈矫正

能力和较强的自我评价意识。教师应明了反馈是全程性的，反馈矫正应贯穿教学过程的始终，用信息论的术语来说，应包括：起步反馈、同步反馈、连步反馈、止步反馈等反馈形式。

　　总之，大学研究型教学的策略不是一些模式化、刻板化的措施或方法，它要求教师根据一定的教学目的、教学对象、教学手段、教学方法、教学内容灵活机智地控制和实施教学活动。在选择具体教学策略时，思想意识上应有一些主导性的策略，这样才能使整个教学过程始终围绕在培养创造性、研究性人才这一总目标上。

第七章

高校研究型教学课程设计探究

课程内容是指各门学科中特定的事实、观点、原理和问题，以及处理它们的方式，即"教什么"。课程内容的选择首先要考虑课程目标，课程目标一旦有了明确的表述，就在一定程度上为课程内容的选择和组织提供了一个基本方向。课程内容的选择也要考虑其科学性和有效性，它们对学生和社会的实际意义，它们能否被接受，以及它们与总体的培养目标是否一致。

第一节 课程与课程理论流派评析

要探究研究型教学的课程设计，首先得对课程有一定的了解，本节对课程的含义与课程理论流派进行评析。

一、课程的含义

"课程"的概念是课程设计的基础。在教育实践中，人们常在不同范围内使用"课程"一词。"课程"一词源于拉丁文，原意指"跑道""进程"或"人生的历程"，后转为教育术语，意思是指学习者在一定目的和计划指导下的学习"进程"与"路径"。中文"课程"一词的含义为：课，计也；程，式也；合之即"定式授意"之意。

对课程广义的理解是为了实现各级学校培养目标而规定的所有教学科目及其目的、内容、范围和进程的总和。当代西方教育著作甚至称课程为学习者在学校指导下获得的全部经验。狭义的理解是学校日常工作中把列入日课表的各项教学活动称为课程。在高校，有时也把课程理解为集合概念，指称某一方面的科目。最狭义的理解是认为"课程即教学科目"，我国古代的"六艺"和西方的"七艺"实际上都是把课程等同于所教的科目。这种理解的实质，是强调学校向学生传授学科的知识体系，是一种典型的"教程"，它注重的是教学的范围和进程，往往容易忽视学生的心智发展、情感陶冶、个性培养及师生互动等因素。大学研究型教学对课程的理解是由大学研究型教学的课程的目标所确定。课程目标是教育理念的具体体现，是开展教育活动的出发点与归宿，是设计具体课程计划的依据。

二、几种课程理论流派评述

（一）赫尔巴特主义课程理论

赫尔巴特主义课程理论是一种历史最悠久、影响最广泛的课程理论，常被称之为"传统课程理论"。主要观点包括：①教育的必要目的是培养道德人，教育的选择目的是培养儿童多方面的兴趣和促进一切方面能力的和谐发展。②教育的最高目标是培养儿童的德行，较近的目标是培养儿童多方面的兴趣，包括经验的、思辨的、审美的、同情的、社会的和宗教的六种兴趣。③建构规范的学科课程，追求古典人文学科与现代学科相结合。④提出并实践科目主题中心整合法。

一般认为，赫尔巴特根据他的"多方面兴趣"的理论，建立了一个"庞杂的课程体系"，这是后来世界各国设置繁杂课程的"祸根"。这种推断完全抹杀了赫尔巴特的"多方面兴趣"的理论的实际意义和价值。

赫尔巴特认为"多方面兴趣"是人的意识的内在动力，从而他正确地阐明了多方面兴趣是传授新知识、形成新观念的条件。赫尔巴特说："教学的最高目的、最后的目的包含在这一概念之中——德行。但是特别放在教学面前的较近的目的，可以表达为——多方面的兴趣，较近的目的是为了达到最后的目的。""多方面兴趣""肯定离德行还远"，但是如果不培养"多方面的兴趣"，德行就不可能得到进一步的培养。这不仅是因为多方面兴趣直接影响着品德的培养，而且因为多方面兴趣本身反映了一个人的知识范围和能力。赫尔巴特在《普通教育学》中又称"多方面兴趣"为"多方面匀称的兴趣""一切能力的和谐发展"。可见，赫尔巴特把兴趣和能力看作同一个东西。所谓能力的和谐发展，就是兴趣的多方面性。培养学生具有多方面兴趣，使学生的能力得到和谐发展，就是兴趣的多方面性，乃是教师在教学中应当担当的责任。赫尔巴特认为"多方面兴趣"是充分的知识训练的结果，唯有在"范围广泛的、联系得很好的系统知识"的基础上才产生多方面兴趣，赫尔巴特最终还是把兴趣归结为知识，把传授知识和培养兴趣看作是紧密联系的同一个过程。这给教学工作带来的价值是显而易见的。一个教师如果能把两者结合起来，为了培养学生的多方面的兴趣，十分重视给学生传授新知识；在给学生传授新知识的同时，又善于激发和培养学生的多方面兴趣，那么，他的教学就会成绩卓著。

为了使教学能够对学生进行充分的知识训练，达到培养学生多方面兴趣的目的，赫尔巴特认为必须设立范围广泛的课程。他根据自己对兴趣所做的分类，相应地把课程也分为社会的和自然的两类，其中包括非常广泛而又相互联系的许多学科，从而被指责为"庞杂"的课程体系。

（二）学科结构课程理论

学科结构课程理论认为，课程是知识。其基本思想是，知识是课程中不可或缺的要素，强调要把人类文化遗产中最具学术性的知识作为课程内容，并且特别重视知识体系本身的逻辑程序和结构，因而通常把学术性作为课程的基本形式，主张学校开设的每门课程应该从相应的学科中精心选择，而且应该按照学习者的认识水平加以编排。学科结构由三种结构组成：①组织结构，即指说明一门学科不同于其他学科的基本方式，同时也表明了这门学科探究的界限；②实质结构，即指探究过程中要回答的各种问题，也就是指基本概念、原理和理论；③句法结构，即指各门学科中收集数据、检验命题和对研究结果做出概括的方式。

布鲁纳认为，传授学科结构有四点好处：①掌握结构，有助于解释许多特殊现象，使学科更容易理解；②有助于更好地记忆科学知识；③有助于促进知识技能的迁移，达到举一反三、触类旁通的目的；④有助于缩小高级知识与初级知识之间的差距。

施瓦布是这场课程改革运动中学科中心说的主要支持者之一。施瓦布认为，学科结构对教育具有双重意义。第一，教育工作者在设计课程和准备教材时就必须考虑学科结构，否则课程计划可能被错误地实施，教材可能被误教；第二，一定要把学科结构深入到课程的各个方面，使其成为课程内容的实质，否则就会把学生引入歧路。

施瓦布对教学材料和实验手册的编写提供了三种建议。第一，实验手册或教学材料只提出问题和描述研究问题的方法而不告诉学生实验的结果，这样能够让学生发现他们事先不知道的关系。第二，教学材料可以提出问题，但是研究方法和结论可以是开放的，让学生们根据自己的实验作出判断。第三，最为开放的设计是学生实验可以不限于教材或实验手册中指定的问题,而是自己提出要研究的问题,收集证据,根据他们自己的实验提出科学的解释。

当课程被认为是知识并付诸实践时,其一般特点有:①课程体系按照科学的逻辑进行组织;②课程是社会选择和社会意志的表现;③课程是既定的、先验的、静态的;④课程是外在于学习者的,而且是凌驾于学习者之上的学习者服从课程,在课程面前是接受者的角色。

(三)学生中心课程理论

这种观点认为,应该以学生的兴趣、爱好、动机、需要、能力和态度等为基础来编制课程,认为课程的核心内容不是学科内容,也不是社会问题,而是学生的发展;课程内容不是既定不变的,而是随着教学过程中学生的变化而变化的。将课程看作知识,容易导致"重物轻人"的倾向,即强调课程本身的严密、完整、系统和权威性,却忽视了学习者的实际学习体验和学习过程,而实际上,只有那些真正为学生经历、理解和接受了的东西,才称得上是课程。这种观点认为,课程就是学习者本身获得的某种性质或形态的经验。

这种课程理论起源于18世纪的欧洲,在20世纪二三十年代经美国实用主义教育家杜威的发展而形成。杜威对传统教育不顾学生的特点把外部事物强加给他们极为不满,因而提出课程与教学必须考虑到学生的思维方式、兴趣和需要。杜威创设的芝加哥实验学校的一个重要任务,就是设计一套新的课程和教材以及相应的教学方法,并进行实验。杜威认为,习俗和惯例使我们大多数人看不到传统课程在智育方面的极度贫乏和缺乏组织。这种课程充斥着呆板和枯燥的东西,它远离儿童的经验,而又缺乏真正感人的知识内容和吸引力。杜威主张,恰当的教材,必须不仅仅作为知识的项目来吸收,而且必须作为儿童当前和目的的有机部分来看待,即教材的基本源泉是儿童的直接经验而不是构成知识内容的东西。根据这些原则,在杜威实验学校里,课程是以各种不同形式的主动作业为核心。杜威非常强调这种主动作业在课程中的重要性,它们给儿童提供真正的动机和直接的经验,并使他们接触现实,通过它们,学校的整个精神得到新生。他所主张的学校与生活的联系,使儿童能够通过直接经验进行学习,以及学校成为"雏形的社会"等等,主要就是通过这种主动作业来实现的。

杜威看到他所主张的教材必须来源于儿童的直接经验与构成科目的各种形式的教材之间存在鸿沟,于是力图把两者协调起来。芝加哥实验学校的一个方针,就是要在儿童当前的直接经验中发现一些东西，它们是可以作为以后发展成为专门的有组织的知识的基础。但是他不得不承认，要解决这个问题是非常困难的，我们并没有解决好；这个问题到现在还没有解决，而且永远不可能彻底解决。正是由于这个原因，杜威在其晚期的著作中，非常强调应该认识到教材的选择和组织的重要性。他指出，当教育在理论上和实践上都从经验出发时，成人和专家的有组织的教材当然作为一个起点。

20世纪70年代后流行的人本主义课程理论极为推崇学生中心课程，但它的重点不是放在学生的认知上，而是放在学生的情感上。美国学者罗杰斯认为，教育的目的在于使学生从中获得意义；意义不是内在于教材之中的，而是个人赋予教材以意义的；课程的职能是要为每一个学生提供有助于个人自由发展的、有内在奖励的经验。这种理论把学生的自我实现视为一种基本需要。因此，课程的核心是情感与认知和学生行动的整合。这就必须让学生本身成为课程的一部分，即课程内容要与学生所关心的事情联系起来，并让学生参与课程设计、实施和评价，而不是把学生作为课程传递的对象。其基本思想是：课程是人的各种自主性活动的总和，学习者通过与活动对象的相互作用而实现自身各方面的发展。其主要特点有：强调学习者是课程的主体，以及学习者作为课程主体的能动性和重要性；强调以学习者的兴趣、需要、能力、经验为中介来实施课程；强调活动的完整性，突出课程的综合性和整体性，反对过于详细的分科教学；强调活动是人心理发生发展的基础，重视学习活动的水平、结构方式，特别是学习者与课程各因素之间的关系。

当课程被认为是经验时，其一般特点是：①课程往往是从学习者的角度出发设计的；②课程是与学习者的个人经验联系的、相结合的；③强调学习者作为学习的主体；④课程是活动。

第二节　高校研究型教学课程设计分析

课程内容是连接教育主体与教育客体之间的纽带，是满足创新教育价值观和培养目标的知识、技能和行为。大学研究型教学课程内容的设计应遵循适需、创新与多元等基本原则。一方面要考虑社会本位的价值观，另一方面更要考虑个人本位的价值观。现代教育越来越关注人自身发展的需要，注重个人品质的形成和个人潜能的开发。因此，大学研究型教学内容的设计与选择要突出以人为中心，以人的发展为中心，强调课程内容的综合性、过程性、生成性、研究性等特点，促进学生创新性人格的培养与创新潜能的开发。

一、大学研究型教学课程目标

大学研究型教学课程目标应当具有鲜明的时代特征，适应当今时代变革与发展对教育的新要求，它不仅应该有知识技能教育目标，也应该有创新能力发展目标和情感发展目标。

（一）知识技能教育目标

要求学生既掌握各学科教学理论知识，又了解学科发展的前沿动态；既学会学科理论知识，又具备较强的研究和操作能力。大学研究型教学应该而且能够更好地完成教学大纲规定的知识教学任务。

（二）创新能力发展目标

既要强调对知识技能的理解、应用、探究和创新，更要强调学生通过自主探究，逐步实现对知识的重构及其延扩。教会学生学习方法，提高学生的创新能力，增强学生适应未来的能力；激发学生创新意识，培养学生的科学精神和创新思维习惯，使学生早日进入专业领域，受到科研训练；培养学生的科学研究能力，让学生学会收集利用信息，获取新知识的方法与技能，掌握自学和独立分析解决问题的能力。

（三）情感发展目标

培养学生从事科学研究与探索的热情；养成科学的态度；学会与他人合作共事。密切师生之间、生生之间的交流与合作，培养学生团结、协作和社会活动和交往的能力。

总之，通过实施大学生研究型教学计划，教会学生学习的方法，提高学生的创新能力，增强学生适应未来的能力，全面提高人才培养质量和学生的素质；激发学生独立思考和创新的意识，培养学生的科学精神和创新思维习惯，使学生早日进入专业领域，受到科研训练；让学生学会收集利用信息，获取新知识的方法与技能，掌握自学和独立分析解决问题的能力；使学生具有良好的语言表达能力，以及团结协作和社会活动的能力；密切师生之间的交流与合作，师生之间形成相互学习、相互切磋、相互启发、相互激励、共同提高的"师徒"及"伙伴"关系，达到教学相长、因材施教的目的。

二、大学研究型教学课程开发与设计要求

（一）注重课程内容选择的迁移性、生长性和应用性

要突破原有以单科性、学术性为主的课程框架，开发具有综合性、社会性、实践性特点的新型课程。在每个主题的课堂教学中，重点抓住学科的核心和基础知识点，在学科基本理论和观点的基础上进行创新和提炼，选择那些最具有迁移价值的学科基本原理进行阐述。讲授内容少而精，留有足够的学习时间和思维空间给学生自学研究，对重点、难点讲深讲透，引导学生多角度、深层次地理解基本原理，而对事实性知识点，则少讲或不讲；讲授内容宽而新，以学科的发展为大背景，增加有效教学信息量，了解课程基本原理在大学科中的定位，以及与学科最新发展的联系，强调理论知识与实际应用的结合。

（二）强调课程体系设计的基础性、前瞻性与综合性

在组织和设计课程内容的过程中，教师应重点把握几个基本原则，即理论教学与实际运用相结合的原则，学科基础理论与前沿动态相结合的原则，课程内容精简与知识背景广博相结合的原则。为了反映学科发展的趋势和动态，教师应使课程内容既有基础性，又有前瞻性，在教学过程中，尽可能做到经典教材与研读科研论文相结合，在强调基本理论知识的基础上，增加反映学科发展的前沿内容。与此同时，教师应以科研为先导，把科研引入教学过程，用科研成果指导教学和丰富教学内容，保持教学内容始终具有新颖性和先进性，及时反映学科理论研究的前沿动态和发展趋势，使学生处于学科发展前沿。要适应新的变化和发展，教材内容应该突出"新"字，以拉近学生与现代科学发展的距离，使他们毕业后能很快适应不断发展和变化的形势，体现适应能力。此外，加强学科之间的渗透，注重知识之间的横向联系，使学生学会综合地、全面地分析和解决问题的方法。

（三）研究性课程开发进程中，教师应转变原有课堂教学观、学生观，寻找培育学生创新精神和研究能力的最佳契合点，在学科教学中推进创新教育、素质教育

研究性课程设计，无论以概念、科学、过程为线索，还是以问题、类型、项目等为线索，其构建的知识技能体系必须考虑人类文明、环境资源、科学技术、人格品质、教育创新等诸方面的因素，应当依托科技创新以及教育创新取得的最新成果，用先进的创新文化武装学生。教学不应局限于知识的传承，还要涵盖人们尚未

意识到的有关创新的能力及价值观念，要实现科学教育与人文教育的融合。

三、大学研究性课题设计

（一）开展大学研究性课题活动的意义

大学研究型教学不仅要求课堂教学具有研究性，同时强调教学、研究与实践的紧密联系。它不是一门课程，它应体现在各科教学中，它也不仅仅是某个课题的研究活动，它是课内研究型教学与课外研究性课题研究、教师研究性地教与学生研究性地学的有机整合与互动。

大学生参与科学研究是有效提高学生能力、素质和水平的一个重要的实践教学环节。大学生参与科学研究可以有两种方式：一种是学生参加教师科研项目的研究工作，在教师的指导下担任其中部分研究工作；另一种是由学生自己根据社会实际需要提出结合社会实际的研究课题和项目研究方案，在教师指导下开展研究工作。大学研究型教学一个突出的特点就是强调课堂理论教学的研究性与课外课题活动相结合。

（二）大学研究性课题活动的一般步骤

针对学生不同的专业方向和个性特长，教师既可以设计与课程内容相关的研究性课题，也可以鼓励学生从社会现实及自己的社会实践活动中自主发现研究课题，建立学生研究型教学课题研究题库。一般的步骤是：①选题。学会活动：自主选题，形成课题小组。教师作用：设计相关课题。②研究。学会活动：调查研究或阅读收集资料，形成课题研究方案和思路。教师作用：提供阅读参考文献书目，指导研究方法。③总结。学会活动：完成研究报告或撰写研究论文。教师作用：评定学生研究成果。④交流。学会活动：交流研究的体会。教师作用：评价学生研究活动过程。

1. 成立组织机构

成立"研究型教学指导小组"，指导小组由系领导和聘请的有一定学术声望、治学严谨、教学和科研工作经验较丰富、对学生的培养工作一贯热心和认真的教师组成，全面规划、审核"研究型学习课题"，将系内的教学与科研工作更好地结合起来，使科研课题能及时地转化为"研究型学习课题"。在课题的设计中，教师主要把握好课题的深度、广度和时间等要素，使学生既能按时完成研究任务，又能得到有一定深度、相对完整的科研训练。学生可以根据自己的兴趣、爱好和特长自主择题，既可选择教师提供的课题，也可选择与自己的学习、专业相关的其他课题。

2. 制定《研究型学习课题指南》

学生根据自己的专业特点和兴趣、特长，自主选题或形成课题小组，同时教师结合其教学科研专长并针对学生的选题，制订《研究型学习课题指南》。该指南中包括"研究型学习课题"的名称、指导教师简介、课题内容、涉及的主要学科知识、主要的工作环节、导师组成员、学生课题组成员等。

3. 组织学生进行课题研究

教师引导研究型学习课题小组开展图书资料的收集、研读、讨论、总结、再收集、再讨论、再总结等教学研讨活动，不断丰富学生的专业知识，不断提高学生的创新能力和自学能力。

4. 总结、交流

对于学生最后形成的研究结果进行总结并组织学生对研究的主体内容、研究的过程体验、研究中还存在的问题及自我的反思等方面进行交流。对于学生的研究结果，经导师认定优秀的研究报告可作为学科成绩（如果是考试科目可视作平时成绩），并可作为毕业论文的主体部分，若研究成果是论文方式，可推荐到公开刊物发表。

开展课外研究性课题活动，学生的知识视野不再囿于课堂教学的范围，他们能直接进入专业科研领域，接触和关注本学科领域最新的研究动态，了解学科发展前沿，初步了解科学研究的基本过程并体验科学研究的苦与乐，提高他们自主获得知识和信息的能力及进行科学研究的能力，增强学生与他人的合作意识和合作精神，培养学生创新素质和创新能力，激发学生学习和探索的积极性与热情，并能用理论知识指导解决实际问题。

第三节　翻转课堂理念下研究型教学课程设计

一、翻转课堂的基本理论研究

（一）翻转课堂的起源与内涵

翻转课堂（Flipped Classroom）又称颠倒课堂，国内也有学者称其为"反转课堂"。国外学者主要是称之为"Flipped Instruction""Time shifted Instruction"。

翻转课堂的核心思想是：课前，学生通过教师提供的视频或其他资源完成知识传递；课上，教师与学生、学生与学生协作交流，解决疑难问题，完成知识内化的过程。有人认为翻转课堂模式与网络教学模式是一样的，其实这种观点是因为没有全面认识翻转课堂，网络教学中，通过网络视频学习几乎就是整个教学过程，但是，基于翻转课堂模式的教学过程中不仅仅有通过网络视频的自主学习，视频可以代替教师达到部分功能，但是不能取代教师的全部功能，翻转课堂的课上时间主要是用于教师与学生、学生与学生的协作交流，所以，让翻转课堂取得惊人成效的不是网络视频，而是综合的教学模式。表7-3-1对传统课堂、翻转课堂和网络课程进行了比较分析。

表 7-3-1 传统课堂、翻转课堂和网络课程的比较

	传统课堂	翻转课堂	网络课程
教师	知识传授者、课堂管理者	学习引导者、伴随者	知识呈现者、传授者
学生	被动接受者	主动探究者	被动接受者
教学媒体	黑板、教材	多媒体资料、因特网、教材	因特网、教材
教学方法	讲授法	多方法结合	讲授法
教学形式	（预习）课堂讲解，课后作业	课前学习基本内容，课堂解决问题	在线视频，在线交流
课堂内容	知识讲解传授	解决问题、概念延伸、应用	知识讲解传授
评价方式	纸质测试	多环节、多方式	在线测试

翻转课堂将最宝贵的课堂时间交由学生来处理，让学生自主掌控进度、方式，满足每个学生的个性化需求。传统教学模式中课堂时间主要是教师讲授、学生被动接受的模式，这样就只能帮助完成学生的知识传递过程，但是，这一阶段完全可以由学生自己独立完成，学生需要教师指导的阶段是工作记忆对知识加工后的图式形成阶段，也就是知识内化的过程，然而，传统教学把这一阶段放到了课外，课外时间没有教师在场，学生在内化过程中遇到问题就无从下手了，导致学生丧失学习信心。然而翻转课堂正好符合这一认知特点，课外时间学生独立完成知识传递过程，课堂时间则解决知识内化过程中的问题，强调知识内化过程中对学生的辅助作用。

目前，很多教育工作者根据自身对翻转课堂的认识和实践归纳了翻转课堂的特征，其主要是翻转课堂与传统教学模式在各个教学要素方面的对比。

1. 教师角色的转变

从教师职责的角度来说，教师从万能的传授者角色转变成为学生学习的辅助者。这就意味着教师不再是教学过程的中心，而成为学习的推动者，在教学过程中，教师需要关注学生的学习进度、出现的问题以及学习效果等。

伴随着教师角色的转变，对教师能力的要求也发生了变化。首先，教师要有很好的教学设计能力。因为翻转课堂需要学生在课下对本节内容形成一定的认知结构，课上时间更多的是用于解决问题，教师主要起到引导的作用，教师不再仅仅按照自己的思路进行和盘托出的讲授，而是将课堂时间更合理地分配到以各种学生为本的学习活动中，让学生在交互协作中完成学习任务。由此一来，教师则需要更多的精力来设计整个教学，包括教学策略、时间安排、考核方式等。其次，教师要为学生提供一定的学习资源，这就需要教师有较高的信息素养，有能力搜集符合特定学生使用的学习资料，或者制作相对应课堂的教学材料。

2. 课堂时间安排重新设计

翻转课堂实质是翻转了学习内容传递过程和内化过程发生的时间和场所。相对于传统教学模式，翻转课堂对学习时间和场所进行了重新分配，由此，翻转课堂将教学内容的传递从课上转到了课外时间。在翻转课堂中，学生会根据教师提供的文本、视频或图书等资源进行自主学习，其间还有可能获得家长的指导，课下完成知识的传递，课上时间则用来知识内化。而在传统课堂中，课堂时间几乎全部用于知识传递的过程，而内化的工作则放到了课下。对于课堂时间的安排，教师尽量减少讲授时间，加强教师与学生、学生与学生之间的交互，帮助学生解决问题，实践更多的学习活动，实现知识的内化并对学生进行考核。教师需要及时观察学生的进展情况、帮助学生解决问题，对学生做出实时评价，并相对应提供必要的支持，保证学生自主学习的效果及课堂交互的有效性。

3. 学生角色的转变

首先是学生的自我定位发生了改变。翻转课堂在教学内容传输时间和场所方面都与传统教学不同，课前，学生利用教师提供的学习资料以及其他可获取的资源主动完成知识传递，在课堂时间，教师帮助学生解决未解难题，组织小组的实践活动，加强师生、生生之间的交流互动。学生拥有了自己的学习主动性，由被动接受转变为主动学习，成了课堂的中心，翻转课堂真正认识到了学生是学习的主体。

随着学生自我定位的改变，学生的学习步调、参与程度、学习态度都有了一定转变。在传统课堂中，教师是课堂的掌控者，学生更像是"观众"，学生的学习进度主要是依据教师的授课进度，学生是被动地接受具有教师认知特点的知识，而不是对客观事物形成符合自身认知特点的认知结构。但是，在翻转课堂中，教师可为学生提供图书、视频、博客等学习资源，学生也可通过网络获取有用的信息，在新科技的支持下，学生可控制自己的学习进度，选择学习环境、学习时间，成为自定步调的学习者。学生面对的学习资料不再仅仅是枯燥的教材，还有教师提供的视频、网络资源以及其他资料，形式多样的学习资料有助于提高学生的学习兴趣，另外，在课堂交互活动中，学生能够发现自身与同学、教师之间的思维差异，有助于学生今后从不同视角看问题。学生的学习态度也会因此有所转变，从被动接受转为主动学习，学习积极性逐步提高。虽然在课外时间是学生独立自主学习，但是课堂时间多用于教师帮助学生解决问题、组织小组协作学习活动。例如，美国威斯康星州物理教师就以翻转课堂为教学模式开展磁力单元的教学，在两个星期内，他通过改变课堂时间的安排，最终发现学生的参与度提高到了原来的两倍，和教师、同学的交互、协作时间也增加了。

4.教学资源的转变

从教师、学生和社会这三个角度来考虑，教学资源的转变都是有利于教学发展的。

从教师的角度来考虑，教学资源的转变让教师脱离了周而复始的重复讲授。传统教学中，教师需要面对不同认知水平的学生反复讲授相同的内容，这样增加了教师的工作量，导致教师不能为更多学生进行单独交互。而翻转课堂的教学资源的主要部分是短小精悍的视频，每段视频通常指向某个特定的主体，学生可以自己控制视频的前进与暂停，如果有需要，学生可随时重新观看视频，并且，视频是可以长期存储的，这样大大降低了教师的重复工作量，为教师赢得更多的时间去和更多有需要的学生交流。

从学生的角度来考虑，教学资源的转变让学生的学习方式得以扩展。在传统教学中，学生的主要学习时间是课堂的教师讲授时间，学习步调由教师的讲授进度而定，而翻转课堂的教学视频则突破了时间、地点及讲授次数的限制，学生可自己通过播放、暂停、回放等功能反复对某一知识点进行理解，可在合适的任意时间、任意地点无限重复的观看教学视频。

从社会的角度来说，教学资源的转变有助于网络共享。制作优秀的教学视频可以通过网络得以共享，让其他学校能同时享受优质的教学资源，除此之外，现在网络上出现了许多免费的公开课平台，这样将优质资源的价值最大化，有助于缩小各地区的教育资源差距。

（二）翻转课堂的理论基础

1. 混合式学习理论

"混合式学习"最开始应该是源于"Blending Learning""Hybrid Learning"，也有学者将其译为"混成学习""融合式学习"。为叙述清楚，本书统一采用"混合式学习"的译法。混合式学习并不是由在线教育而产生的新概念，其实在传统教学中早已存在，本意是指除了基于教室的学习方式外，结合其他学习方式，比如，结合视听媒体的教学方式、结合实验的教学方式等。目前很多人认为混合式学习就是传统教学与网络教学的简单结合，但笔者认为这样的观点并不全面，这样解释只说明了混合式学习的表象特征。

国内最早阐述"混合式学习"的是何克抗教授，他认为Blending Learning是把传统学习与E-Learning两者的优势共同发挥出来，也就是在顾及教师的引导、监控作用发挥的同时，也要考虑到发挥学生的积极主动性和创造性。黎加厚教授把Blending Learning翻译为"融合性学习"，他认为Blending Learning是指把各个教学要素根据实际需求进行最优选择、组合，从而达到较好教学效果。

李克东教授认为混合式学习是面对面课堂学习和在线学习的有机组合，其本质部分就是依据不同需求，选择不同方式达到目标，实际教学中就是要选择最合适的媒体和信息传递方式，同时要求这种方式代价最小，效果最好。混合式学习的主体思想就是基于实际教学内容与学习者的学习风格，在合适的时机、通过恰当的技术帮助学习者取得最优学习效果的学习方式。需要注意的是，混合式学习并不是简单地把课堂学习与在线学习简单地连接起来，它强调在教学过程中，学生处于主体地位，以学生需求为本，通过恰当的教学设计让传统课堂教学与网络化教学结合后达到效果最大化。

2. 掌握学习理论

掌握学习理论（the Theory of Mastery Learning）是美国当代著名的教育心理学家和课程论专家本杰明·S·布鲁姆提出的学校课堂学习理论。它以"人人都能学习"的观点为基础，向学生间存在个别差异的班级实行传统教学，让所有学生都能达到教学目标。布鲁姆提出掌握学习的实施程序主要有两部分：准备和实现。准备部分要求教师根据需求将教学内容分成合适的知识单元，并确定各个部分教学目标和成绩准则，帮助学生树立信心。在实现部分是指由教师引导学生适应这种程序，并进行阶段性测试，并帮助学生解决前一阶段存在的问题，最终学生会在前一阶段满分的情况下进入下一阶段学习。

3. 认知负荷理论

Sweller等人将认知负荷分为三大类，即内在、外在和关联认知负荷。内在认知负荷是由学习材料和个体先验知识两方面决定的，因为所要学习的对象本身的构成是不变的，就比如，在学习英语单词的过程中，每个单词的构成是确定不变的，但是对于不同的人来说，学习的难度是不同的，对于没有学过26个英文字母的人来说，学习单词是相当困难的，但是对于那些学习过英文字母和音标的人来说，学习难度就大大降低了。这就反映了个体先验知识对决定内在认知负荷的重要性。虽然由学习材料决定的内在认知负荷不能减少，但是我们可以降低由学习者个体先验知识引起的负荷。如果学习者头脑中具有和学习材料相关的图式，那么学习者在学习的时候每个组块所包含的信息量就会变大，从而降低自身的内在认知负荷。新手在加工学习材料的时候，新手是将材料里的每个构成元素作为一个组块，然后再将建立各个元素间的联系，导致内在认知负荷相对较高，工作记忆的使用效率降低，但是，专家的先验知识中已经具有大量与之相关的图式，所以专家在面对这些复杂材料的时候，会自动将其纳入到原有的认知图式中，这样使得工作记忆的工作量大大降低，减少内在认知负荷。

外在认知负荷是指没有对学习活动做出贡献的心理活动引起的负荷，外在认知负荷是不利于学习者学习的，就好比在学习材料结构对学习者构建图式没有有效效果或对学习者有负面作用时，就会对学习者产生额外的认知负荷。

关联认知负荷是对学习者构建图式有利的认知负荷，它帮助学习者构建图式和图式自动化。比如学习者在学习过程中对学习材料进行比较、重组、对比、逻辑演算等，它促进学习者更合理的利用认知资源。

Ramsey Musallam在其博士论文探讨了"时间——转换"（"time—shift"）观念下教学中隐藏的认知心理问题，他利用录屏视频作为实验工具去影响内在认知负荷的管理。在实验中，Ramsey Musallam把课前训练（Pre—training）作为教学过程的一部分,他把学生分为两组,一组是实验组,此组要进行课前训练,另一组为对照组,不进行课前训练,在课前训练环节中,他主要是向学生介绍课程涉及的相关概念。

通过两组学生的实验结果显示,Ramsey Musallam发现实验组学生相比于对照组学生心理努力程度得到降低。心理努力是指为完成任务而分配的认知容量,其指标是在学习者学习过程中进行测量。学生的心理努力程度是测量认知负荷的要素,在某种程度上可以说明课前训练是有利于降低由学习者自身因素引起的内在认知负荷。再对两组学生的成绩进行比对,实验组学生成绩提高程度明显比对照组大。

除此以外,Ramsey Musallam还发现:内在认知负荷和绩效之间存在明显的反比关系。课前训练有助于管理内在认知负荷,参与课前训练的学生在心理努力程度上明显降低,而成绩明显提高。另外,依据马祖尔教授认为学习分为两部分:知识的传递与知识的同化。在翻转课堂教学模式中,课前训练(Pre—training)的作用能发挥到最大值,在第二次传递的过程中,先前形成的图式就为加工元素组块和组织复杂信息节省了认知资源。

二、翻转课堂的发展现状

(一)国外翻转课堂研究现状

在理论与实践两方面,国外对翻转课堂的研究已经取得了很多的成果。在理论方面,对翻转课堂的内涵解释、特性总结、原理分析以及教学设计等方面有了较深的研究,如,从认知负荷的视角探究翻转课堂取得成效的原因;Robert Karplus提出了Explore Flip—Apply教学模式;杰姬·格斯丁(Jackie Gerstein)基于体验式学习周期(Experiential Learning Cycles)和麦克卡锡的4MAT教学模式(Bernice McCarthy's 4MAT Cycle of Instruction)的翻转课堂模式等。

在实践方面,具有了丰富的实践研究案例,如,美国克林戴尔高中、美国加州河畔联合学区、哈佛大学、斯坦福大学等。2010年美国克林戴尔高中尝试实行翻转课堂,学校首先选取了两个班级进行实验,课程结束后,实验班140名学生原来的及格率都达不到一半,经过实验后的及格率是:英语语言艺术67%、数学69%、科学78%、社会研究81%。其校长经过多次实验后,最终决定真正的实行翻转课堂模式,同时,学校还为学生每天开放一小时校园电脑。

总的来说,国外对翻转课堂的研究已经取得了一定的成果,可以作为我国对翻转课堂进一步研究的借鉴经验。但是，国外对翻转课堂的研究仍没发展到相对完善的阶段，目前对翻转课堂的理论性研究还主要是对其概念的基本理解，缺乏对翻转课堂的具体分析，比如构成要素、学科适用性等系统性的研究，在实践方面，翻转课堂的实践经验主要集中于中小学，与高等教育相关翻转课堂的研究还很缺少。

（二）翻转课堂国内研究现状

随着聚奎中学翻转课堂教学实验的开展，国内学者也逐渐关注到翻转课堂。从2013年开始，国内学者逐渐对翻转课堂的研究进入了探索阶段，从2013年相关文献数量呈几何式增长，之后的文献中，各个领域教育工作者开始对将翻转课堂的实践部分纳入研究中，出现了将翻转课堂应用于不同学科、不同教育阶段的相关实践研究。受到国外相关实践研究的影响，起初国内多数教育工作者对翻转课堂的研究主要是针对基础教育阶段，比如中小学的英语、物理、化学等课程，经过对翻转课堂原理的进一步的探索，教育工作者意识到，高等教育阶段学生的特点决定了翻转课堂更适合应用于高等教育，逐渐地有教育工作者把目光转向了中职教育和大学教育的翻转课堂实践研究，如，曾明星、周清平等人分析了软件开发类课程实施翻转课堂进行了理论分析，提出了相应的教学模式；王彩霞、刘光然尝试将翻转课堂引入到中职课堂，并以某学科为例，提出了适合中职的翻转课堂教学模式、实现条件；张金磊在分析了国内外理论与实践研究的基础上构建了翻转课堂的实施模型，并阐述了在实践过程中可能遇到的挑战。

可见，国内教育工作者正在逐渐重视翻转课堂的研究。通过对相关文献内容的分析，可发现国内学者对翻转课堂的研究依旧处于认识阶段，目前有不少学者对其进行实证研究，其涉及学段也较广，基础教育和高等教育都有所涉及，但是，总的研究深度不足，且没有形成关于翻转课堂的系统性的完整体系，还需要教育工作者不断进行实践研究，以期为教学工作提供指导。

三、基于翻转课堂的研究型教学模式设计

（一）在大学中实践的可行性分析

1. 大学生的特点

在大学里，不管是本科生还是研究生，在心理方面已经趋于稳定，能够独立地建立自身的认知体系，有着较强的学习能动性、独立性，人生观、世界观都具有较强的可塑性。这些特点使得在大学中开展基于翻转课堂的研究型教学更具有可

行性。

2. 大学教学的特点

在学习时间方面，学生的学习时间相对灵活，有相对较多的自由时间供学生自主学习，且学生的学习自主性、独立性较强，这些都成为开展基于翻转课堂的研究型教学先决条件。

在教学内容方面，不再是只有教材上已有的文明成果，还有学科内最新的科学研究成果、发展方向，教学内容相对于基础教育阶段更加丰富。并且，各高校都有相当丰富的学习资源库，不仅是图书馆的图书资源，还有网络上的文献资源、多媒体资源等，这些为开展此教学模式提供了便利条件。

在师生关系方面，大学里一直倡导学术自由，师生关系相对基础教育阶段更具有对等性，学习氛围也更加自由，教学中也向师生双向交流互动方向发展。另外，与基础教育阶段的教师相比，大学教师的知识结构具有更强的综合性，视野更加开阔，科学研究能力更强。

（二）学习支持模式构建

在研究学习支持模式之前，首先要分析组成学习支持服务的要素有哪些。目前，对学生支持要素的分析还没有统一的定义，主要有三要素论：硬件、软件、人员，四要素论：信息、资源、人员、设施技术，五要素论：学习者、教育信息技术、学习支持服务观、服务机构、服务项目。另外，在陈丽编著的《远程教育学基础》一书中对学习支持的理解有三个相互关联的要素，即学生群体的、界定、人机交互和提供支持的时机。

在传播学中，拉斯韦尔的"5W"模式有着举足轻重的位置，其对教育教学的发展也有重大的启发。教育传播是指教育者以需求和目标为导向，通过某种媒介把知识技能、思想等传递给特定教育对象的一种有效传播活动。根据以上研究，笔者认为，"谁是教育传播者""教育传播的内容是什么""通过什么渠道传播""教育传播的对象是谁""教育传播的效果怎么样"五个问题，是关于如何构建完整学习支持模式的关键问题。

根据学习支持模式构建的要求，针对这五个问题，剔除模式内的衍生部分，抽出其中关键的、本质的部分，认为学习支持服务体系是由教师、学习者、学习支持策略、学习支持内容四个要素构成的。

"教师"不单指任课教师，还包括资源建设教师、平台建设教师、管理教师等。教师的角色主要分为两种类型：一是设计、开发、管理学习资源的教学支持者，如视频课程录制人员、技术人员、网络资源建设人员等；二是实施教学活动的教师，如教务、助教、辅导教师等。学习者是学习支持的服务对象，是完成学习过程的主体。学习支持策略是以满足学习者需求为目的，以学习者自身特点和学习支持内容为基础，选择并组织合适的媒体、方法、程序，形成指导方案，且在实施过程中不断反思、调整。制定学习支持策略是一个持续的过程，为满足学习者需求，教师需要对外界众多可能因素有一个整体把握，运用系统的思维分析所有因素，这样制定出来的学习支持策略才具有针对性、系统性，在后续的调整过程中也便于寻找问题根源。

学习支持内容主要包括教学资源、技能与心理支持。教学资源主要分为两方面：人类资源和非人类资源。人类资源主要是指教师、家长、同学、课外活动小组等能促进学习活动的人员。非人类资源包括教学中用到的各种媒体、教学设备、软件工具，以及与学习支持相关的公共文化、政策法规、精神面貌等。学习者除了要完成教学内容的学习之外，还要具备一定的媒体使用能力、自主学习能力。

从学习理论方面来讲，在学习过程中，认知和情感的发展是互相影响的，两者的均衡发展才能使学习者个体健康发展，因此，对学习者的情感与心理支持也会对学习效果产生影响。

（三）教学活动模式设计

通过对对基于翻转课堂的研究型教学在高校课程中的前期分析，笔者对学习者基本情况和需求有了较好的了解，为优化教学，笔者设计了基于翻转课堂的研究型教学基本模式，如图7-3-1所示。

由图7-3-1可知，本研究所设计的基于翻转课堂的研究型教学模式，主要是由课外与课内两部分组成。课外，教师部分主要是由研究课题、设置研究型专题、专题教学设计三部分组成；学生主要由自相互学习、交流讨论、论文撰写、完成课前任务四部分组成。课上部分主要是由疑难解答、小组答辩、总结实践、引出下一节教学内容四部分。

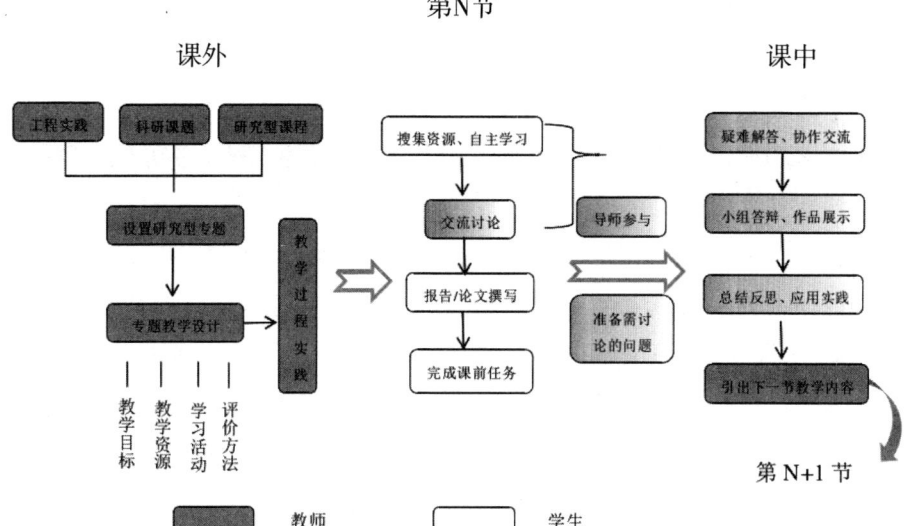

图 7-3-1 基于翻转课堂的研究型教学基本模式图

1. 科研课题、工程实践和研究型课程

科研课题、工程实践和研究型课程是开展研究型教学的基础。科研课题和工程实践是研究型教学的载体，为研究型教学过程引导方向，也同时让研究型教学具有可操作性。科研课题、工程实践和研究型课程的内容都需要体现该学科领域的科学性、前沿性，能通过其中的实际应用案例调动学生的学习积极性。

2. 设置研究型专题

研究型专题是指与教学内容相关、与实际研究课题相结合、需专门研究或讨论的专业问题。研究型专题是整个教学过程的关键部分，它涉及教学内容、教学过程、教学评价等教学的整个过程中，因此，设置的研究型专题不仅要与教学内容相贴合，还要适合学生原有认知、情感水平。在拟定专题的时候，需要考虑到专题内容的层次感、趣味性、探索性，且专题的开放性需要设置的恰到好处，适合半开放而不是全开放，例如，专题"利用本节算法预测棕榈油价格趋势"比"分析棕榈油价格"更恰当，学生更容易找到要点。

3. 专题教学设计

在基于翻转课堂的研究型教学中，突破了传统教学模式，创建完整、真实的问题情境，引导学生亲身经历整个研究活动，学会研究的方法、思想，培养实践能力、科研态度、创新精神,并不是把确定的结论直接告诉学生。这就要求在设置研究型专题的时候要从以下几个角度出发:考虑学生原有认知结构及心理特征。大学生的基本认知结构已经相对完整,但研究生教学与本科生教学不同,应更侧重于对学生的引导,研究生的培养目标就是要使学生在知识体系、科研态度、创新精神等方面更接近于学科前沿的研究。

考虑在时间、地点、资源等方面是否有可操作性。研究是利用原有认知应用分析和解释的方法,探究事物的性质、规律等,那学生就需要有足够的时间去进行这项活动,因此,设计的课题需要有一定针对性,在保证研究时间的情况下,学生可以向深度方向扩展。某些研究活动需要特定的实验器材、实验场地,在设定研究型教学教案的时候就要考虑到学生能否在适合的时间获取到实验器材、场地。

注重双重目标的实现。在注重学生认知结构的准确度和系统性的同时,也要注意到学生科研态度、创新精神、合作意识及实践能力的培养。鼓励学生提出跨学科的、新颖的研究观点,并对其中有价值的观点给予肯定,促进学生进一步增强创新意识、能力。

(1)教学目标。不仅要让学生能掌握系统的知识、技能,而且要让学生亲身经历研究的整个过程,从中获取到搜集加工信息、发现问题、团队协作、创新意识等各方面能力及正确的研究态度。在实际的教学过程中,根据教师所设定的专题内容,每个学生对专题的理解不同,看问题的角度不同,每个学生最终探究的内容、探究的方法、最终的结论也各不相同。在这个过程中,学生独立自考、自主探究,拥有学习主动性,而不是传统教学中的被动接受知识,从而促进学生学习能力、思维品质、创新能力及实践能力的发展。总的来说,基于翻转课堂的研究型教学目标不仅重视知识技能的传授,而且强调学生学习动机、态度、意志等非智力因素的培养,真正实现知识和技能、过程和方法、情感态度和价值观的有机统一。

(2)教学资源。教学资源是指用于教学活动的资源,主要分为两方面:人类资源和非人类资源。人类资源主要是指教师、家长、同学、课外活动小组等能促进学习活动的人员。非人类资源包括教学中用到的各种媒体、教学设备、软件工具,以及与学习支持相关的公共文化、政策法规、精神面貌等。比如支持学习的物联网设备、与通信相关的硬件设备、纸质书籍、网络精品课程、MOOC等。在基于翻转课堂的研究型教学模式中,学生对网络教学资源的利用程度显著提高,比如精品课程、学术论坛、大型开放式网络课程(massive open online courses,mooc)等。

（3）学习活动。学习活动是以促进学生学习为宗旨、依据教学需求所设计的活动方式。学习活动是整个教学过程中的关键部分，学习活动需要符合学生认知情感特点、课程内容、实际教学条件，其设计的恰当与否直接关系到教学效果的优劣。此教学模式中，主要包括自主探究、小组协作、课堂讲授、成果展示、应用实践等。

（4）评价方法。在学习效果评价阶段，不再仅仅使用书面考试的手段来检测。本模式的评价方法将是包含论文质量评价、实践过程评价、实验结果评价、出勤率评价等多方面的。

4.学生的主要学习活动

课前时间，学生主要是自主查阅文献、搜集资源，与同学之间协作交流，完成课前任务，准备课上论文或其他成果的展示。课上时间，学生的主要任务分为三大部分：成果展示、协作交流解决疑难问题、总结反思和应用实践。在基于翻转课堂的研究型教学模式中，并不能把课堂讲授完全排斥在外，但是，课堂讲授的主角不再是教师，而是学生，首先每个小组需要将自己的研究成果进行展示汇报，其他小组可对其提出问题或者做出评价，同时，教师也会对其展示成果进行评价及拓展，引导学生对疑难问题进行交流讨论，分组进行头脑风暴，教师要尽可能督促每个小组的每个成员都能提出自己的想法，小组内进行思维碰撞，小组形成独立观点，然后小组间交流观点，讨论的最后阶段由教师进行补充完善，促进学生对相关知识的深度挖掘。

总结反思主要是希望学生能主动发现自身在专题研究过程中存在的问题，教师也应及时给出过程性评价及总结性评价应用实践阶段，将学生的研究过程表现和作业表现评价及时反馈给学生，促进学生向这积极方向发展。应用实践是促进学生将所学的理论知识应用到相关的实践中。

（四）在实践中需注意的方面

大学不仅包括本科生，还有硕士研究生、博士研究生，本科生和研究生在自身认知情况、培养目标、培养方式等方面存在很大差异。鉴于此，笔者将基于翻转课堂的研究型教学模式分别在本科和研究生两个课程中进行了实践。

1.教学对象不同

本科生与研究生在认知方式、思维模式上存在不同。本科生的自主学习能力、能动性都处于培养过程中，在专业方面主要是学习基础知识，学会如何自主学习；而对于研究生来说，经过本科阶段的学习已经具有了一定的自主学习能力，在掌握广泛的专业知识的同时，更重要的是要有实践能力。

对于本科生科研这一概念，目前还没有形成统一的观点。有些学者认为本科生科研要坚持科研的基本属性，即原创性和公开性，在此基础上，逐步认识本科生科研的特殊性。又有些学者对其进行了比较泛化的阐述。笔者观点更倾向于后者，认为只要是学生能实际参与到课题研究、实践中，进行了较深层次的自主学习、研究，都属于本科生科研。本科生科研是培养本科生科研能力的直接方法，同时，科研能力的形成也是本科生培养目标之一。

对于本科生与研究生科研能力的比较方面，我国高等教育法仅将其表述为"初步能力"和"一般能力"，在实际评估过程中无法实现。笔者认为两者的差异主要是分为两方面：一是知识技能方面，本科生的科研能力主要侧重于显性知识方面，而研究生的科研能力则主要侧重于隐性知识方面。二是在情感态度层面，本科生的初步科研能力主要是形成正确的科学研究态度，形成良好的思维模式，为将来从事科学研究活动奠定基础，研究生还需要良好的心理素质、意志力等。

2. 培养目标不同

目前，我国众多名校结合自身特点，针对本科生教育制订了不同的培养目标。各个学校的本科教育培养目标表述虽有不同，但精髓部分仍有共同之处，笔者总结为以下三点：首先，本科教育是进行高等教育的基础教育，是进行人才培养的基础。换句话说，本科教育阶段主要目标是让学生广泛学习专业基础知识，为以后的科研工作奠定基础。其次，要培养全面发展的人才。不仅需要学生能掌握专业知识、技能，还需要注重人文精神、素质的培养。第三，培养学生的创新精神、创新能力也是本科生阶段的目标之一。这从某种程度上也体现出这个时代对当代大学生提出的基本要求。

根据我国目前的高等教育法，硕士生的培养目标仅仅是让学生掌握专业领域内的基础知识、专业技能，而且要具有实际的工作能力、科学研究能力、创新意识等。可以看出，硕士生的培养目标相对本科生的培养目标有了更高的要求。在业务能力方面，本科生只要求掌握学科内的基本理论，形成将来从事科学研究工作的基本能力，而研究生除了要有广泛的理论基础以外，还需要深入的、系统的学习专业知识，形成独立进行科学研究的能力。

3. 培养过程的差异

在培养方式方面，本科生的培养方式主要是以班级统一授课方式来进行的，而研究生的培养方式有着多样化的特点。研究生的培养方式不仅有讲授式，还有学徒式、产学研结合式等。在培养过程的引导程度方面，对本科生的培养过程中，教师需要对整个学习路线有明确的规划，学生具有一定的自由度，但是整体思路是由教师主导的。而在研究生的培养过程中，学生的自主学习范围更宽泛，教师往往只是把学生向学科前沿方向引导，对学生的引导仅仅是在启发层面而不是告诉学生结论。

第四节 高校语文研究型教学课程设计案例

一、大学语文教学运用研究型教学模式的必要性

（一）遵循现代教育以人为本的观念

现代教育的目的是全面提高人的素质，即通过教育把对学生而言是外在的知识和感受内化为学生个人内在的、稳定的个性心理品质，从而为学生的发展提供良好基础。而传统的语文教育偏重教学内容和教学方式，注重对基础知识的机械记忆和反复训练，对学生语文能力、审美情趣及道德情操的形成和培养不够重视，而后者正是现代教育观念下语文教学渗透素质教育理念所应实现的目标。大学教学过程中最为重要的是使学生养成正确的学习方法和较强的自学能力，这就必须对传统教育模式进行改革。

（二）大学语文课程性质及教育目标所决定

前国家教委在《大学语文》出版前言中指出开设这门课程的目的即"通过对古今中外经典名篇的学习，使学生了解中国文学发展的概貌，提高汉语阅读理解及写作水平，培养高尚的情趣和一定的审美能力，发展健康个性形成健全人格"，也体现了工具性与人文性的统一。所谓"工具性"即指汉语听说读写能力，这种能力的提高可以通过灌输式学习、机械模仿而获得。

但"人文性"目标的实现，则无法通过反复训练和简单模仿获得。近年来，语文学科的人文性越来越受到人们的重视，普遍认为语文教育必须着眼于"人"的教育和着重培养学生的人文品质，使他们继承民族文化传统，汲取现代文化精髓，

养成健康心理和积极取向，热爱生活，关注社会，关注生命。这些目标的实现无法依赖外力，只有学习者主动去体验，全身心地融入，才能获得情感上的共鸣，得到感悟，从而进行情感内省，获得精神升华。所以，大学语文课程的学习必须充分尊重学生的主体性，只有在学生充分发挥主观能动性的前提下，"人文性"这一目标才能得以真正实现，而研究型教学模式正是实现这一目标的有力手段。

二、语文研究型教学

（一）语文研究型教学的基本点

语文研究型教学是指在语文教学内部的研究型教学。其有两个基本点，第一，教师力求发挥最大作用，导课题情景、导课题、导研究方法、导评价机制。第二，学生在教师的指导下，选择和确定课题，搜取资料深入研究，寻找解决问题的思路，在此过程中，获得语文知识技能，学会研究技巧，培养研究意识、创新精神和实践能力。所以研究型教学模式，就是在课堂教学的过程中，创造一种类似科学研究的情境或途径，教师做好导向，使学生在宽松的环境中紧张地进行研究，真正形成自己的内在知识以及能力，并在潜移默化中培养自己的人文意识。

（二）语文研究型教学的本质

研究性的语文教学，就是要进行价值本位的转移，即由以教师本位转向学生本位，以知识本位转向发展本位，就是组织和引导学生在学习过程中采用类似参与研究的方法，在教师指导下，通过学生自主确立课题，广泛搜集材料，探究研究方法，由被动接受变为主动探求，真正使学生成为学习的主体。在教学中以学生为中心，以人为本，以调动学生自身的学习主动性、积极性为手段，以提高学生的学习兴趣、学习能力、创新意识为宗旨，在启迪学生潜能、激发学生思维的过程中传授知识与技能。这种教学方法认为，不但获取知识与能力对学生是一种提高，参与研究性学习的过程本身对学生也是一种提高。

（三）语文研究型教学的目标及方法

语文研究型教学，真正达到培养学生能力的目的，使学生成为适应社会、具有较强竞争力、应变能力的人。要达到语文教学工具性和人文性相统一的目标，必须采取行之有效的教学策略。因为任何策略都会影响学习者的动机和精神状态，影响教学的效率。应采取以下有效教学策略：创设情境、导进可供选择的课题、导进方法、合作互动机制。

（1）创设情景，导入新课。让学生对新课产生浓厚的兴趣，从而带着思考愉悦地走进新课。比如《雷雨》一课，可如此创设情景：上课开始，课堂安静后，开始问学生：你们是否看过《满城尽带黄金甲》？学生会产生议论：耗资3.6亿的豪华古装大片《满城尽带黄金甲》果真出手不凡，在全国各地全面开花。等安静后，教师说：今天我们来走进《满城尽带黄金甲》的源头戏剧——《雷雨》。这样处理是通过创设情景，帮助学生在特定的氛围里，产生浓厚的兴趣，激发求知的欲望，从而积极地、主动地参与研究学习《满城尽带黄金甲》在哪些方面模仿《雷雨》，二者不同在哪里，如何改编戏剧等。

　　（2）导进课题。原则：一是选择为帮助学生拓宽知识而养成获取知识能力的拓展性课题，其与教材内容有某种联系；一是选择课程知识学习的课题，主要目的是帮助学生学好教材覆盖的内容，并养成相关能力，这要做到广泛阅读与课文研讨相结合，传统的教学把学生抑制在有限的范围内，压制主体的积极性，而研究性学习则具有开放性的特点。研究性学习的前提是必须搜集、占有大量的资料，这就要求建立一种"开放式"的课堂结构。学生大量阅读相关课外书或从事其他研究性活动，才能更深、更透彻地解读课本中的文字。

　　（3）加强研究学习的指导。语文研究型教学要启发引导学生自主实践、大胆探索、积极获得、充分展示内隐的、个人化的实践知识，不能简单以文字的方式直接由一个人传递给另一个人，教师在教学中要引导学生对学习采取研究的态度，不是死记硬背教材上现成的结论，而是通过分析和研究教材或有关材料中没有明确阐述的似乎是隐藏着的因果关系和规律性，去证明一个解释，或推翻另一个解释的教学方法。

　　（4）教师还要对研究问题的方法进行介绍指导，搜集资料，提炼观点，修改提纲，在学生进行研究的过程中随时沟通交流，所以在研究型教学模式实施过程中，教师的指导作用非常重要。苏霍姆林斯基认为，研究性学习方法指的是教师在教学中不是把书上的有关内容一字不漏地讲授给学生，而是把有关材料提供给学生，使他们明确学习中所要完成的任务，引导他们提出解决问题的各种假设，并加以验证，独立思考问题和解决问题，从而积极主动地获取知识，不断提高智力水平的一种教学方法。而要充分发挥学生的主动性，教师要做好指导工作，做到教师指导和学生研究紧密结合，变被动地讲为主动地教，帮助学生逐步养成自学的研究学习方法。

（四）语文研究型教学的特点

研究型教学还具有开放性、互动性的特点，需要学生与教师、学生与学生之间进行互动，加强合作，从而开放性地获得知识和信息，并能培养学生的合作能力。研究性学习的一个潜在目标就是发展学生的社会性，让他们学会交往与合作，能与人友好相处，共同完成任务。

（五）语文研究型教学新的考核方案

1. 新的语文考核方式的基本原则

强化学生平时成绩的考核力度，并把平时成绩量化细化，使平时成绩的比重加大到50%，加强对学生平时学习过程的考核，而且把平时成绩作为是否能参加最终结业测试的门槛，如果平时成绩不及格，则不准参加结业考试。新的语文考核方式——平时成绩（50%）+测试（50%）=总评成绩。

2. 细化与量化

平时成绩由出勤情况（10分）、学习态度（10分）、作业（包括作文）状况（20分）、即席发言（20分）、演讲（20分）、读书笔记（20分）六部分组成。

①出勤情况（包括旷课、迟到、病假、事假）：旷课一次即平时成绩不合格，不准参加最终测试；迟到课时数占总课时数1/2及以上，则不准参加最终测试；事假不超过总课时数的1/3；病假具体情况具体分析，根据情况分为A、B、C、D四等。

②学习态度（听课状态、上课所带书籍、课堂笔记）：上课睡觉及不带课本次数超过总课时数的1/4，不准参加结业测试；学生学习态度为A、B、C、D四等，综合考查学生个体的听课状态、课堂笔记；作业状况（包括：作文情况）细化为A、B、C、D四等级。

③即席发言、演讲、读书笔记：依其内容的丰富性及思想深刻程度、口头表述方式以及其精神状态，细化为A、B、C、D四等级。

3. 新的语文成绩考核方式的意义

有利于调动学生参与教学活动的积极性，其中把学生平常成绩纳入考核的中心，改变了过去终考一锤定音的简单考核模式。学生平常学习进程纳入考核范围，促使研究型教学的质量进一步提高，从另一角度讲，也活跃了课堂气氛，能够有效地发展和提高学生各项能力，可对研究型教学质量进行有效的评估。

三、研究型教学的实践探索及其困境

研究型教学基本思想是"建构",而不是传统教学模式的"授受",是指"在教学过程中由教师创设一种类似科学研究的情境和途径,指导学生在独立的主动探索、主动思考、主动实践的研究过程中,吸收并应用知识、分析并解决问题,从而培养学生创造能力和创新精神,提高学生综合素质的一种教学模式"。学生的科学研究活动不单单局限在大学生实践创新训练计划项目等具体活动上,而是可以渗透到课堂中去。也只有在课堂中开展研究型教学实践,才能让学生逐步了解科学研究的思路和方法,才能为独立或协作承担完成创新训练计划项目做好准备。

教学模式的变革必须要有与之相匹配的考核形式和评价机制,不然很难彻底变革。人文素养的高下并不能用一张选择填空的试卷来准确测算,能否将老师给的一段赏析文字完美再现也不代表学生的文学鉴赏能力的优劣。部分学生担心研究型教学对期末考试没有帮助,甚至因为耗费时间而影响考试成绩,因而对研究型教学缺少热情和兴趣。

大学语文课程目前实行的是全校统一的闭卷考试的传统模式和传统的"授受"教学模式,这样做对在短时间内提高学生的知识储备,有着不可否认的作用,因此,为了保证学生能通过全校统一考试,全面彻底地实施教学模式改革还不可能。据此,只能将研究型教学实践融入大学语文课堂中,进行一些有益的探索。在课程教学过程中,凡遇到存在争议的问题,给学生提供多种解读,也提供一些浅近的假想和论证,布置学生课外做一些资料的收集,形成小组结论,课上进行研究结论阐述和讨论;或者随堂进行小组讨论,做即席发言等。以期拓展学生的知识视野,鼓励他们独立思考,自有创见并展开研究。

四、大学语文教学运用研究型教学模式的方法

(一)做好整体安排,确定研究课题

大学语文的学习范围涉及古今中外文学的发展历史和经典名作,面广而博,但课时量很有限。这就要求授课老师精心取舍,巧妙安排,既突出重点,又照顾全面。对于所要学习内容做到心中有数,合理安排教学时数。为便于学生自主性学习与教学的结合,教师上课伊始便可以把教学计划发给学生,让他们对所学范围认识有相对清晰的轮廓。在大学语文研究型教学的过程中,学生要对两种课题进行研

究，一种是为帮助学生拓宽知识面、养成获取知识能力的拓展性课题，其所涉内容属教材之外，但和教材内容有一定联系。另一种是关于课程知识学习的学习性课题，主要目的是帮助学生学好教材覆盖的内容，并养成相关能力。对大学语文教学内容来说，一学期可以由学生自主选择三个拓展性课题，作为课下自主学习的主要内容，其中两个课题的研究工作由学生独立完成，以论文形式提交老师。另外一个课题的研究则以集体形式进行，兴趣相同的同学组成研究小组，最后以汇报发言形式展示研究成果。学生确定拓展性课题的过程中，教师要充分发挥学生自主性，尊重其兴趣和选择，由他们初步确立研究对象。但由于学生研究能力和水平的限制，可能确立的研究目标不切实际，比如过大、目的不清晰等等，这就要求老师进行指导，对学生初步提出的研究课题提出修改建议，学生在参考教师意见基础上最终确定课题。其次教师还要对研究问题的方法进行介绍，指导学生搜集资料，提炼观点，修改大纲，在学生进行研究的过程中随时沟通交流，所以在研究型教学模式实施过程中，教师的指导作用非常重要。一方面要充分发挥学生的主动性，另方面教师要做好指导工作，做到教师指导和学生研究紧密结合，变"被动地讲"为"主动地教"，帮助学生逐步养成科学的研究学习方法。

（二）引导学生自主学习，开展互动式教学

除了做好对学生课下自主性研究的指导之外，为尽快让学生养成自主学习的习惯，课堂教学模式应做出相应调整和跟进，课上课下双管齐下共同推进研究型教学模式的应用。教师要在授课前针对教学内容设计一些学习性课题，把学生分成学习小组，在课堂上分组讨论课题内容，同学之间有分工有合作，遇到问题共同讨论，商量解决。在教师讲授之前由各小组同学分别汇报学习研究情况，并对研究内容发表小组意见。这种方法尤其适用于古文的讲授，既节省了大量时间，又改变了古文教学由老师一人翻译讲解为主的沉闷单调方式，激发了学生学习自主性。同时由于讲前阅读是一种障碍性阅读，大家在遇到问题时能主动思考，运用以前所学知识，既增强了解决问题的能力，又有助提高阅读能力，同时感受到自主学习的乐趣。由于采用分组讨论形式，同学之间加强了交流与合作，提供了互相学习、取长补短的机会，提高了大家的学习兴趣。教师就可以在学生讨论的基础上，了解学生学习的难点及不足，有针对性地重点讲解和补充，这样有的放矢，既突出了重点、难点，又给同学留下了深刻印象，使教与学形成互动。互动式课堂教学方法是研究型教学模式的重要组成部分，教师要精心准备，在课堂教学中努力引导和创设主动学习的情境或途径。

（三）改进教学思路，贴近认知规律

传统语文教学常采用灌输式，把现成观点强加给学生，不留给学生思考和质疑空间，教师总是一上来就告诉学生是什么，是怎么样，而不是让学生自己发现和总结，这既剥夺了学生作为主体对问题发表见解的权力，同时也断送了培养他们创造能力的机会。

首先，运用研究型教学模式就必须承认和正视主体性的存在，注重培养学生的自主性、创造性。教师的教学过程要有意识地改进教学思路，把启发和引导学生获得正确结论作为指导教学的原则，使教学方法贴近学生认知规律。比如在讲授"诗经的内容"这一问题时，不要先把现成的对作品内容的分类告诉学生，而是让学生自己去阅读具体作品，在对作品有具体感受后自己总结。或者老师可以从"文学作品是对现实生活的反映"这一观点出发引导学生思考：《诗经》所反映的现实生活是怎样的？一步步把大家的思绪引向那个远古时代，先想象那个远古时代人们的所思所想所为，再结合具体作品自然而然得出结论，使知识的传授不再是生硬的灌输。

其次，对于作品所表现的思想或情感，更应本着尊重学生的原则，让他们认识和感受，认真倾听他们的心声。教师要为学生创造宽松民主的氛围，让他们敢于说出自己的真实想法，不同观点可以争论，从中碰撞出火花。因为人的真实的内心感受是无法强加的，当他没有感到崇高时，硬要让他认同，作为一个自主的有独立思考能力的人，即便不进行争论，也肯定口是心非。教师通过这种方式去"统一思想"，得到的结果只能是阳奉阴违，更不可能让他的认识得到提高。对于情操的培养，感染的力量，远远大于说教的力量。所以，对研究型教学来说，教师要提高精心设计与安排，营造出有利于学生进入作品氛围的"环境"，让学生自主地去发现、感受、感动，领悟作品蕴含的优秀文化、高尚人格、美好的人性，从而潜移默化地受到影响，得到提升。

（四）改革考核方式，巩固教学成果

首先，为使研究型教学模式取得良好效果，必须改变传统教学一张试卷定"乾坤"的考核方式，把整个动态学习过程纳入考核目标，增大平时成绩比例，教师要对学生研究成果及课堂表现认真评判，全面考察，制定相应比例体现在考核成绩中。

研究型教学模式着力于学生能力培养，所以对应的考核方式也要以能力评定为目标，基本方式应是经常性的表现评定，如学习态度、搜集的研究材料、论文的质量、发言的见解水平、知识掌握的灵活性等等，都在评定范围之内。因此，老师从第一堂课开始就要进行成绩评定。在此过程中可以引入团队竞争机制，小组互相打分，小组分数决定每个成员的成绩，以此促进组员间的合作，同时形成积极竞争的氛围和压力，保证研究型教学模式的有效。

其次，考试形式要多样化，既可以是闭卷式，也可以开卷与闭卷结合；既可以是试卷式，也可以是论文式。表7-4-1是笔者在教学实践中设计的大学语文成绩评定表，仅供参考。

表7-4-1 大学语文成绩评定表

姓名(团队序号)	平时成绩55分								考试成绩45	总评
	学习态度	拓展性课题30			学习性课题20					
		论文	论文	汇报发言	积极发言	灵活运用	思考深度	表达能力		
	5	10	10	10	5	5	5	5		

总之，考核是手段而非目的，它的存在应为研究型教学模式的顺利进行作保障，目的是促进学生的精力投入，提升教学效果。

五、研究型教学案例及其成效

[案例一]温庭筠《菩萨蛮》（小山重叠）其中"小山重叠金明灭"句该如何理解？向学生提供了三种解释：

（解释一）小山：指绘有山形图画的屏风。

金明灭：阳光照在屏风上金光闪闪。

（解释二）小山：形容女子隆起的发髻。

金明灭：头上插戴的饰金小梳子重叠闪烁。

（解释三）小山：眉毛。

金明灭：女子额上梅花图案的额黄有所脱落。

让学生搜集资料并形成小组结论：你认为哪种更合理？有没有更合理的别种解释？学生们对这三种解释做了合理与否的评价：

（第一小组）折叠的屏风，有点像山的形状。但是屏风离床太远，阳光照在屏风上闪耀的金光不容易映到女主人公的脸上，还把她弄醒了。

（第二小组）隆起的发髻，也有点像山的形状。但是难道古代的美女都带妆睡觉吗？睡了一夜那隆起的发髻都没有散开吗？

（第三小组）女子眉毛的形状像山的形状。

还有学生提供了书证：韦庄有词"一双愁黛远山眉"。小山眉为唐明皇定的十种眉样之一。《天宝遗事》载"明皇幸蜀，命画工作十眉图。"据《海录碎事》"十眉图：一鸳鸯、二小山……"。但是，眉毛如何"重叠"？

第三句提到"蛾眉"，这样短小的词里，连续描写两次眉毛也不太合理。

最终，师生达成一种最为合理的共识：古人所说的山屏或屏山，就是在床头的。温庭筠《菩萨蛮》（南园满地堆轻絮）里有"无言匀睡脸，枕上屏山掩"。早晨，阳光从门窗的空隙射进来，照在女子枕畔的屏山之上，屏山上有金碧螺钿的美丽装饰，于是，日光就显出金光闪烁的样子。枕畔金光闪动，女子醒了。

[案例二]杜甫《登岳阳楼》其中"吴楚东南坼"句还作何解释？历代诸多注本对此句的解释，或含糊其辞，或勉为其解，似乎都未得要领，这种争议性问题留给学生去做些研究才有更大的发挥空间。向学生提供了两种有代表性的解释：

（解释一）

"吴楚"，指春秋战国时吴楚两国之地，在我国东南一带（江、浙、皖、赣、湘、鄂）。大致说来，吴在洞庭湖东，楚在湖西，所以说吴楚之地好像被洞庭湖分做两半。

——中国社会科学院文学研究所编《唐诗选》

（解释二）

大致说来，湖在楚之东，吴之南，中由湖水分开，故曰"坼"。

——王步高主编《大学语文》（教材）

湖在楚之东，吴之南（大致的说法），若中分之，故曰坼。

——萧涤非《杜甫诗选注》

这个问题让学生去解释可能有一定的困难，所以，要求学生们先对这两种解释提出自己的质疑。

（第一小组）针对解释一提出两点质疑：（1）既然一个在湖东，一个在湖西，为什么不说"东西坼"，而要说"东南坼"？（2）春秋战国时的吴国与洞庭湖远离千里，怎能分开吴楚之地？

（第二小组）针对解释二提出两点质疑：（1）春秋战国时楚国的地域东至太湖，因此更合理的说法应是"湖在楚之南"，而湖的本身也属于楚国的范围内。（2）春秋战国时的吴国在洞庭湖的东北方向，与洞庭湖离得很远。

经过师生共同研究，得出以下结论：（1）"吴楚"之"吴"并非指春秋战国时的吴国，而是指三国时的东吴。岳阳城春秋战国时属楚国，三国时属东吴。（2）"吴楚"指的并不是被洞庭湖分开的两处地方，而是杜甫用春秋战国时的"楚"和三国时的"吴"两个不同历史时期的地名来指称同一个地方——洞庭湖一带地区。（3）"吴楚东南坼"并不是指吴楚之地被洞庭湖分做两半，而是指吴楚之地被洞庭湖分裂在东南方，这也是与长安所在的西北方向相对而言的。暗寓诗人因山河破碎、时局动荡，被阻滞在东南方，不能还乡的悲怆心情。

通过这两个案例来看，取得的成效主要表现在三个方面：第一，学生通过搜集资料解决问题，通过思考提出质疑，课堂发言和讨论，激发起了学习的兴趣，课后带着任务学习，课上师生互动良好，学生参与度高。第二，学生自己经过思考、研究之后得出的结论，比直接"灌输"的更易于接受和理解。在这两个案例中，所有的学生对温庭筠的秾艳风格和细腻笔触有了深刻的印象；对杜甫诗歌中把个人命运和国家忧患联系起来，把对寂寞的身世感慨和壮阔的自然景色相映衬的主题也会把握得非常准确。同时，经此两例才能真正明白所谓"诗无达诂"的内涵。第三，向学生传达了批判学习的理念，让学生了解了科学研究的思路和简单方法，为更大程度的主动学习和自主研究提供引导和帮助。

第八章
高校研究型教学模式的实践建构

在大学研究型教学与课程设计中,我们探讨的是教什么的问题,这些课程内容能否有效地教给学生,还取决于教学活动采取的具体方法和模式如何,即怎样教的问题。几乎每一个教育家都会探讨如何提高教学质量,而对教学理论的学习和探讨也与每一位教师的教学效果密切相关。《中共中央国务院关于深化教育改革全面推进素质教育的决定》中指出:"智育工作要转变教育观念,改革人才培养模式,积极实行启发式和讨论式教学,激发学生独立思考和创新的意识,切实提高教学质量。要让学生感受、理解知识产生和发展的过程,培养学生的科学精神和创新思维习惯,重视培养学生收集处理信息的能力、获取新知识的能力、分析和解决问题的能力、语言文字表达能力以及团结协作和社会活动的能力。"事实上,教学方法的改革比起教学内容和课程体系的改革更困难,而且正是由于教学方法改革的困难而导致了教学改革整体上的困难。课堂是开展研究型教学的主要场所,如何组织课堂教学,认真进行研究型教学设计,向课堂要质量、要效益,是大学研究型教学的一个非常重要的内容。

第一节 高校研究型教学的实施方法

一、关于教学方法的概述

(一)教学方法的一般意义

教学总是要通过一定的方法来展开的,而各种教学方法在具体运用时需要根据教学实际来选择和组合。在教学方法的选择和组合过程中,需要教师充分考虑学生的学习途径、教师的教学途径,确立教师在教学过程中发挥作用的方式和方法。

对于教学方法的认识在教育理论界存在多种不同的观点。

其一是手段说。如在五院校合编的教材《教育学》中就将教学方法定义为"教师为完成教学任务所采取的手段",即指教师教给学生知识的方法和学生学习知识的方法。这种定义虽然教与学双方都涉及了,然而最大的缺陷就在于把教与学分裂开了。教学过程中一方成了另一方的工作对象,在这里缺少了自由和平等,实质上意味着教与学的分离、学生的主动发展与教学的分离。其二是方式说。如李秉德主编的《教学论》中提出:"教学方法,是在教学过程中,教师和学生为实现教学目的、完成教学任务而采取的教与学相互作用的活动方式的总称。"这种定义看到了教学方法的本质是一种相互活动方式,体现了方法的双边性、集体性。但这种观点把教学方法理解为讲与听、问与答、指导与被指导等活动方式,忽视了师生生命活动的整体性,把师生之间的相互认知、相互模仿、相互理解以及共同体验、相互评价等方式排斥在教学活动之外,过于强调方法的可操作性、规范性,而忽视了方法的创造性、发展性等因素,容易导致教师在运用教学方法时的教条化和机械化。其三是措施说。如"教学方法是教师为了完成教学任务,实现教学目的,在教学过程中所采用的一系列方法措施"。这种对教学方法的定义,用方法来界定方法,其本身就令人费解,而且本质上它也没有突破手段说对教学方法的理解。其四是活动说。如"教学方法是为达到教学目的,实现教学内容,运用教学手段而进行的,由教学原则指导的,师生相互,作用的活动"。一般来说,每项活动都有其活动目的、活动内容、活动方法,而不能把方法说成是一种活动。本书对教学方法的理解是:"教学方法是师生为完成一定的教学目的和任务,根据教学的内容及情境而共同灵活运用的多种活动方式的组合。"这样理解教学方法认为教学方法本质上是师生整体生命活动的现实展开方式,教师的教和学生的学本身就是他们生活的内容,就是一种生命意义的表达方式。在这里,教学方法既不单纯是教学的手段、某种具体的操作方式或策略,这个过程中充满着师生的理智、情感和意志的交融,是师生在一起创造着、发现着、体验着同时也在发展着的过程。

(二)大学教学方法的特点

大学教学方法"是教师和学生为达到教学目的而共同进行认识和实践活动的途径和手段,也就是教师如何教学生如何学的问题"。大学教学方法具有教学方法的一般特征,同时也有其自身的特殊性。首先,大学教学方法是教法与学法的统一,是教师与学生相互作用的统一过程。所谓教学有法而无定法,即是说教学总是要借助于一定的方法进行的，但教学过程中师生的交往、互动、情境的变化、内容的特点等都可能使我们找不到某种公式化的方法模式。方法与内容、方法与目标之间并不是也不能机械地一一对应，但又总是有规可循的。任何一种方法都不是万能的，总有其特长和不足，有一定的先决条件，因此，教学方法的运用必须是灵活的、创造性的。其次，大学教学方法又有其特殊性。这主要因为：第一，大学教学方法在历时性上以"导"减"学"增为特征。教学方法的实质是"教"引导"学"，而不是教与学的简单相加。随着大学生学习的独立性、自主性逐步增强，导与学的比重也在发生变化，教法对学习质量的影响减弱，而学法对学习质量的意义增强。这就必然导致教师在课堂教学中讲授时间减少，而讨论、质疑、练习、实验、实践等课时数增加，在教学方法方面越来越侧重于激疑、释疑、调节、咨询等方面的作用，在学生的学习过程中，科研方面的训练也在逐步增加。第二，大学教学方法在共时性上以高度协同为特征。在中小学教学中，无论是课程还是任课教师都会有较长时间的稳定状态，而大学的科目众多且更迭频繁，任课教师也时常更换。不同的教师在内容取舍、要求高低，乃至表述习惯上都有不同的风格和特点。加上大学生知识经验的积累以及认知模式的丰富，他们在处理外界信息时会表现出日渐增强的能动性，对教师提供的信息总是有选择地接受。这样，教法与学法必须相互适应才能达到默契，才能使师生同频共振，获得最佳的教学效果。

二、几种代表性教学方法观

在教育历史上和现实教育实践中，对于怎样教和怎样学的问题有多种主张：从教学途径看，有以系统传授书本知识为主的"向书本学"和以通过直接经验进行教学为主的"做中学"；从教师在教学中对学生指导的作用方面看，有强调教师应该进行明示的"指导性教学"和强调通过创设一定的心理氛围进行无言之教的"非指导性教学"；从教学的具体方法看，有更关注让学生通过自己探索进行发现式的学习的"发现教学"和应该更关注让学生通过接受式的学习得到发展的"讲解式教学"。

（一）从学生获得知识的途径看教学方法

1. 以赫尔巴特为代表的"向书本学"的教学观

这是一种主张向书本学、以获得间接经验为主的教学观，一般被称之为传统教学观。其实早在赫尔巴特之前的17世纪，捷克教育家夸美纽斯就体现出了向书本学的主张。夸美纽斯虽然反对让儿童从理论到理论的纯粹的向书本知识学习，强调只要有机会就要让儿童从实践中去获取知识，但他关于"把一切事物教给一切人"的主张，关于百科全书式的学科课程的设置，关于学年制和班级授课制的制定以及教学用书的论述，却无疑是为以传授间接知识为主的学校教学开启了一扇方便之门。

真正集向书本学、以间接认识为主的教学思想之大成者，是德国教育家赫尔巴特。赫尔巴特基于他的实践哲学和观念心理学观点，特别重视智育在整个教育中的作用和意义，认为教育必须向学生传授知识。因此，向书本学、通过间接认识以获得间接经验为主的思想是赫尔巴特整个教学理论的基本原则。尽管他并没有直接论证过向书本学、以获得间接经验为主的教学的重要性，但他显然是继承了自教育成为独立活动以来，教学以传授间接经验为主的传统，而且在继承传统的基础上，又将向书本学的教学思想加以系统化、理论化，并把它与其观念心理学相结合，使得这种以间接经验为主的教学迈出了具有重要意义的"心理学化"的第一步。

2. 以杜威为代表的"做中学"的教学观

这是一种强调从活动中获得经验的教学观。法国近代启蒙思想家、教育家卢梭从反对和批评封建经院主义式的死记硬背的教学方法出发，极力主张儿童从经验中学，从自然和社会中的实际活动中学。他认为，理性是在感觉经验的基础上形成的，要培养人的理性，必须先充实人的感觉经验。他坚决反对死记文字、通过背诵经典著作学习书本知识的传统教育，因为这种教育只是主观地设想儿童的未来，不考虑儿童的现在，不考虑儿童现在的生活、能力和天性。在这种教育中，儿童所学的唯一的东西就是书本，而在现实生活中的那些实际有用的知识却一点也不去学。他认为在儿童期最适合于他们学习的不是书本，而是他们周围的事物；他们周围的事物就是一本活的教材。要通过接触并认识周围的事物来完善他们的能力，丰富他们的知识，增长其记忆，发展其判断能力。教师的任务，就是对这些周围的事物进行选择，以免让他们接触到其所不能接触的东西，以便让他们学会现在及将来都有用的知识。他认为在儿童时期，最重要的是发展感官。他主张，凡是能在经验中学习的事物就不要从书本中去学，甚至要求"以世界为唯一的书本，以事实为唯一的教材"。卢梭认为，在教儿童学习知识的时候，应该与培养他们的独立精神以及智力结合起来。他主张让学生通过自己的观察和思考去学习知识，这样才能获得可靠的、清晰的知识，并有助于发展智力。

卢梭的教学思想，主要就是要求学生不被书本束缚头脑，而让儿童通过对事物的直观和从个人活动中学习，并通过自己的学习活动获得有用的知识、发展智力。

卢梭可以说是建构了他的"从做中学"的理想，而将崇尚直接经验的思想发展成系统理论的，则是美国实用主义教育家杜威。杜威几乎完全继承了卢梭关于儿童应从生活中和自然中学习的思想，并把它与自己的实用主义哲学和本能心理学相结合，构筑起一个以"做中学"为基本原则的教学思想体系。杜威说："教学法是一种途径的描述，使人借此运用经验的材料，格外有功效，格外有结果。我们所以能获得这种途径，是由于观察经验而引申出来的。"他提出，要"利用教育使科学的方法深入学生的习惯"，"学生因为采用科学家达到完全知识所用过的方法，拿来解决他寻常习见的材料里面选出的问题，于是他获得独立的能力，能够对付他的范围以内的材料"。杜威把重视科学方法问题看成教育前进或者倒退的分水线，他认为，科学发展如此迅速，企图让学生记住浩瀚复杂的知识，训练单纯的动作技能，是行不通的，也是无用的。他说："知识不是死的"，教育应当"一面教人怎样求知识，一面教人怎样证明所得的知识是否是真知识"。所以，教育不应只是给学生知识，重要的是教他们科学的方法，寻求知识的方法。他认为，在旧学校里，教与学是割裂的，教学只注重知识，不注重培养能力。表面看来，教师按照现成的教材讲，学生能在尽可能少的时间里学到尽可能多的东西，但是，这种教法完全抹杀了儿童自己寻找机会、生动地表现自己的主动精神。杜威并不是一概反对传授知识，只是强调知识的应用，强调从学生的经验开始，强调思维的作用。他从其主观唯心主义经验论出发，把思维的过程分为五步：问题情境，问题定义，提出假设，假设推论和检验。相应地，教学过程也包括五个步骤：①学生要有一种与实际经验相关的情境，在这种情境里，活动是继续的、前后有关系的，学生因为对于这事的本身有兴趣才去做。②在这种情境里，须能发生真正的问题，唤起学生的思维。③学生须具有相当知识，从事必要的观察来对付这种问题。④学生须自负责任，把他所想出的解决问题方法，整理排列，使它的秩序井然不紊。⑤学生须有机会应用他的想法，由此检验这种想法的价值，使这种想法的意义更加明了，让他自己去发现这种想法的有效性。在谈到"做中学"的方法时，杜威既反对"任性乱碰"的"做"，也反对"呆板成规"的"做"。他所提出的五步法也不像赫尔巴特形式教育的五阶段那样神圣不可颠倒。他自己解释说："思维的五个形态、阶段或功能，并不依固定的秩序而出现……在这上头，没有固定的规则。怎样的安排，全看个人的理智的机巧和灵敏。"杜威试图在传授知识和培养能力之间架设一座"桥梁"，他对科学与教育、社会与教育的关系，教学目的和任务以及教学方法的重要性和灵活性的分析，在教育史上留下了不可消除的一页。但他片面夸大了学校的"社会化"，片面强调教学必须自直接经验开始，对个人生活经验在教学中的作用做了违背教育科学规律的估价，因而在客观上忽视了科学知识的系统性和逻辑性，教师在教学过程中处于无能为力的地位。我们对此应该扬利抑弊。

（二）从教师影响学生的行为方式角度看教学方法

1. 强调教师应该进行明示的指导的"指导性教学"

传统的指导性教学可以简单地概括为：教师是知识的传授者，学生是知识的接受者；教师在课堂上发挥着明显的主导作用，学生则沿着教师的导向走。由此而决定的是，系统讲述和传授是教学的主要形式。其代表人物就是赫尔巴特。他提出并论证了教学的四阶段理论，并根据这四个阶段的特点统一运用单纯提示、分析教学和综合教学三种教学方法。

教学的第一个阶段是"明了"。在这个阶段主要运用单纯提示和分析教学。在提示的基础上加以分析，在分析比较教材时，又需要借助提示，对教材加以真实的、富有吸引力的描述，用简练易懂的词句着重进行准确而精细的分析。

在教学的第二和第三阶段，即"联合"和"系统"阶段时，主要采取综合教学，使初步联合起来的各种观念逐步与课程的整个内容和目的联结起来。

在教学的第四阶段，即"方法"阶段时，要求把"普遍领域"的概念运用到"个别情况"中去，其教学方法主要是练习，实际上也是对单纯提示、教学和综合教学的验证。

从赫尔巴特对教学进行得如此系统的论述看，他极为重视知识的教学，重视教师在知识教学中的指导作用，重视教学中的讲述与传授。他的理论主要是从教师如何对学生的心智进行刻意加工和明示指导来规定的，突出了教师的作用，强调教师的指导。虽然他也比较重视儿童的兴趣和心理特点，但其目的是为了使教师更有效地教，而不是让学生主动从经验中学，教师在教学活动中居于中心的地位。赫尔巴特的指导性教学观，极大地影响了后来教学理论与实践的发展，产生了深远的影响。

20世纪30年代，以巴格莱为代表的要素主义教育学派，站在反对进步教育

"以儿童为中心"的思想的立场,主张学习者应该系统地学习、透彻地理解和熟练地掌握那些人类文化遗产中永恒不变的、共同的因素。由于特别强调系统的学习和智力的陶冶,要素主义学派主张教育过程中的主动性在于教师而不在于学生,提出应该"把教师放在教育体系的中心",充分发挥教师的权威作用。该学派认为教师要在教室里维持学生的纪律,维护严格的价值标准;要为学生提供有益于学习的优良环境。只有在教师指导和控制下,儿童才能充分实现人类所具有的潜在能力。在要素主义的主张中,学生处于教育的边缘;学生的心灵不过是"一种盛器,学校尽量多地往那里灌注传统和客观世界的组织起来的内容"。

指导性教学过分强调教师的指导作用,因而忽视了学生的主体地位和学生学习的积极性、主动性;过于强调教学的认知方面,而忽视了情感与认知之间的紧密联系;过于追求统一,而对学生的个别差异重视不够,因此引起了人们对它的指责和抨击。尽管如此,指导性教学仍然在教育教学实践中牢牢地占领着它的席位。因为就教学本身而言,知识的传授不可否认的是其主要任务之一。不论是智力的发展、人格的培育,还是个性的完善,知识的掌握都是其不可或缺的前提。而指导性教学在知识的传授上具有明显的优势,主要表现在:一是可以大大地提高知识传授的效率;二是可以让学生掌握的知识系统化。也正因为如此,指导性教学仍然具有其生命力。

2. 强调教师通过创设一定的心理氛围进行无言之教的"非指导性教学"

非指导性教学观并非不要教师的指导,而是主张一种不同于传统指导的"指导"——"非指导"。相对于人们已经习惯的明示的、直接的讲授、组织设计学生活动等指导方式,"非指导"较少地采用、甚至不采用直接告诉、简单命令、详细指示等方法,而较多采用间接的、不明示和命令的、不做详细指点的方法。在非指导性教学过程中,教师鼓励学生自由地表达情感、提出问题、采取行动并解决问题。在整个过程中,学生有充分自由从事自己喜欢的活动,有各自的学习目的;教师的任务在于建立一个积极的、接纳学生思想感情的、没有威胁的学习环境,促进学生的发展。在这里,教师成为学生思想感情的反应者、学习活动的咨询者和合作者。

早在古希腊时代的哲学家苏格拉底所创造的"产婆术"实质上就是一种非指导教学方法。他在教授学生时,从不直接向学生讲解和传授各种具体的知识,而是通过问答、交谈或争辩的方法来宣传自己的观点。他先向学生提出问题,学生答错了,他也不直接指出错在哪里,而只是提出暗示性的补充问题,使学生不能不承认答案的荒谬而处于自相矛盾的地步。这样经过交相争辩,最后迫使对方承认无知。苏格拉底的产婆术与非指导性教学不进行直接的讲述和传授的思想近似,可以说是"非指导性教学"的雏形。我国古代教育家孔子的启发式教学也包含着非指导性教学的意味。

作为一种教学思想,非指导性教学的影子要在现代儿童中心主义者杜威那里才能找到。杜威主张教学应以"儿童为中心",让儿童通过自己的活动学习。他既然站在儿童的立场上,把儿童推到了教学的中心地位,那么教师的作用就从"训练者"或者"操纵者"变成了"辅助者"或"促进者"。杜威思想的核心就是反对只重读书的传统教育,而提出应重视儿童、重视活动教学的进步教育。他的观点与罗杰斯后来所倡导的"非指导"并不完全相同,但他们的思想在根本上是一致的,即"以学生为中心"。

在教学领域,鲜明地提出非指导性教学思想的是美国人本主义心理学家罗杰斯。他坚决反对将认知和情感分离的传统做法。他认为,认知和情感是浑然一体、缺一不可的。他说,就课堂教学而言,如果教师注意到倾听学生的心声、激发学生的情感,从而让学生认识到自己的情感被理解和被接受,学生就会认识到课堂所形成的一种独特的气氛,而这会极大地促进教学。他认为,在情感的参与下,认知和情感的协同活动,能使认知活动达到一个单凭认知能力本身所不能达到的高水平;当情感和认知结合起来,学生作为一个完整的人来活动时,就能产生一种整体效应。

非指导的实质,就是把学生的经验活动放在教学过程的核心;而教学过程的其他方面,包括教师的教,都要围绕这个核心"旋转"。罗杰斯之所以如此重视学生自身的经验活动,就是因为他相信学生具有优异的先天潜能,不需要、也不应该用指导性的方法向学生灌输什么。他批评传统教学,教师和书本成了教学活动的核心,学生反而成了"奴隶"。即教师是知识的拥有者,学生是容器;考试和讲课是教学的两个核心要素;教师拥有权力,学生是服从者;教师是权威,在班级中处于中心地位;教师和学生互不信任;学生处于恐怖状态;民主遭到践踏,学生无权选择课程,教师无权选择领导,因而言行不一;好奇心受限制,乃至窒息。这种教学将导致学生的盲目服从,即只知道理智事实,而与人的自我无关,更谈不上形成自我、实现自我了。

非指导性教学强调要使学生经历"意义学习"。这种意义学习具有四个方面的特征。第一，学习具有个人参与的性质。整个人（包括躯体、情绪和心智等方面）都投入到学习活动中。第二，学习是自我发起的。即使在推动力或刺激来自外界时，学习中要求发现、获得、掌握和领会的感觉仍是来自内部的。第三，学习是渗透性的。它会使学生的行为、态度乃至个性都发生变化。第四，学习是由学生自我评价的。因为学生最清楚这种学习是否满足；自己的需要，是否有助于获取他想要的东西，是否弄明白了自己原来不甚清楚的某些方面。这样，便培养出了学生的独立性、创造性和自我依赖（而非依赖他人）。教师在学生的学习活动中只是一名帮助学生自我指导、自我主导的促进者。教师作为促进者的作用主要表现在四个方面，即帮助学生澄清自己想要学习什么；帮助学生安排适宜的学习活动与材料；帮助学生发现他们所学东西的个人意义；维持着某种滋润学习过程的心理气氛。对于教师如何发挥促进者的作用，组织好学习内容，实现"非指导"，罗杰斯对教师提出了三个要求。首先，教师要做一个真实的人。师生在教学交往中应该坦诚相待，形成一种良好的人际关系和理想的课堂心理气氛。教师能够如实地表达自己的观点、思想和情感，但不强加给学生。这样，教师就成为一个与学生平等而又有血有肉的人，不再是某门课程的"偶像"、知识的绝对权威，也不是没有自己的思想、仅仅将知识传给下一代的"传声筒"。其次，无条件地接受学生。这就意味着即使学生在学习过程中出现了偶尔的冷漠、钻牛角尖的错误想法，教师也要坦然接受；他既能接受学生个人感情对学习的干扰，也能利用其感情对学习的促进。总之，就是要赏识学生，将他看作是一个具有许多感情、许多潜能的不完善的人。以促进者的身份对学习者赏识或接受，是教师对人类机体能力具有基本信心和予以信赖的一种具体表现。第三，对学生的移情性理解。这要求教师能从学生的角度出发观察世界，理解学生的心灵世界，设身处地地为学生着想。在移情性理解中，教师不再是用主观预想的框框来看待学生，而是以同情的态度体验学生本身的所感所想，由此达到对学生的深层理解；反过来，学生才会对教师产生信任，达到师生之间的和谐同步。

（三）以学生学习的方法为基础来看教学方法

1. 以布鲁纳为代表的"发现法教学"

布鲁纳所指的发现法，并不是科学家的发明创造，而是按自己的方式而不是照书本的样子，把获知的事物组织起来的一种活动。它是学生通过自己发现知识形成的步骤，以获取知识并发展探究性思维的一种学习方式。其基本过程是，学生自己从各种特殊事例归纳出结论，并用之来解决新问题。发现法的本质特征就是强调探究过程而不是形成的知识；在发现学习的过程中，学生的主要任务不是接受和记住现成的知识，而是参与知识的再发现过程。与此相适应，在发现法教学中，教师不仅要传授布鲁纳所主张的学科知识结构，还要培养学生探究问题的精神，以及独立解决问题和预见未知的能力，引导学生自己对提出的课题和教材进行分析、综合、抽象、概括，最终得出原理。

2. 以奥苏伯尔为代表的"讲解式教学"

美国认知心理学家奥苏伯尔提出的有意义言语学习理论，对发现学习与接受学习提出了新的认识，也同时对讲解式教学做出了新的思考。

奥苏伯尔的有意义学习理论提出，根据两种不同的标准可以把学生的学习进行分类。第一种分类将学习分为"发现学习"与"接受学习"。发现学习是学生通过自己再发现知识形成的步骤而获取知识并发展探究性思维的一种学习方式。而接受学习是指通过教师呈现的材料来掌握现成知识的一种学习方式，其特点在于，要学习的内容是以定论的形式呈现给学习者的，学生不必进行独立发现，而只需接受，即理解教师呈现的学习内容，并将这些内容组织到自己已有的认知结构中去，以便将来可以运用它们或把它们再现出来。

第二种分类将学习分为"机械学习"和"意义学习"。所谓意义学习，奥苏伯尔认为就是将符号所代表的新知识与学习者认知结构中已有的适当观念建立起非人为的和实质性的联系。相反，如果学习者并未理解符号所代表的知识，只是依据字面上的联系，记住某些符号的词句或组合，则是一种死记硬背式的机械学习。所谓非人为的联系，是指有内在联系而不是任意的联想或联系，指新知识与原有认知结构中有关的观念建立在某种合理的或逻辑基础上的联系。所谓实质性的联系，是指表达的语词虽然不同，但却是等值的，也就是说这种联系是非字面的联系。机械学习就是不理解学习内容的学习，是死记硬背式的学习。在机械学习中，新的内容与学生认知结构中原有的观念建立的只是人为的、非实质性的联系。

奥苏伯尔认为，接受学习不一定是机械学习。它有可能是意义学习，也有可能是机械学习。教师向学生传授知识经验要借助于语言文字及其他各种符号，学生仅仅感知这些符号是不够的，他们还必须掌握这些符号所代表的事实、概念、原理，理解这些符号，这样的接受学习就是有意义的学习。

奥苏伯尔认为意义学习必须具备三个条件：意义学习的产生既受学习材料本身性质的影响，也受学习者自身因素的影响。第一，从客观条件上看，意义学习的材料本身必须满足能与认知结构中有关知识建立实质性和非人为联系的要求。也就是说，材料必须具有逻辑意义，在学习者的心理上是可以理解的，是在其学习能力范围内的。一般说来，学生所学的教科书或教材，是人类认识世界的概括，都是有逻辑意义的。第二，从主观条件看，学习者首先必须具有积极主动地将符号所代表的新知识与认知结构中的适当知识加以联系的倾向（心向）。第三，学习者认知结构中必须具有适当的知识，以便与新知识进行联系。如果学习材料本身有逻辑意义，而学习者认知结构中又具备了适当的知识基础，那么，这种学习材料对学习者来说就构成了潜在的意义，即学习材料有了和学习者认知结构中的适当观念建立联系的可能性。最后，学习者必须积极主动地使这种具有潜在意义的新知识与认知结构中的有关旧知识发生相互作用，使认知结构或旧知识得到改善，使新知识获得实际意义即心理意义。意义学习的目的，就是使符号代表的新知识获得心理意义。如果学习材料本身缺乏逻辑意义，或者虽然学习材料具有逻辑意义，但学习者认知结构中缺乏与新知识进行联系和沟通的原有经验，或者学生缺乏主动地将符号所代表的新知识与认知结构中原有的适当的知识加以联系的倾向性，那么即便学习材料对学习者具有潜在意义性，也无法使它变为心理意义，这就导致了机械学习。

三、大学研究型教学的基本方法

大学研究型课堂教学就是基于强调科学原理形成过程并突出学生获得知识的自主性和研究性为主要特征的教学方式。它强调教学内容的过程性、发展性和综合性，与此同时引导学生以类似于科学研究的方法掌握知识，增强学生自身参与知识建构的积极性和主动性。在大学教学实践中，"教法"与"学法"的关系，往往是"教"的作用发挥得比较充分，而"学"实际上不被重视，甚至"教为主导"代替了"学为主体"。同时在教法上"讲授法"占有绝大部分的比重。导致这种"重教轻学""重讲授轻探究"现象发生的原因，有教师基础素质和教学经验的问题，有教学内容和教学方法的问题，也有从教师到学生因循中、小学教学习惯的问题，但根本上还是教育思想和观念的问题。实施研究型教学，要求教师转变教育观念，构建充分体现其思想和观念的教学方法体系，并综合运用多种教学方法，如启发式讲授法、案例教学法、研讨法等。

(一) 案例教学法

1. 什么是案例教学法

案例教学法，即在教师指导下，根据教学目标和内容的需要，采用案例组织学生学习、研究、锻炼能力的方法。在教学过程中，案例可以多种形式来呈现，可以是文字的、图片的或影像的，它是作为被剖析的对象，教师和学生要共同直接参与对案例的分析、讨论、评价、寻找对策等工作。由于可以根据不同的目的来选材、设计不同的案例，所以案例可以反映各种情境的教学。

传统教学法注重教师讲授，主要方式是教师授课，学生听课，信息传递是单向的。这种教学法连贯性较强，有利于基本概念的灌输，在一定范围内有其自身价值。案例教学法不但重视知识的传授，而且更重视知识的应用。它把学生作为教学中心，强调学生在教学中的主观能动作用，注意调动学生的学习自觉性和主动性。它侧重的主要是学生的内在素质和能力的培养，而非单纯的知识的获取。因此，在当今大学教学改革中，这种方法被广泛地运用。

案例教学法的主要意义就在于：第一，能较好地培养学生的、沟通、表达能力。案例教学的重点在于讨论和相互交流，因此学生要想在课堂上完成任务或有好的表现，就必须磨炼自己的语言能力，以加强与他人的沟通并力争在讨论中说服对方。第二，实用性强。如笔者多年来在所从事的大学语文课程的教学中，经常运用案例教学方法，鼓励学生在分析语文案例过程中，善于发现问题并以问题为契机，在提出问题和解决问题的过程中领悟案例所蕴藏的语文知识，并要求学生学以致用，把解决方法运用于解决问题，逐步掌握语文案例所包含的规律，以保证语文知识内化为语文能力。同时依据案例的逻辑结构，针对案例的问题解决提出具有范式意义的策略，学生通过对策略的渐次理解，逐步掌握解决问题的方法。这种案例解析的过程类似对现实生活的一个预演或排练，而这些针对性的演练能使学生正确理解与掌握解决问题的基本规律与方法，培养学生的创新精神和实践能力。第三，教学效果好。这种教学效果主要体现在两个方面：一是学生对所学内容容易记忆，并能保持长久，甚至刻骨铭心。案例教学法与传统的教师台上讲、学生台下听的灌输式教学方法不同，它采取以学生为主进行课堂讨多论的方式。由于每个学生都有责任在课堂上做出自己的一份贡献，因此，他必须预先充分准备，认真分析弄懂案例中出现的问题并站在决策者的角度进行决策。在课堂上每个学生都要积极参与讨论、发言，因此他能对自己亲自参与的课堂内容深刻理解并铭记在心。二是学生积极性较高。首先，案例来源于活生生的现实，很多还可能是学生将来走向社会真正面临的实际情况或问题，这一点对于学生来说，本身就是一种吸引力；其次，案例内容生动有趣，没有那么多复杂深奥难懂的概念、公式或理论，自然参与的积极性较高；再次，学生在课堂上扮演的是"演员"，教师只起一个"导演"的作用，不像传统的灌输式教学模式下，教师既是"导演"也是"演员"，学生充当的是"观众"角色；最后，学生在课堂上的参与和表现直接成为教师对其考评成绩的一个重要的组成部分，因此学生也不得不在案例课堂上提高自己的积极性。

2. 案例教学与范例教学

范例教学是德国教育家瓦根舍因所倡导的。根据根舍因的理论主张，范例就是"隐含着本质因素、根本因素、基础因素的典型事例"。按照克拉夫基的说法，"范例教学是这样的教学：它使学生能够依靠特殊（例子）来掌握一般，并借助这种一般独立地进行学习"。范例教学认为，没有一个计划的教学过程可以穷尽整个精神世界，没有人能够毫无缺漏地掌握整个学科的全部知识。然而，在以往的教学实践中，往往可以发现：一门学科越古老、越坚固，其结构越严密，那么，人们就会自觉地尝试去系统地、滴水不漏地从头到尾去教它，认为这些学科逻辑性强，教学中不能漏掉一点一滴。仿佛漏掉一点，就会导致整个学科体系的瓦解。可是，教师自己也不明白：这门学科的每个个别知识究竟有什么用，它们对青少年的发展有什么意义。而这种追求点滴不漏的系统性的教学法，常由于课时的限制，使教学工作匆匆忙忙地进行，反而达不到彻底性。

范例教学即是通过教材中典型事例的研究，使学生从个别到一般，掌握教材知识结构，获得基础知识的一种教学方法。范例教学法认为，作为重点的知识内容，它就是范例。案例是依据教材内容去进行教学设计和教学实施，它不完全是教材中的典型事例，是指导教师在教育实践中收集的典型人物、事件或人物和事件的有机结合体。案例应是教材知识以及教材中规定的能力培养的延伸和拓展。它使教材更加典型化和贴近生活，便于培养学生主动学习、发现问题的思考能力和创造能力；便于学生理解教材，学好知识；更便于完成教学大纲规定的教学目的。案例教学与范例教学之间容易混淆，两者相互借鉴的成分较多，它们都是具有典型意义的教学内容，教学思路都是由特殊到一般，都重视对学生能力的培养。事实上，在我们的教学实践中很难也没有必要对二者进行明确的区分。

3. 案例教学法的实施

案例教学法的实施可以说从根本上改变了教师一统课堂的局面，使学生和教师共同参与教学，所以一堂课的成功与否既取决于教师，又取决于学生。实施案例教学首先要求根据教学目标、教学内容及学生学习特点精选教学案例，并在课前熟悉案例内容进行深入研究，并准备好案例讨论可能涉及的有关知识。在课堂上，注意与其他教学手段的协调；介绍案例内容要讲究艺术性，吸引学生的注意力，激发学生学习的积极性和讨论的热情；在案例内容讨论时，教师应注意认真倾听。

在案例的选择和设计上，尽可能提供多种范式。从内容上看，它们可以是实证性案例、分析性案例、音像性案例、调研性案例、模拟性案例；从形式上看，可以是文本案例、影音案例；从来源看，可以间接通过书本及其他文字资料获得，也可从调研、实践观察中获得。

构成一个案例的五个关键的决定因素如下：

一是来源。很多教师对案例教学不以为然或简单视之，认为案例教学不过是在教学中用点例子、做做练习就行了，殊不知案例与它们的本质区别。虽然这些例子和练习也是有益的教育手段，但误解可能会影响学生对什么是真正的案例这一概念的把握。首先说例子。很多教师在教学中经常使用的是一种或多或少地对来自现实生活中的第一手材料人为加工处理过的例子，而不是真正的案例，甚至有一部分是凭空想象的，没有任何实际根据，是一种"坐在椅子上空想的案例"。而真正的案例却是实实在在的现实情况的记录。虽然案例教学的许多方面可能与在课堂上使用的这些"近似案例"的例子、练习或文章的方法技巧是相同的，然而给这些东西贴上"案例"的标签可能会带来一些副作用。其中最突出的是它将会使学生参与案例教学的积极性大打折扣。因为他们面对的每一个案例基本上是由真的和假的案例糅合在一起、经过人为加工的东西。让学生积极地为一个虚假的案例做必要的充分的准备是困难的。另一种代表类型是一些练习，它们也许用或不用实际组织的数据。因此要精心选择和准备具有代表性的、有利于学生形成迁移能力的典型案例。

二是收集过程。案例必须有一个真实的来源，这就意味着要获得真正的案例，研究者在收集过程中要进入实地收集数据。在数据收集过程中，研究者的辨别能力是很重要的，因为要记录和报告所见所闻的每一件事是不可能的，这就要根据教学目的进行有针对性的收集。另一个特点是案例在使用之前必须经由案例资料来源处负责人许可或同意。这种同意或许可意味着这个案例真正代表实际情况，同时那个组织同意它为教育目的而公开。

三是内容。案例的内容自然因教育目的不同而不同。通常而言，它有一个重点。一个案例可能长也可能短，牵涉面或宽或窄，其主题范围几乎没有限制。在案例中应该包含足够的信息便于学生了解某个组织、情况和有关的人。

四是课堂测试。课堂测试是一个案例必须通过的另一个关口。对案例的最终评价取决于它的应用。这一点可能因教师、班级、学生不同而不同。案例完成了教育目的吗？这是所有案例材料都提出的一个难答但是重要的问题。

五是时效性。每个案例所表现出的示范作用都可能随时间和环境的变化而改变。因此，大多数案例随着时间的推移而变得陈旧过时。所以教师应选择那些经典的具有广泛迁移价值的案例进行教学。

（二）研讨法

1. 什么是研讨法

研讨法或问题研讨教学法，是指教师在教学过程中组织学生围绕教师或学生提出的有一定研讨价值的问题，进行有一定深度、广度的研究探讨性学习，让学生在独立思考教师引导、互相启发或争辩中，最大限度地发挥学习的主观能动性，取得认知思维和情感思维的高效率，培养学生富有创造性的学习能力，最终教会学生掌握各学科学习的方法。问题研讨教学法把让学生掌握研讨问题的方法作为课堂教学核心，从问题出发，研讨创新。在教学的过程中，教师要求学生独立思考问题和提出问题，鼓励他们大胆地发表自己的见解，并能随着问题情景的变化，灵活地选择解决问题的方法和深入地研究问题的实质所在，使学生的思维能力（特别是活跃性和独创性）得到充分的发展。问题研讨法的重要意义体现在：

第一，问题研讨法强调实践在认识过程中的作用，强调认识，过程中人的主观能动作用，认为人的认识不是消极地、被动地反映外界事物的。它把学生接受知识的过程视为积极主动地参与实践的过程，并在教师的推动下完成认识的飞跃。教师提供的问题与学生的质疑、师生搜集的补充资料、必要的引导与讲解等等，都是学生掌握知识的外因条件，而学生对教学内容能否接受、智力能否开发，都取决于学习过程中的主观能动作用这一内因条件，外因只能通过内因才会起作用。问题研讨教学过程中，学生对问题的思考和讨论无不在内因的驱动之下，积极主动地去认识和积累知识，并有效地提高认识学科知识的诸种能力。

第二，问题研讨的过程有益于培养学生的各种思维品质，使他们思维的独性、深刻性、批判性、敏捷性和灵活性得到普遍的发展。学生在研讨问题时进行一系列的逻辑分析，透过现象抓住本质，并在与教师、同学的多向反馈交流中对自己的思维活动进行良好的自我调节与监控，从学会逐步走向会学。

第三，问题研讨法体现了学生主体性原则、启发性原则、循序渐进性原则及和谐性原则。它要求学生成为自己学习行为的主人，根据教学的主客观条件和需要支配自己的活动，始终处于稳定的自主地位。

2. 研讨法的实施要求

实施问题研讨教学法，对教师提出了较高的要求，主要有：教师要设计富有启发作用的问题或采纳学生提出的有探讨价值的问题，引导学生进行思考、讨论，并作启迪智慧的讲授；教师在教学过程中，应根据教学重点、难点的要求，设计一些很有深度的问题，让学生在研读中去解决。

教师要根据学生的认识规律和年龄逐渐增长的特点，进行由易到难、由简到繁和量力而行的循序渐进性教学，使每一位学生研究问题的能力形成逐步提高的渐进程序，达到学生个体与班级整体的同步共进。

教师要树立民主观。实施问题研讨教学，要力避"一言堂"，充分体现民主教学的要求。现代教学不能只满足于知识的传授，而要培养学生的综合素质。问题研讨的方式需要创造师与生、生与生之间平等、和谐的教学环境，大家在互相尊重、信任和合作的氛围中研讨教学的内容，充分体现教学的民主化。这样才有利于学生的情感始终保持在积极、活跃的状态中，形成和谐共进、教学相长的境界。

总之，问题研讨法以具有思维价值的问题激发学生的学习兴趣为前导，以明确的教学目标激励学生的学习动机为动力，以积极进取的活动培养学生克服困难的能力与意志，以对问题深入思考引发学生内在的真、善、美情感，以研究探索性的学习提高分析问题和提出问题的能力，使学生以理智的、热情的、勇敢的、宽容的精神状态参与问题的研讨，培养适应未来社会的下一代人的性格和能力，从当前素质教育的角度看有着广泛实施的必要性。

在教学实践领域有一种教学方法被称为苏格拉底式问题研讨法。其实质与一般的问题研讨教学法是一致的，只是在思想认识上更着重强调了这样几个方面的问题：

首先，在师生关系上它以学生为中心，重视学生的积极主动性，讨论过程中学生自主有序地进行发言和提问；学生的座位也不是惯常的并排而坐，而是围圈而坐，像在开一个圆桌会议。老师亦不是站在讲台前的控制者，他是一位教练、向导和导航员，也是一位讨论的平等参与者，其真正作用是使讨论能沿着一定的线索有效地进行下去。当讨论中出现问题时，他要稳定情势、进行指导，要使所有人都能感觉到讨论就像真正的交谈一样，是在民主、平等的气氛中进行，每个人都可适时地进行发言和提问。

其次，它绝不仅仅只是交谈，它是有组织、有计划地进行的，讨论围绕着预先确定的某一主题展开。在讨论之前，教师要确定讨论的内容和论题，并可指定一些文本作为参考，比如一本书、一幅画、电影、数学定理、报纸社论科学命题等等，然后让学生有几天的准备时间。

再次，苏格拉底式问题研讨教学法是在确立了让学生学会清楚表达思想，进行批判性思考，引用参考去支持、维护自己的观点，有效地进行提问和与别人进行意见交流的教育目标前提下采用的一种方法。而这些目标是一个受教者离开学校必须具备的教育结果，它能加深和扩展学生对人类精神与文化价值的理解，也是增强学生素质、培养其人文精神的重要方法和步骤。

第四，这一方法是与平常的说教性的课堂教学和课程内容的学习以及阅读、写作、演说、问题解决等方面的训练、练习综合起来进行的，它们之间不能互相替代。

第五，苏格拉底式问题研讨也是一种富有成效的成绩评定形式。根据学生在讨论中的表现，按照既定的评分标准与规则对学生进行评价，并作详细的记录。这种评价可作为惯常的测验与考试的有益补充，从而对学生有更全面、更深刻的了解；它可指向很多的教育结果，对学生的学习情况和教师的教学效果都能提供有益的反馈信息。

最后，因问题研讨常要进行跨学科的学习与讨论，所以需要几个或更多的老师组成教学团队进行协作教学。

（三）启发性讲授法

1. 什么是启发性讲授法

启发性讲授是教师创造性地运用言语因素，通过激发学生的学习兴趣和启发学生的积极思维来促使学生主动获得知识的方式。大学研究型教学仍然离不开教师的讲授，但这里的讲授不是灌输，不是让学生被动地接受，它应该是发现教学与接受教学的有机融合。因此，教师在教学中必须抛弃单向的纯粹知识和信息的传递方式，充分激发学生主体积极融入教学过程的热情，课堂教学要取消叙述式、纯粹推理式和满堂灌的方式。教师可以先提出问题或设立情景，或者将某些重大而有争议的问题的多种观点呈现出来，由此激发学生自己去思考、判断、选择，在与教师交流中提高创新意识和创新思维能力，教师要大胆鼓励学生提问，方式有向教师询问，也可以学生互问。

2. 启发性讲授方法的实施要求

（1）注意讲授的结构性和逻辑性。教师的讲授必须在充分准备的基础上，做到有条理、层次清晰、知识前后关联、由浅入深、由易到难，每一个结论都合乎逻辑的发展，让学生完整地感知知识地图。

（2）注意讲授的情感性、艺术性、形象性。教师在给学生传递知识时，通过形象、优美的语言，表现、表达个人的情感与理解，表现自己的语言风格。

（3）注意讲授的重点和难点。重点是就知识结构中知识的地位来说的，难点是就学生的认识过程而言的。突出重点就是要求教师讲授要强调"核心内容"，不要面面俱到，平均使用力量；突破难点就是要求教师要有针对性地讲，在学生困惑的地方多花时间和精力，使学生清楚明了。

（4）注意讲授的双边性。尽管讲授主要是教师讲，但学生的插话、提问甚至打断教师的讲授是可能的和必要的，教师应该鼓励学生这样做。

（四）研究性学习法

研究性学习是学生在教师指导下，以类似科学研究的方式去获取信息或应用知识、解决问题的学习方式。研究性学习不同于个体自发的探索活动，也不同于科学家的创造发明活动，它是在学校环境中和集体教学的环境中进行的，并且离不开教师的指导。其实质是学生借鉴或模仿科学研究的思维方式和行为方式，进行创造性学习。研究性学习可以使学生获得多方面的发展：获取信息的能力，合作、沟通等人际交往能力，科学精神与科学道德，对社会的责任感和使命感，综合运用知识解决问题的能力，创新精神和创新能力。大学研究型教学的一个重要特点就是要求课内教学与课外课题活动相结合，因此，学生必须学会研究性学习的方法。

（五）情景模拟法

1. 什么是情景模拟法教学

情景模拟法教学是指通过对事件或事物发生与发展的环境、过程的模拟或虚拟再现，让受教育者理解教学内容，进而在短时间内提高能力的一种教学方法。从技术角度看，它是在类比、模仿、建立模型、技术仿真等概念和方法的基础上，广泛运用现代管理、电子、红外、激光、计算机及其软件技术发展起来的先进教学手段。

情景模拟法教学具有科学性、实用性、经济性特点。运用模拟教学手段，形象直观，环境与过程逼真，结果明确且相对准确；便于组织，安全可靠；可以相对增大教学的难度和情况的复杂程度；可有效解决某些理论原理难以形象化讲授、某些课题知识点难以通过实践加以验证的问题，是解决理论知识与实际工作脱节、减少技术设备磨损、降低教学成本的有效途径。

情景模拟教学具有以下功效：一是由于教学环境与过程比较接近事件或事物发生与发展的真实情景，有利于提高受教育者的形象思维能力；二是能够让受教育者在角色演练中体会到某些角色（岗位）的地位、作用、处境、工作要领；三是有利于让受教育者通过模拟事件发生、发展的每个环节，发现自己的创新潜能，找出自己能力上的不足，从而增强对实际问题的预测与处理能力；四是能够从模拟演练活动得出的结果或结论中领悟到事件或事物的发展演变规律。

这种方法也存在如下局限性：容易重视对事件发生与发展过程的模拟演练，却忽略对深层次理论问题的思考；较难在1~2节课的模拟演练中显著提高分析与解决实际问题的能力，且在模拟环境中提高的能力与实际环境中需要的能力存在一定差距。

2.模拟教学的操作方式

使用教学器材展开模拟教学。目前，模拟教学器材主要包括以下几类：红外、激光、电子练习器；设备模板、实物模型、仿真电路示教板；模拟车辆、飞机、服饰、控制器；录放音设备、影像摄录设备。使用上述教学器材进行教学，能把讲解要领、实际操作、验证效果等教学环节有机地结合起来，有效解决受教育者不能及时地对所学（练）技能自检的难题，增强了教学的仿真程度。同时，还可代替实际器材，节省了大量的设备购置资金和配套保障器材。另外，不受教学场地和气候条件的影响，能缩短教学时间，提高教学效率。

通过角色演练展开模拟教学。这种展开方式不受技术设备的影响，主要是根据模拟演练方案中确定的角色、任务、时间、步骤背景等，实施人工演练，它特别适合于对事件的发展过程的模拟。比如，模拟对某项投资领导班子的决策过程，模拟某个案件的法庭审理过程，模拟某笔外贸业务的洽谈过程，模拟涉外场合英语口头交谈过程，模拟对某个难点问题的讨论过程，模拟某项群众关注的政策修订过程等。

角色演练时，要设法提高受教育者的参与程度。第一种方法是让学生代表参与角色演练，即围绕教学内容中的核心问题，由任课教师布置任务和分配角色，让学生代表按规定角色在一定背景下进行情景模拟。第二种方法是分组同步实施角色演练，即围绕某一关键问题，将全班学生分成若干个小组，每组分配相同任务、相同角色，尔后在不同地点同时实施角色演练，使每名学生都能体会到一个角色所代表的实际岗位的地位、作用、处境、遇到的问题及其解决方法。

借助计算机辅助系统展开模拟教学。计算机辅助模拟教学是指借助于计算机软件环境或网络环境展开模拟教学。这种方式是建立在相似理论、计算机技术、控制理论、系统工程基础上的一种先进的现代模拟方式，为战略思维、世界眼光、当代科技、技术应用等的教学提供了一种崭新的手段。

3. 模拟教学的实施要求

在教学环节上，要科学设计。内容完整、步骤规范的模拟教学，应当包括以下九个环节：设计模拟教学方案；准备模拟场地与器材；公布模拟课题与背景资料；分配模拟角色与演练任务；模拟演练准备；模拟演练实施；模拟效果（结论）验证；任课教师讲评；组织撰写模拟演练报告。

在教学准备上，要充分周密。对于战略思维、战术运用等课程的模拟教学，教师在课前必须熟悉模拟事件涉及的基本理论、正确方法、一般发生过程，能够预见到模拟演练展开后可能出现的思想分歧、不同结论和有关困难，仔细分析不同角色的地位、作用、处境及应当具有的能力。对于必须借助技术设备或模拟器材方可展开教学的课程，教师在课前必须熟悉模拟器材的性能、原理、操作规程、使用方法，对器材性能、必备配件、安全措施等进行严格检查，并进行至少一遍的试演试练，以确保开课后模拟演练能不间断地实施。

在教学目标上，要准确定位。在运用模拟手段组织理论课程的教学时，应把缩短理论与实践的差距作为运用模拟手段的指导思想，把培养和开发受教育者的思维能力提高受教育者分析与解决实际问题的能力作为教学目标。在建立教学模型、编写模拟方案、拍摄（录制）背景影音资料片、编写计算机模拟程序时，要努力创造具有显著仿真特色的演练环境，以促使受教育者在仿真环境中独立地思考对策、判断是非、处置问题，学会分析、判断与解决实际问题的方法，更好地把握模拟教学内容的精髓。

四、大学研究型教学方法的优化组合和灵活运用

（一）大学研究型教学方法的优化组合

由于教学目标与教学内容的多样性，需要多种教学方法的优化组合，任何一种单一的教学方法都不可能孤立地存在或起作用，所谓教学方法的优化组合，即根据选定的各种教学方法的内在联系，形成一定的教学方法结构，以充分发挥教学方法的综合效应。从组合的层次性看，大学研究型教学要求根据不同的学科性质、专业层次、课程层次及学生发展水平来选择与组合教学方法；从组合的形式看，要根据各种教学方法的内在联系进行有机的结合或搭配，主要有包容性组合、互补性组合、量化性组合等。

（二）教学方法的灵活运用

在具体实施教学方法的过程中，对于同一种方法，由于教师运用的状态不同，其效果差异很大，因此，教学方法的有效性，一方面取决于教学方法本身的合理性，另一方面取决于教师运用教学方法的具体状态。大学研究型教学要求教师：①加强教学法的基本修养和提高教学相关能力，在教学中能将理论成果与实践经验相结合；②既是教法的实施者，又是学法的指导者，将教法与学法有机结合；③既能把握一定教学方法的相对稳定的结构和程序，又能形成独具特色的个人教学风格，实现规范化教学与个性化教学的创造性结合。

第二节　高校研究型教学模式及选用

教学是一种由师生双方共同完成的、有目的、有组织的活动，它是教与学的有机统一。从教师"教"的角度看，"教什么""怎么教"很大程度上影响着学生学习的主动性和积极性，影响着教学的效率和质量，也关系到教学目标能否实现、教学任务能否完成。一个好的教师能够获得成功的关键就在于他能对教学内容和教学方法进行合理的组合，即能根据一定的教育理论和教育思想并把这些理论和思想运用到具体的教学活动过程中，按某种或多种有效的教学模式进行教学。应该说，教学实践中的情景是千变万化的，没有一种教学模式是普遍适用的，教师在教学实践中究竟应采用什么样的教学模式，应随具体情况而定。

一、教学模式的一般意义

对于教学模式的理解有许多，在国外较有影响的教学模式的定义是乔伊斯和威尔的定义。他们认为，教学模式是可以用来设置课程、设计教学教材、指导课堂或改进其他场合的教学的计划或类型。在国内，主要有以下几种观点：有学者认为"所谓教学模式是指在一定的教育理论指导下，在实践中形成的将教学活动诸要素联结起来的结构和实施教学的程序与方式"。也有学者认为"教学模式是在一定的教学思想指导下建立起来的，在特定教学目标的规范下较为稳定的教学程序、活动结构及与之相适应的方法或策略体系的整体"。有的观点认为"教学模式是指在一定的教育思想、教学理论和学习理论指导下的、在某种环境中展开的教学活动进程的稳定结构形式""教学模式是指在一定的教育思想、教学理论和学习理论指导下，在某种教学环境和资源的支持下，教与学活动中各要素之间稳定的关系和活动进程结构形式"。

这些表述不完全相同，但包含着一些共同的要素。第一，教学模式既具有理论性又具有实践性。一方面，教学模式是教学实践的系统化、概括化，它来源于教学实践中经验的积累，具有实践性、客观性特征；另一方面，教学模式又是教学理论的具体化，任何教学实践都离不开一定的教育理论的指导或影响（这种影响可能是不知不觉的）。因此，教学模式又具有一定的理论性，它实际上成为联系教学理论与教学实践的桥梁。第二，构建课堂教学模式的最终目的是形成教与学活动中各要素之间稳定的关系和活动进程结构。教学模式的构建离不开教学要素和教学活动进程。与传统教学过程中的教师、学生、教材这三个要素相比，现代化教学通常要运用多种教学媒体，所以还应增加"媒体"这个要素。这四个要素在教学过程中不是彼此孤立、互不相关地简单组合在一起，而是彼此相互联系、相互作用形成一个有机的整体。既然是有机的整体，就必定具有稳定的结构形式，这种由教学过程中的四个要素所形成的稳定的结构形式，就称之为"教学模式"。例如，传统的教学模式是"以教师为中心，教师利用讲解、板书和各种媒体作为教学的手段和方法向学生传授知识；学生则被动地接受教师传授的知识"。在这种模式中，教师是主动的施教者（知识的传授者、灌输者）；学生是外界刺激的被动接受者、知识灌输的对象；教材是教师向学生灌输的内容；教学媒体则是教师向学生灌输的方法、手段。教师、学生、教材、媒体等四要素各自的作用清楚，彼此之间的关系明确，从而成为教学活动进程的一种稳定结构形式，即教学模式。

不同的课堂教学模式有着其独特的教学进程结构，如班级教学的奠基人夸美纽斯将教学进程归纳为"观察——记忆——理解——练习"；赫尔巴特归纳为"明了——联想——系统——方法"四段论课堂教学模式；杜威归纳为"发生困难——确定问题——提出假设——推论——验证"五步法课堂教学模式。这些课堂教学模式都具有自己的教学进程结构，这些进程结构并非是他们任意组合在一起的，这期间各个环节的设置及其相互之间的关系都依据一定的教学理论和教学目标，是长期实践探索的结果。

二、几种典型的教学模式述评

随着教学实践的不断发展，教学模式日益多样化。自20世纪50年代以来，国外出现了一些影响较大的教学模式，主要有瓦·根舍因的范例教学模式、卢赞洛夫的暗示教学模式、赞可夫的发展性教学模式、巴班斯基的最优化教学模式、布鲁纳的发现教学模式、布卢姆的掌握学习模式、沙塔洛夫的纲要信号模式等。这些教学模式介绍到国内后，对我国的教学实践产生了深远的影响。我国一些教育理论研究者和教育实践工作者也在吸收国外理论成果的同时，结合我国教育教学的实际，开展教学模式研究，获得了喜人的成果。总结归纳这些研究，在总体上，可以对教学模式作以下划分：根据师生在教学中的地位、作用的不同，可分为以教为主的模式和以学为主的模式；根据教学内容与逻辑体系的不同，可分为以传授系统知识为中心的模式和以问题为中心的模式。

以教为主的模式的主要代表，即课堂讲授式。它具有能够传授系统、完整的知识，便于实现教学目标，教学成本低和可批量实施等优点，但因过分倚重于教师的作用，学生的主体地位被弱化，学生缺乏主动参与性，其教学效果往往受到影响。

以学为主的模式主张以学生为中心。这种模式较好地调动了学生的学习积极性和热情，有利于培养学生的主动性意识和创造性，但因过分忽视教师的作用，容易导致学习内容缺乏系统性，专业基础不扎实等问题。

以传授系统知识为中心的模式，强调教学内容的科学性、系统性、理论性，而这往往依赖于教师的主导作用，属于以教为主的模式。

以问题为中心的模式，将教学内容演变成一系列问题，并贯穿于整个教学过程。在对问题的讨论中，使学生发现和掌握理论知识并培养能力。这种模式有利于唤醒学习动机，激发学习热情，但问题的提出、编排和解答，主要还在于拥有知识优势的教师，只不过学生的参与性提高了。

针对研究型教学的特点和要求，本书主要介绍强调学生学习的主动性、创造性、互动性和探究性的几种教学模式。

（一）探究教学模式

1. 什么是探究教学模式

探究教学模式或科学探究教学模式是以布鲁纳的认知发现学习论及认知结构教学论为理论基础的。它由舒赫曼通过观察、分析科学家的创造性探索活动而概括成型的。布鲁纳和舒赫曼认为，学生本能地对一切新奇的事物感兴趣，这种自发的好奇心促使人们在面对陌生的现象时尽力去寻找其发生的原因。因此，教师在教学中的作用就是，积极为学生创设问题情境，鼓励学生自己提出问题、分析问题、提出假设并最终解决问题。学生在提问和形成假设的过程中，教师只对其进行"是""否"判断，学生不能要求教师进行解释，以教给他们发现事物变化规律的一般思维方式。

2. 探究教学模式的步骤

布鲁纳提出的发现教学不像讲解式教学那样有一定的模式可循，其一般步骤是：

（1）提出课题，创设情境。通过提出问题来创设情境，引起学生兴趣，形成探究动机。问题情境是一种特殊的学习情境，情境中的问题既要适合学生已有的知识水平和能力，又需要经过一番努力才能解决，从而使学生形成对未知事物进行探究的动机。在这里，教师是资料的提供者，学生是分析者和探究者。

（2）假设结论，解答论证。洞察、展望、分析、比较，提出假说，进行选择思维。学生利用所给定的材料，在教师的指导下，通过相互讨论，将原先片段、零碎的材料加以改组和组合，找出它们之间的关系。在寻求答案的过程中，充分利用直觉思维提出各种有益于问题解决的可能性方案，罗列出解决问题时可能碰到的问题等等。在这里，教师是支持者，学生是分析者和假设提出者。

（3）求证假说，得出结论。即对各种可能性运用思维进行反复的求证、讨论、寻求答案。根据学生的"自我发现"提取出一般原理或概念，把一般的原理或概念付诸实践，提高学生运用知识、分析问题和解决问题的能力。在这里，教师是顾问，学生是分析者和探究者。

探究教学模式的宗旨是要使人们意识到并掌握科学探究的过程，而不仅仅是找到问题的答案。在这一模式中，师生比较平等，学生可以自由自主地进行探究，也有利于发展学生的自控能力。

（二）非指导性教学模式

1. 什么是非指导性教学模式

在教学方法的介绍中我们已经了解了非指导性教学即教师不是直接地教学生，而仅仅是促进他们学习。它是以人本主义心理学理论为基础的。这种教学思想把学生的"自我"看成教学的根本要求，教师要尽一切可能为学生的学习创造和谐、融洽、宽松的课堂气氛，从而使学生在整个学习过程中都感到安全与自信，充分显露自己的潜能，朝向自我实现。

2. 非指导性教学的基本特征

非指导性教学有其自身独有的特征，主要表现在：

（1）极大地依赖于个体成长、健康与适应的内驱力，因此要竭力排除学生发展和成长过程中的障碍。

（2）尽可能直接进入学生的情感世界，而不是借助理性的方法去干预或重组学生的情感。

（3）更强调学生"此时此刻"的感受，而不是他们的过去，包括过去的经验。

（4）更强调本身就能促进学生经验成长的人际接触和人际关系。

非指导性教学的目标是促进学生自我实现创造能力以及与此相关的应变能力的形成，开发学生的创造潜能，形成学生的独立个性。

非指导性教学是一种无结构的教学，教学的目的、内容、进程和方法等由学生自己讨论决定。

3. 非指导性教学模式的实施程序非指导性教学模式的一般程序是：

（1）创设情境，个人或小组鉴别形成自己的学习计划，并追求他们的学习目标。

（2）教师提出一些可供小组成员利用的"资源"，提供"促进"的良好氛围，共同参与小组诸目标的发展。

（3）学生对学习情况进行自我评价。

非指导性教学模式提出了一般教学模式中所忽视的情感作用和价值观，以及建立新型师生关系等问题，从人际关系角度强调教师素质，具有全面革新教学理论的性质。但这种理论过于强调学生的潜能而忽视了环境对人的制约性，而且它把学生的发展看作是一个绝对变化的过程，否认了学生发展的相对稳定性及教师必要的指导作用。

三、大学研究型教学模式

（一）大学研究型教学模式的含义

北京师范大学何克抗教授根据信息传播和信息加工的特征，给"教学模式"提出了一种新的定义，那就是："教学模式是指在一定的教育思想、教学理论和学习理论指导下的、在某种环境中展开的教学活动进程的稳定结构形式。"其中，教学活动进程包括教师、学生、媒体和教学内容等四个要素，它们彼此相互联系、相互作用，形成一个有机的整体，从而构成稳定的教学模式结构。对此，何克抗教授解释说，以这种方式界定的教学模式，将具有下述特征：①强烈依附于教育思想、教学或学习理论的"依附性"，不同的思想和理论会形成不同的教学模式；②在教学活动进程中表现出来的"动态性"；③教学系统四个要素互相联系、相互作用的"系统性"；④具有总模式和子模式等类别的"层次性"；⑤具有结构形式的"稳定性"。他强调指出，这种定义给出的教学模式概念，与教学策略、教学方法是完全不同的概念，必须加以严格区别。

笔者认为，从信息化教育的角度分析教学模式的这种定义更符合信息论原理和信息传播的要素构成，为大学研究型教学理论找到了一个新的生长点，具体来说，大学研究型教学模式是以素质教育、主体教育、创新教育思想为指导思想，以交往教学理论、建构学习、发现学习、多元智力理论为基础，在课堂教学和课外课题研究活动过程中的比较稳定的进程和结构。大学研究型教学模式具有以下几个方面的特点：第一，重视对问题的探究，通过对重大现实问题和理论问题的研讨、探究，使学生获得相关知识，实现理论与实践相结合。第二，提倡和鼓励争论，允许怀疑，倡导标新立异，不求答案的唯一性。第三，倡导教学目标的多元化，不仅要传授知识，而且更重视培养能力和思维，特别是创造性思维能力和思维。第四，主张教学方法和手段的多样性。为实现多元化的教学目标，应采用研究、讨论、案例分析、诊断式教学等多种方法并充分运用现代教育技术。第五，倡导教学关系的民主化。现代教学模式应确立新型师生关系，教师是导师，也是学习伙伴。在平等的教学关系中，实现师生互动，教学相长。

（二）大学研究型教学模式构建的要求

（1）大学研究型教学模式的构建，应突出新时期先进的教育思想、教育理论的指导；突出新技术在教学中的应用；注重形成新的教学结构进程。

（2）大学研究型教学模式应该构建符合和体现现代先进教育思想和教育理论要求的一套比较完整的操作要求和基本程序。这里的操作要求和基本程序应该是可以在实际的教学中运用并经过实践验证的。这种教学模式应该具有可行性，否则它也不能叫作模式。具有可行性的教学模式才有推广价值，其结构进程应该清晰明了，人们便于操作，这样才能推广。这里的操作不是机械地重复操作，程序是相同的，但是教学的方法是可以千变万化的。教学的结构进程主要是为了人们的模仿和运用。

（3）大学研究型教学模式形成的是教与学活动中各要素之间稳定的关系和活动进程结构形式。模式一旦形成，要素之间的关系就趋于稳定，模式的进程结构也趋于稳定，模式才具备可行性。但是，稳定并不是一成不变的，稳定是相对的。在长期的教学实践中，课堂教学模式也要经历一个完善的过程，一成不变的模式同样是没有生命力的。

（4）大学研究型教学模式应该是多元化的，因为不同的教学媒体具有不同的教学特性与功能，不同的学科、知识类型、教学对象年龄层次等，都具有自身的特性。因此，在构建新型课堂教学模式时应该注意这些方面，建立多元的新型课堂教学模式。就教学而言，应根据不同的教学目标实施不同的课堂教学模式，针对不同的学科、知识类型、教学对象的特点实施不同的课堂教学模式。就某一特定课堂教学模式而言，教学的结构进程虽然是固定的，但是教学方法却是灵活的，因此，同一课堂教学模式，教学过程也可以是丰富多彩的。

（三）大学研究型课堂教学模式的一般操作程序

（1）情境导入，主动探究。创设问题情境是大学研究型教学中运用较多的一种非常有效的策略。思考、研究都是从问题开始的。问题情境的创设，能使学生明确探究的目标，给思维以方向；同时产生强烈的研究解决问题的欲望，给思维以动力；通过对问题情境的解决，确定研究课题，给思维以创新，所谓问题情境，指的是具有一定难度，需要学生努力克服，而又是其力所能及的学习情境，即一种适度的疑难情境。阿特金森在其成就动机理论中指出，在现实的学习活动中，存在着两类学习者，即力求成功者和避免失败者。绝大部分大学生属于追求成功的学习者，因此，在教学中我们要力求帮助学生获得成功。阿特金森认为，主体对某一问题的反应倾向的强度Trg是由内驱力强度即需要Mg、到达目标的可能性即诱因Erg和目标对主体的吸引力即价值Ig共同决定的，用公式表示即：Trg=Mg+Erg+Ig。其中Erg和Ig不是互相独立的，而是存在着制约关系，即Erg+Ig=1。当难度越小、目标实现的可能性越大时，目标对主体的吸引力就越小；反之，当难度增大，实现目标的可能性减少时，目标的价值就会增大。因此，在学习过程中，如果仅仅让学生简单地重复已经学过的东西，或者是去学已经学过的东西，学生都不会感兴趣。因此，能否成为问题情境，主要看学习任务与学生已有知识经验的适合度如何。如果完全适合（太易）或完全不适合（太难），均不能构成问题情境。从上述公式可知，问题情境的难度在50%左右最有利于激发学习动机。

　　问题情境中必须包含有新的因素，但有不能完全脱离学生已有的知识水平。如果问题难度太大，学生无论如何都无法掌握，便会失去学习的兴趣和热情；而问题太容易，也不能唤起学生的好奇心和探究心理。因此其难度要适中，所谓"跳一跳，摘到桃"的水平是最恰当的。因此，问题情境的设置类似于"脚手架"的作用，为新旧知识架设桥梁或通道，从问题入手，到确定研究课题，从用所学知识解决问题入手，到引导学生主动探索、解决问题、发现新知识。问题情境成为联系问题和课题、联系新旧知识之间的桥梁和纽带。好的问题情境设置往往能把学生引入一种心理上的欲罢不能的境界，产生强烈的好奇心理，从而进入到积极学习的心理状态。

　　（2）互动合作，启发思维。研究型教学的目的是培养学生的研究能力和创新能力，具有自主性强综合程度高等特点。因此，要求教师采取更加灵活、更加开放和更加有效的课堂组织形式，在更大的时空范围内将个人独立探究、小组合作交流、集体研究论证等教学形式有机地结合起来，从而得出正确的结论。在学生个人对所提出的问题进行独立的、自主的、自由的、发散的探索的基础上有意识地组织小组合作交流，使学生在小组合作交流中分享自己获得知识的喜悦并学会相互合作、相互帮助和相互关心，取长补短，共同提高，并在小组合作交流的基础上，进行集体研究论证，揭示知识发生的规律和解决问题的方法、途径，实现学习上的互补，进一步增强合作意识、口头表达能力和交往能力。

　　（3）形成结论，有效迁移。在通过多种灵活的方式方法引导学生主动积极地参与到教学内容的思考与研究中后，教师进一步帮助学生运用分析、归纳、综合、类比、联想、论证等方式方法,将所研究的问题进行拓展与延伸,将所得到的结论进行深化,达到举一反三、触类旁通的目的,有效地实现知识的迁移,培养学生学会学习,学会研究、学会创造。

(4)合理评价,体验成功。研究型教学的目的不是为了选拔与甄别,而是要发挥激励和导向作用,通过评价促进学生更好地全面发展。它要求体现教学评价的全面性、导向性、实效性、过程性和发展性。因此,教师对学生的学习评价是多元化取向的,其核心是强调学生研究创新的发展潜力,注重方法而非结果,要体现教学评价的全面性、导向性、实效性、过程性和发展性特点。

一般而言,教学模式具有简略性,便于教师在教学实践中掌握和运用,但同时我们也应该看到,具体的教学情境是千差万别的,正如世界上没有两片相同的树叶一样,也没有完全相同的两个人,没有完全相同的两节课。尽管任何教学模式都有明确的应用目的或中心领域,而且有具体的应用条件和范围,有一定的针对性,但固守某一模式就会过于机械化、刻板化了。因此,在教学实践中,我们可以研究模式、运用模式,但更要超越模式,这便需要教师提高教学艺术水平了。

第三节　高校研究型教学的实施条件

实施研究型教学需要多方面、多层次的条件支持。多年来,大学教学改革的呼声不可谓不高,但实际收效甚微,这既有外部环境与制度的原因、内部管理与激励的原因,也有教育者方面的原因,笔者从直接影响教学改革的几个具体的层面即教师的观念、教师的专业素质和教学的形式和方法等来论述开展大学研究型教学的基本条件。

一、教学观念创新

联合国教科文组织在一份名为《教育——财富蕴藏其中》的报告中指出:教师作为变革的因素,其重要性不仅表现在教师是改革不可缺少的力量,同时也来自变革的时代迫使教师自身已经成为改革的对象。教育的改革与发展,是由教师来运作和完成的;社会的发展,也使教师的职能在发生着变化。要想在未来的教育中,培养适用的全面发展的合格人才,教师就必须具有高素质、新观念、新意识。大学研究型教学需要教师创新教育教学理念，树立富有时代特点和内涵的学生观成才观、目的观和评价观。

（一）成才观

首先教师对"什么是人才""什么才是成才"要有正确的认识。1983年，美国心理学家加德纳提出的多元智能理论为我们的成才观提供了理论基础。他认为，传统的智力观过于狭窄，把智力主要限于语言和数理逻辑能力方面，而人的智力还有音乐、空间、身体运动、人际交往和自我认识等多种智能。该理论指出，如果给予适当的鼓励和教育，每个人都能使自己的多项智能达到相当高的水平。从这个意义上来说，每个学生都能成为优秀的学生，学生之间不存在智能水平高低的问题，只存在智能类型或学习类型差异的问题，这就表明，每个人在自己的职能类型上都可能是人才。而传统智能理论仅以人的语言智能和数理逻辑智能为依据，构建了与传统考试方式一致的智商（IQ）测试方法。它关注的是"你的智能有多高"，用这种典型的线性思维方法审视学生，"低能儿"理所当然应被学校教育所抛弃，这对推行素质教育、贯彻面向全体学生的理念极为不利。"多元智能"认为每个人除了语言、数理逻辑智能之外至少还有其他多种智能，它关注的问题是"你的智能类型是什么"，学生的智能无所谓高低之分，只有智能倾向的不同和强弱的差别。教育的根本目的在于提高全民族的整体素质，有效地造就各级、各类人才。然而，传统心理学告诉我们，同龄人中只有1%～2%（或2%～3%）的儿童是超常的。根据这种理论，传统的人才教育只能是面对少数人的"精英教育"，致使大众教育与人才教育在传统教育体系中长期处于对立的地位。因此我们不能把人才理解为单一智育型，把素质教育片面地理解为只是人文知识的教育，我们要培养的学生的素质是包括政治素质、思想素质、科学文化素质、道德素质、健康的身心素质、实践和创新能力在内的全面的素质。只有这些素质全面发展，才是合格的人才，否则，就是不合格的人才，甚至是畸形的人才。因此，在培养人才过程中，我们一定要处理好非智力因素与智力因素的关系。同时，教师要树立个性化的成才观。与模式化成才观不同的是，个性化成才观将大学生实现自身价值与报效国家放到了统一的位置，个性化成才观的变化更多地体现了"以人为本"的人才观，体现了社会在成才价值取向上对人性的关怀及随之而来的个性释放。

（二）学生观

怎么看待学生，把学生看成什么样的人，对学生采取什么态度（即学生观），一直是教育理论和实践的重要问题，实施研究型教学要求教师树立正确的学生观。

第一，学生是发展的人。学生的身心发展是有规律的。认识规律、遵循规律是做好工作的前提。它要求教师应努力学习，掌握学生身心发展的理论，并依据学生身心发展的规律和特点开展教育教学活动，从而有效促进学生身心健康发展。学生具有巨大的发展潜能，教师应该坚信每个学生都是可以积极成长的，是有培养前途的，是追求进步和完善的，是可以获得成功的，因而对教育好每一位学生应充满信心。学生是处于发展过程中的人，从教育角度讲，它意味着学生是在教育过程中发展起来的，是在教师指导下成长起来的。

第二，学生是独特的人。学生不是单纯的抽象的学习者，而是有着丰富个性的完整的人。在教育活动中，作为完整的人而存在的学生，不仅具备全部的智慧力量和人格力量，而且体验着全部的教育生活。要把学生作为完整的人来对待，就必须反对那种割裂人的完整性的做法，还学生完整的生活世界，丰富学生的精神生活，给予学生全面展现个性力量的时间和空间，每个学生都有自身的独特性。每个人由于遗传素质、社会环境、家庭条件和生活经历的不同，而形成了个人独特的"心理世界"，他们在兴趣、爱好、动机、需要、气质、性格、智能和特长等方面是各不相同、各有侧重的，"人心不同，各如其面"。独特性是个性的本质特征，珍视学生的独特性和培养具有独特个性的人，应成为我们对待学生的基本态度。独特性也意味着差异性，不仅要认识到学生的差异，而且要尊重学生的差异。差异不仅是教育的基础，也是学生发展的前提，应视为一种财富而珍惜开发，使每个学生在原有基础上都得到完全、自由的发展。

第三，学生是具有独立意义的人。每个学生都是独立于教师的头脑之外、不依教师的意志为转移的客观存在。因此，绝不是教师想让学生怎么样，学生就会怎么样。教师不但不能把自己的意志强加给学生，而且，连自己的知识也是不能强加给学生的。学生是学习的主体，每个学生都有自己的躯体、自己的感官、自己的头脑、自己的性格、自己的意愿、自己的知识和思想基础、自己的思想和行动规律。教师只能让学生自己读书，自己感受事物，自己观察、分析、思考，从而使他们自己明白事理，自己掌握事物发展变化的规律。学生也是责权主体。从法律、伦理角度看，在现代社会，学生在教育系统中既享有一定的法律权利并承担着一定的法律责任，是一个法律上的责权主体，同时也承担一定的伦理责任和享受特定的伦理权利，也是伦理上的责权主体。学生是权利主体，学校和教师要保护学生的合法权利；学生是责任主体，学校和教师要引导学生学会对学习、对生活，对自己、对他人负责，学会承担责任视学生为责权主体的观念，是建立民主、道德、合法的教育关系的基本前提。

（三）教学目的观

教师与学生的主体性及各自在教学活动中的地位是一个动态的过程。教师——学生观是现代教学论中的一个整体范畴，也是现代教学论构建的一条主线。学校最终要造就的应该是有独立行动和独立思想的个人，即最终能为社会服务的人，不应该把学校简单看作是一种传授文化知识的场所。爱因斯坦曾说，知识是死的，而学校却要为活人服务，应当发展青年人那些有益于公共福利的品质和才能，一个由没有个人独创性和个人志愿的规格统一的个人所组成的社会，将是一个没有发展可能的不幸的社会。教师在教学目的上一定要把灌输知识，培养专家的教学目的观转变为培养一个全面发展的、和谐的、能更好地适应社会进步与发展的人的教学目的观。未来的教育目标不仅在于传播知识，更在于培育人才，在于培养德育、智育、体育、能力、美育全面发展的一代新人。因此，大学研究型教学构建的教学目的不再以知识的学习为目的，而是以此作为培养学生的科学素质、训练学生的创造性思维能力、掌握学习方法和研究方法的手段，大学研究型教学要以"学生发展为本"，以学生为主体，以师生合作为基础，实现学生生动活泼、主动的全面持续发展。

（四）教学评价观

大学研究型教学评价强调学生研究创新的发展潜力，注重方法而非结果。它不只是为了选拔与甄别，而是要发挥激励和导向作用，通过评价促进学生更好地全面发展。它要求体现教学评价的全面性、导向性、实效性、过程性和发展性。因此，对学生的学习评价应该是多元化取向的，其核心是强调学生研究创新的发展潜力。由于目前我们学校的教学评价仍然侧重于测量学生的学业智力，导致学校只注重学生智力的培养而导致一切课程教学的单一性和片面性，其危害是极大的。传统教育的评价观是静态的、功利性的，它所强调的是评价的鉴定、分等作用。因此，它的评价标准单一刻板，难以科学地检测学生的智慧和才能。大学研究型教学评价观特别重视"诊断性评价"和"形成性评价"，注重学生个体过去和现在的比较，着重于学生成绩和素质的增值，不是简单地分等排序。它承认人与人之间的发展存在差异，但只是从这些差异的分析中去发掘适合个人发展的教育方法，从而激励学生的学习热情、求知欲望，促进学生快速全面地发展。大学研究型教学评价观是建立在全面评价学生的基础上。首先，在人才评价的内容方面，不能仅仅局限于学业智力，而应考虑成功智力和多元智力开发的几个方面；其次，在人才评价的方式上也不能只注重标准化的考试而应该多样化；最后，在人才选拔的依据上，也不能只注重考试的结果而不管其过程。只有注意评价内容的全面性与评价方式和依据的科学性，才能使评价真正成为促进每个学生充分发展的有效手段。

二、教学组织形式改革

大学研究型教学强调教学与科研相结合，课内研究型教学与课外研究性课题研究活动相结合，主张师生之间的互动与合作。因此，它需要教学空间的开放性和灵活性及自主性，要打破班级授课制局限于课堂的空间结构，走出教室，观察社会，在社会生活中发现、分析和思考问题，同时课题活动的开展往往需要形成研究小组。所以，要改变以往单一的以班级为教学单位的教学组织形式，成立探索性学习小组。通过小组的合作、交流与集体研究，培养学生的合作精神、交往能力和研究能力。

三、教学内容的变革

大学研究型教学要求教师以科研为先导，把科研引入教学过程，用科研成果指导教学和丰富教学内容，保持教学内容始终具有新颖性和先进性。因此，开展研究型教学要求教师把握课程体系总体设计的基础性、前瞻性与综合性，强调课程内容选择要遵循理论教学与实际运用相结合的原则，学科基础理论与前沿动态相结合的原则，课程内容精简与知识背景广博相结合的原则。研究型教学与传统教学的一个很大的区别在于教学过程经常会以课题、案例或来源于理论界或实践中的问题为教学的重心。在这些课题或问题的选择教师要注重其迁移性、生长性和应用性。

把研究引入教学过程，对发展学生的创造能力和创造性思维是十分重要的。麻省理工学院就是把引导学生参加科学研究活动作为"伟大之产生"的重要条件。埃德温·兰德在学院做了一次题为"伟大之产生"的讲座，对学院的教学思想产生了很大的影响。他认为，标准化的大学考试和评分制度，只能压制相互成为伟大人物的潜力。学生不应该被看作不成熟的孩子，他们应当被教授们当作年轻的同事，并且给他们以从事独立的、有激励性的科学研究的机会。同时，他设立了一项供学院使用的托管基金，作为支持大学生开展科学研究之用，从此教学和科研逐渐成为一种必不可少的和日益加强的联系，学生和教授一道参加科学研究，成为麻省理工学院教学的一个特点。

四、教师的专业素质提升

教师自身的素质是教育教学改革成功与否的关键。大学研究型教学的基本思想、观点及其对教学方法、教学内容、教学模式等多方面的要求，既给教师带来了较大的压力也为教师的成长和发展提供了契机。教师要不断开展学科研究，了解学科发展的动态和前沿理论；教师要不断进行教学研究，及时更新自己的教育思想和观念，提高自己的教学艺术水平，丰富教学经验；要对自己的教学行为经常反思；要与其他教师和学生一起合作探讨、交流；要对学生的研究活动进行组织和管理等等，这都有利于教师的研究能力、交往能力、创新能力、组织能力和学习能力的提高。

第四节 高校研究型教学的实施路径

一、教学内容的重新整合与设计

首先，要打破传统的教材编写体例，传统教材都是以章节架构为系统的叙述理论体系，研究型教学则是以问题作为教学内容的出发点，这就要求教材结构要进行重新调整，鼓励任课教师进行校本教材的编写，以问题、项目为导向来重新进行知识体系的构建，赋予校本教材新的内容及创新知识体系架构。其次，研究型教学过程的教学内容是开放的、动态的。教学内容并不局限于学科本身的理论基础知识，更应该与网络、大众传媒、新闻出版物和最前沿的本学科研究理论相结合，从而提高学生理论知识水平和解决问题的能力。再次，教学内容需要外延性。由于研究型教学的教学时限存在和课堂时限不一致的特点，教师在进行教学内容设计时，要充分考虑课前、课中、课后不同学习时间内学生需要完成的任务，进行系统、合理的安排。

二、教学时间的重新配置

一方面，由于研究型教学从课内向课前以及课后延伸，打破了教室作为主要学习场所的局限，使得教师需要利用课下时间与学生保持沟通和联系，及时了解学生对于课堂教授过程中提出问题的思考和解决情况，并在后续课程中及时做出反馈。因此，后续课程的教学内容不是教师单方面进行安排和设计的，而是需要随着学生知识结构变化而进行不断调整的。另一方面，传统的课堂教学时间不适用于研究型教学，教师的教学环节不再拘泥于传统的"导课——讲授——复习"这样的教学环节和相应的时间分配。课堂问题的建构可以替代导课内容，知识的累积和巩固则通过师生共同参与问题的解析和思考而完成，最终重新构建知识体系以及探究和创新，应当成为教学时间分配中的重点。

三、教学方法的复合式运用

传统教学方法是以讲授法教学为主，这对于基础理论知识的讲解有很好的效果，能够帮助学生逐步建立知识体系。但研究型教学的最终培养目标是提高学生的研究能力及解决问题的实践能力，所以单一的讲授法教学是实现不了这一目标的。应该根据不同的教学内容和教学目标，采取启发式、案例式、研究式、问题式以及实践式多种教学方法，提高学生的学习兴趣，从而进一步提高学习效果。

四、教学内容和科研内容的有机结合

教学和科研是教师的两项主要工作职责，教师通过科研活动不断提高其专业知识水平，从事一些科研活动，了解学科前沿动态，获得一定科研成果，以便更好地服务教学。在研究型教学的过程中，为了突显教学的创新性、实践性、研究型，要求教师在教学过程的设计中结合自身的科研内容和科研构想，将教学内容及科研内容进行有机结合。

第五节　高校研究型教学评价方法

当前社会对"创新型""实践型"人才的需求极为迫切，提高高校教学质量，转变传统教学模式势在必行，开展研究型教学已成为高校教学改革的热点。研究型教学指坚持以人为本,以学生为中心的原则,以全面、协调、可持续的科学教育发展观为指导,把教学与科研有机结合,把人才培养与学科建设有机结合,把学习、研究、实践有机结合,让学生有更多的机会参与研究,以培养高层次、复合型、多样化的高素质创新型人才,体现始于问题,基于发现,具有创新性特色的一种教学模式。

在研究型教学中,评价体系的建立很重要。评价具有导向、管理、激励、诊断、鉴定的功能,建立全面、客观、科学、操作性强的研究型教学评价体系,可有效促进研究型教学顺利开展,是实施研究型教学的关键所在。

一、教学评价的一般意义

评价是主体在事实基础上对客体的价值所做的观念性的判断活动。因此,评价是价值判断主体在先有的价值信念和价值目标的引导下所进行的,价值信念和价值目标在评价活动中具有核心的地位和作用。一般来说,具有不同的价值信念就会产生不同的评价结果。人们对评价活动的展开深深地植根于对评价对象的认识之中。另外,从人类的活动序列来看,评价是更为接近实践活动的认识活动,其强烈的实践指向性对人们的实践活动具有明显的导向作用,具体到课堂教学活动中,持有不同的课堂教学观,就会形成不同的课堂教学和评价,产生不同的教学评价结果。反之,有不同的课堂教学评价活动,就有相应的课堂教学评价观和教学观作指导。教学评价就是对教学过程及其结果做出价值判断,它是由学校管理者、教学专家和师生代表组成的评价组织或者由教学主体(教师、学生或学生集体等),根据一定的教学目的要求和所确定的指标体系,采用定性与定量、客观统计资料和主观描述资料相结合的手段,对教学活动的效果进行价值判断的过程,其主要目的是为了获取改进教学工作、提高教学生活质量的信息。

二、教学评价的发展趋势

20世纪80年代以来,世界各国对课程的结构、功能、资源、权利等各方面都重新进行思考和定位。在展开了一系列轰轰烈烈的课程改革的同时,越来越多的国家开始意识到实现课程变革的必要条件之一就是要建立与之相适应的教学评价体系和评价工作模式。因此,教学评价改革成为世界各国课程改革的重要组成部分。

（一）教学评价的功能由重甄别与选拔向重视发展转化

随着信息技术的发展和网络时代的出现，更加构成了知识的无限丰富与急剧增长，原有的以传授知识为主的课程的功能受到了极大的挑战，转而注重培养学生包括积极的学习态度、创新意识和实践能力以及健康的身心品质等多方面的综合发展，为学生的终身发展奠定基础。于是，配合课程功能的转变，评价的功能也发生着根本性的转变，它强调学生研究创新的发展潜力，注重方法而非结果。它不只是为了选拔与甄别，而是要发挥激励和导向作用，通过评价促进学生更好地全面发展；它要求体现教学评价的全面性、导向性、实效性、过程性和发展性，教学评价不只是检查学生知识、技能的掌握情况，更为关注学生掌握知识、技能的过程与方法，以及与之相伴随的情感态度与价值观的形成。评价功能的这一转变，同时影响着教师评价工作的开展。教师是教育的实施者，承担着促进学生发展的任务，教师的素质及其发展同样成为课程改革的重要话题。以往的教师评价主要是关注教师已有的工作业绩是否达标，同样体现出重检查、甄别、选拔、评优的功能，而在如何促进教师发展方面作用有限。因此，时代的发展向教学评价的功能提出挑战，评价不只是进行甄别、选拔，评价更重要的是为了促进被评价者的发展，这已被世界各国普遍认同。

（二）评价指标由单一性向多元化转变，重综合评价，关注个体差异

学业成就曾经是考查学生发展、教师业绩和学校办学水平的重要的、甚至是唯一的指标。但随着社会的发展，知识爆炸、竞争加剧、网络与信息的发达，仅仅掌握知识与技能已远远不能适应社会对人发展的要求。因此，人们在关注学业成就的同时，也开始关注个体发展的人生观、价值观等，从考查学生学到了什么，到对学生是否学会学习、学会生存、学会合作、学会做人等进行考查和综合评价。

（三）评价方法从定量评价向质性评价转变，实现定性与定量相结合

对科学的顶礼膜拜，使人盲目认为量化就是客观、科学、严谨的代名词，于是追求客观化、量化曾经是各国课程评价的发展趋势。但在今天，随着评价内容的综合化，以量化的方式描述、评定一个人的发展状况时，往往会表现出僵化、简单化和表面化，学生发展的生动活泼和丰富性、学生的个性特点、学生的努力和进步都泯灭在一组抽象的数据中，而丢失了教育中最有意义、最根本的内容。质性评价的方法则以其全面、深入、真实再现评价对象的特点和发展趋势的优点受到欢迎，成为近年来世界各国课程改革倡导的评价方法。质性评价从本质上并不排斥量化的

评价，它常常与量化的评价结果整合应用。因此，将定性与定量评价相结合，应用多种评价方法，将有利于更清晰、更准确地描述学生、教师的发展状况。

（四）评价主体从被动接受评价向主动参与评价转变，强调参与互动、自评与他评相结合

现代教学评价要求改变以往以管理者为主的单一评价主体现象，评价成为由教师、学生、家长、管理者，包括专业人员共同参与的交互过程这是教育过程逐步民主化、人性化发展进程的体现。在以往被动地接受评价中，评价者与被评价者扮演的基本上是管理者与被管理者的角色，被评价者对于评价结果大多处于不得不接受的被动状态，对于评价本身更是拒绝大于欢迎，或者处于"例行公事"的被动状态。与此相比，成为评价主体中的一员，并加强评价者和被评价者之间的互动，既提高了被评价者的主体地位，将评价变成了主动参与、自我反思、自我教育、自我发展的过程，又同时在互相沟通协商中，增进了双方的了解和理解，易于形成积极、友好、平等和民主的评价关系，这将有助于评价者在评价进程中有效地对被评价者的发展过程进行监控和指导，帮助被评价者接纳和认同评价结果，促进其不断改进，获得发展。

（五）评价重心由重终结性评价向终结性评价与形成性评价相结合转移

关注结果的终结性评价，是面向"过去"的评价；关注过程的形成性评价，则是面向"未来"、重在发展的评价。传统的评价往往只是要求学生提供问题的答案，而对于学生是如何获得这些答案的却漠不关心。这样学生获得答案的思考与推理、假设的形成以及如何应用证据等，都被摈弃在视野之外。缺少对思维过程的评价，就会导致学生只重结论，忽视过程，就不可能促使学生注重科学探究的过程，养成科学探究的习惯和严谨的科学态度与精神，反而易于形成一些似是而非的认识和习惯，不利于其良好思维品质的形成，限制其解决问题的灵活性和创造性。因此，近年来，评价重心逐渐转向更多地关注学生求知的过程、探究的过程和努力的过程，关注学生、教师和学校在各个时期的进步状况。只有关注过程，评价才可能深入学生发展的过程，及时了解学生在发展中遇到的问题、所作出的努力以及获得的进步，这样才有可能对学生的持续发展和提高进行有效的指导，评价促进发展的功能才能真正发挥作用。与此同时，也只有在关注过程中，才能有效地帮助学生形成积极的学习态度、科学的探究精神，才能注重学生在学习过程中的情感体验、价值观的形成，实现"知识与技能""过程与方法"以及"情感态度与价值观"的全面发展。质性评价方法的发展为这种过程的形成性评价提供了可能和条件，注重过

程，将终结性评价和形成性评价相结合，实现评价重心的转移，成为世界各国评价发展的又一特点。

三、大学研究型教学评价体系的构建

大学研究型教学评价强调学生研究创新的发展潜力，注重方法而非结果，研究型教学评价的目的不是为了选拔与甄别，而是要发挥激励和导向作用，通过评价促进学生更好地全面发展。因此，对学生的学习评价应该是多元化取向的。

（一）大学研究型教学评价的特点

1. 注重过程性、发展性

大学研究型教学要求打破关注教师的行为表现、忽视学生参与学习过程的传统的课堂教学评价模式，建立"以学论学"的发展性课堂评价。即课堂教学评价的关注点转向学生在课堂上的行为表现、情绪体验、过程参与、知识获得以及交流合作等诸方面，而不仅仅是教师在教学过程中的具体表现，使"教师的教"真正服务于"学生的学"。学生的发展是一个过程，促进学生的发展同样要经历一个过程。发展性学生评价强调在学生发展过程中对学生发展全过程的不断关注，而不只是在学生发展过程终了时对学生发展的结果进行评价。它既重视学生的现在，也要考虑学生的过去，更着眼于学生的未来。因此，发展性学生评价重视形成性评价的作用，强调通过在学生发展的各个环节具体关注学生的发展来促进学生的发展。发展性学生评价还强调收集并保存学生发展过程中能表明学生发展状况的所有关键资料，因为正是对这些资料的呈现和分析，能够帮助我们形成对学生发展变化的正确而全面的认识，并在此基础上针对学生的优势和不足，给予学生激励或具体的、有针对性的改进建议。同时对教师的评价也同样注重教师自身的教学过程，如对问题设计、课堂组织技能的水平等，而并非只注重把学生的评价结果作为评价教师的根本依据。

2. 注重多元性、灵活性

大学研究型教学要求改变单纯通过书面测验和考试检查学生对知识、技能掌握的情况，倡导运用多种评价方法、评价手段和评价工具综合评价学生在情感、态度、价值观、创新意识和实践能力等方面的进步与变化。课堂教学评价量表要多元化，评价手段多样化，以质性评价为主要，定性与定量评价相结合，探索观察、访谈、问卷调查、案例研究等方法与技术的使用，使评价有利于促进课堂教学改革和教师积极性创造性的发挥，这意味着，评价学生将不再只是一把"尺子"而是多把

"尺子",教育评价"一卷定高低"的局面将被打破。只有实现评价方式的多元化,才能使每个学生都有机会成为优秀者,才能促进学生综合素质的全面发展。

3.注重个别性、差异性

心理学和社会学的研究表明,每个学生都具有不同于他人的先天素质和生活环境,都有自己的爱好、长处和不足。学生的差异不仅表现在学业成绩的差异上,还表现在生理特点、心理特征、动机兴趣、爱好特长等各个方面。这使得每一个学生的发展目标以及发展速度和轨迹都呈现出一定的独特性。发展性评价正是强调要关注学生的个体差异,建立"因材施教"的评价体系。具体来说,就是要关注和理解学生个体发展的需要,尊重和认可学生个性化的价值取向,依据学生的不同背景和特点,运用不同的评价方法,正确判断每个学生的不同发展潜能,为每个学生制订个性化的发展目标和评价标准,提出适合其发展的具体建议。

4.注重主体性、参与性

传统的教育评价,片面强调和追求学业成绩的精确化和客观化,忽视了学生的主体性和能动性,往往使学生的自评变得无足轻重。研究型教学评价试图改变过去学生一味被动接受评判的状况,发挥学生在评价中的主体作用。学生不仅可以,而且应当是教学评价的主体,虽然他们评价的深度、广度都有局限性,但是,他们在学校的地位使他们有权参与评价。学生也间接地接触到学校的管理,感受到教学环境,熟悉学校的教学条件,尤其是大学生知识视野比较广阔,他们能够做出一些比较中肯和真切的评价。具体来说,在制定评价内容和评价标准时,教师应更多地听取学生的意见;在评价资料的收集中,显示应发挥更积极的作用;在得出评价结论时,教师也应鼓励学生积极开展自评和互评,通过"协商"达成评价结论;在反馈评价信息时,教师更要与学生密切合作,共同制订改进措施,以保证改进措施的真正落实。

总之,通过学生对评价过程的全面参与,使评价过程成为促进学生反思、加强评价与教学相结合的过程,成为学生与人合作、自我评价、自我激励、自我调整等自我教育能力不断提高的过程,成为学生与人合作的意识和技能不断增强的过程。布鲁纳说:"教师必须采取提供学习者最后能自行把矫正机能接过去的那种模式,否则,教学的结果势将造成学生跟着教师转的掌握方式。"这也就是说,教师不仅要做好自身对学生的评价,更要帮助学生学会自我评价,使自己从讲台上的传授者转变为学生学习的促进者,发展性学生评价归根结底必须指向学生自我评价能力的培育。

（二）大学研究型教学评价的基本原则

1. 发展性原则

评价的作用在于教学而不是区分学生的优劣和简单地判断答案的对错。大学研究型教学评价强调其形成性作用，注重发展功能，不能只对学生的学习情况做简单的好坏之分。一次评价不仅是对一段活动的总结，更是下一段活动的起点、向导和动力。

2. 学生中心原则

评价的主体和对象应是学生。所有评价活动的宗旨在于促进学生进一步有效学习的进行，避免没有方向和低质量的评价。

3. 全面性原则

不能仅仅评价学生的学习，要以学生的各个方面为评价对象。首先要明确的是学生是人而不是接受知识的容器。人的一切活动，包括学习要受人的意识支配，所以教学评价就不能仅仅局限于关注知识的掌握，更要促进其兴趣、爱好、意志等个性品质的形成和发展及研究方法、研究能力、创新能力创新精神、创新意识的形成和提高。

（三）大学研究型教学评价的具体要求

1. 确立评价目标，明确评价内容

明确对学生学习的评价内容是开展评价研究工作的第一步。评价内容是通过评价目标体系体现出来的。一般来说，大学研究型教学评价目标体系主要包括学科学习目标、课题研究目标和一般性发展目标。

学科学习目标是教师和学生开展学科学习活动预期要达到的结果，是学科学习活动的出发点和归宿，是评价学生的重要依据。学科学习目标的确定应以教学大纲的基本要求为依据，要体现学科教学对大学生在知识与技能、过程与方法、情感态度与价值观等方面的基本要求。

一般性发展目标主要指学生在道德品质、学习的愿望与能力、交流与合作、个性与情感等方面发展的状况。

应该注意的是，在实施评价时一般性发展目标与学科学习目标是无法截然分开的实际上，学科学习是实现一般性发展目标的重要途径之一，学科学习目标中应该也必然要包含或渗透一般性发展目标的内容。

2. 选择评价方法，设计评价工具

有了评价标准后，还需要选择评价方法，设计评价工具，这是在评价的设计

准备阶段应做的重要工作。大学研究型教学评价除了使用纸笔测验以外，更为强调使用质性评价方法，如观察法、访谈法、情境测验法、行为描述法等。

（1）交流评议法。参与者对评价内容进行事实判断之后，发表不同的见解，进行价值判断。例如，课题研究活动的交流、总结或教师在上完课后进行自我总结汇报，然后由与会者对被评价者做出评议，分析对被评价者的现状，指出长处和不足，以便发扬和改正。

（2）案例分析法。通过解剖具体的案例，对被评价对象进行价值判断。如，几位教师对某一教学设计进行分析，可以找出优点与不足，认同一系列的意见和建议，促进对教学设计的认识。

（3）表现性评价法。所谓表现性评价，是指通过观察被评价者在完成实际任务时的表现来评价其发展现状。

（4）档案袋法。档案袋是指用以显示被评价者教学成就或持续进步信息的相关记录和资料的汇集，在课题研究活动过程中需要采用这种方法。

3. 灵活运用多种方法，合理进行评价

（1）定期评价与经常评价相结合。平时对学生在课堂教学中的学习状况，在课外课题研究活动过程中的表现的观察、记录与期末考试、考查成绩相结合，使评价成为整个教学活动的有机组成部分。

（2）定量评价与定性评价相结合。既要有量化指标，有要有定性分析。只有定性分析，难免给人模糊的感觉，对于教学决策的意义就会比较局限，但并不是任何方面都可以被量化的，应注意两者的综合运用。

（3）综合性评价与专项评价相结合。注重各教学要素在教学中的整体作用发挥，对各方面的人员、各方面的教学条件、反映教学质量的各方面指标有综合性了解和分析，同时，为了深入了解某个方面的具体问题，也要对其进行专项评价。

（4）客观性评价与自我评价相结合。在教学评价过程中，不仅要有他评，更要重视自评。评价的效果如何最终要看被评价者自己对评价结论的理解、认同状况，经常的自我评价，特别是他评与自评的吻合程度较高时，评价的效果会更好。

（5）回首性评价与前瞻性评价相结合。即以一般性评价、经验性评价、诊断性评价为基础，做一些前瞻性估价。评价必回首，回首又是为了前瞻，因此，教学评价要实现两者的有机结合。

第九章

高校研究型教学管理创新与推进

大学研究型教学的实施，客观上对高校教师的素质提出了更高的要求。大学研究型教学要改变学生的学习方式，首先要改变教师的教学方式，从实际情况来看，后者的改变比前者可能更困难。因此，研究型教学实施的关键是教师。它不仅要求教师在头脑中树立正确的指导思想，深刻把握如主体教育思想、创新教育思想、素质教育思想、终身教育思想等现代教育思想，形成正确的教育观、教学观和学生观，而且要深入研究和改革教学的方式方法，改革课程内容，不仅要提高教学艺术水平，同时也要提高自己的科学研究水平等等。这些要求如何转化为教师自身行为的内部动力，这不仅是教师个人面临的问题，同时也是高校管理面临的一个重要课题。

第一节 研究型教学创新与教师管理创新

近年来，随着我国高校教育的不断发展，各地大学生正在逐步增长，从而为我国培养大批推动社会进步的栋梁之材，而社会的发展对高校教师队伍提出更为严格的要求，为此，本节从研究型教学创新与高校教师管理创新两方面进行深入分析。

一、研究型教学对高校教师素质的要求

面对新时代的挑战，许多国家都把创新教育摆到更重要的位置，并把创新教育的主体——教师提到更高的位置。教师的功能和作用从未像今天这样重要，教师不仅是人类知识的传播者，而且是塑造人类心灵的工程师；不仅是智力资源的开发者，而且是传统教育的改革者、现代化教育的开拓者；不仅承担着教书育人的责

任，而且在人类社会两个文明建设中发挥着巨大作用。在大学研究型教学是创新教育思想和素质教育思想的体现。因此，在大学研究型教学的实施过程中，如何开发高校教师人力资源，充分调动广大教师的积极性，便成为一个关键和根本的问题。

（一）当前大学教师素质存在的主要问题

教师是教育教学能否成功的关键。然而从目前大学教师队伍的素质状况看，并不乐观。存在的主要问题有：

1. 责任心不够强

当前课堂教学水平处于总体下滑状态。一方面，从客观原因看，由于社会分配不甚合理，教师收入偏低，部分教师忙于高收益的第二职业，对教学和学生敷衍了事。再则由于某些政策的操作不当（例如职称评聘，仅强调科研成果进而简化为论文数量，而不重视教师的教学质量）等方面的原因，使得部分教师重视科研等事务，而轻视教学。另一方面从主观原因看，很多教师缺少教育理论训练，缺乏正确的教育思想的指导，知识结构陈旧、不合理，并缺乏必要的反思等。这与当前开展教育教学改革，实施研究型教学的要求是不适应的。

2. 教育观念落后

很多教师认为，"研究""创新"属于高级科研人员的事，它需要具备扎实的基础知识并经过特定的训练。这种观点是非常片面的，学生特别是大学生具有独立研究、独立动手的能力。

3. 教学方法陈旧，教学手段单一

当前许多教师在教学时仍然使用传统的"填鸭式"、满堂灌的教学方法和一支粉笔一块黑板的传统教学手段。教学过程基本上是教师单向的独白，根本谈不上师生的互动与合作。教的机械呆板，听的被动消极，必然导致学生产生厌学情绪，最后的结果可能是学生不会学、不会思考、个性受到压抑、创造性被泯灭。

（二）大学研究型教学与教师角色的变化

根据大学研究型教学的思想理念及其对教学内容和教学方法形式的要求，教师角色将发生深刻的变化。

首先，教师失去了对学生学习内容的权威和垄断。长期以来，教师是知识的占有者和传授者，是学生获得知识的唯一来源。即使是很差的老师，借助着他所拥有的知识，他在学生面前依然也是权威，居高临下，一切由他说了算。但在研究型教学中，这种情况发生了根本的变化：学生希望研究的很多问题都超出老师的专业领域，有的即使在教师专业范围内，也是他平时不关心、不留意的，对于学生将要学习的很多内容，教师几乎没有专业知识方面的优势可言；同时学生学习内容的开放性使学生的认识领域大为拓展，吸纳知识的途径由单一变为多元，教师也不再是学生惟一的知识来源。

其次，教师第一次处于被学生选择的地位。长期以来，在学校中只有教师选择学生，学生被动地接受学校安排的各科老师，从没有学生选择教师。而实施研究型教学允许学生有选择教师的权利，允许学生自由地在全年级甚至在全校选择自己的课题指导老师。因为这种选择权，是学生学习主体作用能够发挥的前提条件。这就使学校教师第一次处于被选择的地位。这对教师来说，也是前所未有的挑战。

第三，教师从个体走向合作。以往的教学中，我们每个教师都有自己的专业。他基本上是独立地完成教学工作，基本上可以不和其他学科的教师有业务上的交往。但在研究型教学中，围绕课题研究，教师指导的内容包括计算机知识、科研方法、各种专业知识、结题报告写作、数据处理等各方面的知识。因此对绝大多数老师而言，几乎很难独自一人很好地完成对学生课题的所有的指导工作。这就要求教师从个体走向合作，联合起来对课题小组进行指导。这对教师来讲，是一种工作方式的根本改变。他必须与其他同事建立联系，从仅仅关注本学科走向关注其他相关学科，从习惯于孤芳自赏到学会欣赏其他教师的工作和能力，从独立完成教学任务到和其他教师一起合作。在教育学生学会合作的同时，教师首先自己必须学会合作。这是教师面临的又一个很大的挑战。

（三）大学研究型教学对教师素质的要求

杨振宁教授曾说过，在美国给他印象最深的教授是原子弹之父泰勒。泰勒授课往往离题千里，因为他的思维特别活跃，每一节课都有几十种想法，而且一有想法当即就告诉学生。杨振宁讲他就是从泰勒那里学会了如何思考。钱伟长曾说，教师教学注重的不是解题过程、公式的运用，而是提出问题、解决问题的思路，教的关键在于"授之以渔"。因此，培养一支具有极大创新精神的教师队伍，是实施研究型教学培养高素质人才的重要条件。

1. 不断更新知识结构

大学教学内容应该具有较强的学术性和研究性，需要教师经常在教学内容中反映学科发展的前沿理论趋势和动态。因此，教师要熟谙本学科发展前沿。钱伟长曾指出，作为教师，一定要了解本学科最前沿的动态，要经常翻阅科技杂志、论文集,还要动手做实验,做数值研究。李政道则表示,要成为世界一流的物理学家,重要的不是知道人家做什么,而是知道人家没做什么。这要求教师一定要熟悉学科前沿发展动态,不断学习、钻研,拓宽知识领域,充实自我。

2.具有民主意识,胸怀开阔

实施研究型教学,要求教师具有创新意识,不满足于现状,善于思考,敢于提出新问题;要求教师要善于引导学生产生和表达自己的独特见解和思想,允许不同的观点和意见,即要营造一种平等、民主、宽容、理解的教学氛围。

3.具备管理意识

研究型教学需要教师综合性、灵活性、创造性地运用各种教学方法,采用多种有利于教学目标达成的现代化教学手段和教学形式,不仅在课内要开展问题研讨、交流、互动,而且还要组织学生进行课外课题研究,教学过程不再是一个僵化、呆板的单向传递知识的过程,学生成为教学过程的主体。因此,教师在教学过程中对学生的组织管理起着至关重要的作用,否则,教学将成一盘散沙,学生既学不到知识,也不可能有新问题、新想法,更谈不上促进学生素质的全面提高。

二、创新教学管理机制,服务教师创新

(一)创新理念,构建现代教学管理新平台

教学管理对教学工作有着导向性的作用,因此,在新时期首先要有开放的视野,树立开放性的教育观念,强化国际化的意识。在教学管理的实践中不断体现这种高等教育国际化的思想,就是要把握世界高等教育发展的趋势和规律,加强国际高等教育机构的交流与合作,其核心是人才培养质量、学术水平和管理的国际化。

1.质量观

教育部《关于加强高等学校本科教学工作提高教学质量的若干意见》中指出,高等学校的根本任务是培养人才,教学工作始终是学校的中心工作,要"牢固树立人才培养的质量是高等学校生命线的观念"。教学管理中要有一个动态的质量观、发展的质量观:一方面是社会对高等教育需求的多样化,我国社会和经济的发展与建设,所有制结构发生了变化,产业结构逐步调整,对高级人才的需求呈现出多样化的趋势;另一方面是随着高等教育大众化的推进,高等教育朝着多样化方向发展,办学的主体、办学的形式、办学的类型呈现多样化,由此,培养目标、质量标准也出现多样化。因此,在今后的教学管理中,我们应不断树立与多样化发展相

适应的多样化的质量观。

2. 教师观

要强化教师为主体的观念,重视教师作为教学主体的作用。

提高教学质量,教师是关键。在教学管理中,要处处体现重视师资队伍建设的思想与观念。我国著名气象学家竺可桢在接任浙江大学校长时说:"一个学校实施教育的要素,最重要的不外乎教授的人选、图书仪器等设备和校舍建筑,这三者之中教授人才的充实,最为重要",原清华大学校长梅贻琦更认为:"大学者,非谓有大楼之谓也,有大师之谓也"。足见师资队伍的建设,培养人才、珍惜人才是多么的重要。同时在教学管理中要强化"名师观",创造一种激励出现教学"名师"的条件。总之,要在学校中形成一种人人关心教学、人人支持教学,教师人人在教学中有紧迫感,人人为教学质量提高而竞争的良好氛围。

3. 课程观

课程观,即强化课程改革的观念。课程对专业建设的影响、对人才培养模式的影响是直接的,正所谓大学归根到底是通过课程而呼应科学技术的发展与社会经济、政治、文化进步和变革的。对课程的理解与关注反映教学管理的思想水平。在教学管理中,强化课程的观念,提升对课程的认识水平,是极其重要的任务,也是应有的管理思想。

在树立这些观念的同时,要健全教学质量监控与保障体系。一要切实有针对性地制定出一套教学评价指标和质量监控措施;二要建立有效的机制;三要有一支高素质队伍,及时处理监控反馈的信息,解决存在的问题,同时在师生中也要营造出质量监控的氛围,形成师生共同参与监控的良好风气。

(二)以人为本,建立合理的人才激励机制

教育的根本功能在于促进人的发展,为此,"以人为本"的管理理念已成为整个新世纪中思考与实践的主题。"以人为本"的管理理念是在各项工作中重视人的因素,强调教师主体作用的发挥。没有一流的教师队伍,就难培养出一流的学生。要把教师的主体精神发挥出来,激发他们的积极性和创造性,依靠教师办学。只有这样,才能把大学教育质量建立在较高的水平上,才能为发展科学和直接为社会服务做出应有的贡献。因此,在高校中要树立"教师为本,人才第一"的人力资源开发观念,形成"尊重知识,尊重人才"的氛围,提高广大教师参与办学的积极性和自觉性。这就要求当前大学的管理层从传统的人事管理向人力资源管理转变,要转变旧的观念、转变工作职能、转变思维方式与工作方法，以保证高校人力资源开发与管理的全面推进。

1. 人才激励机制是影响教师人力资源开发的主要因素

这主要是与教师有关的选人政策、育人政策、用人政策、留人政策等。大学人力资源开发成功与否直接影响到教育目标的实现和管理运行的实施。选人是大学人力资源开发的重要内容，一是从内部选聘，二是从外部引进，把优秀的教师招聘到教师岗位上来。学校的选人政策必须坚持科学性、公正性和平等性原则。育人是培养教师、提高教师的教学科研水平以及综合素质，是学校人力资源开发工作之一。育人要注意围绕不同学科建设，开发不同层次的人才。用人是合理地配置和有效使用教师，用其所长，避其所短，充分调动教师的积极性，激发潜能，达到事半功倍的效果，这也是教师人力资源开发的主要目的。留人是如何留住大学中的人才，不使人才流失。要吸引教师长期为学校效力，学校各级领导与有关管理者在人力资源开发中要善于激励，在制定留人政策时要强化留人举措，对做出贡献的教师要及时奖励。如设立青年教师创新奖、发明奖、成果奖等；中老年教师的学科带头人奖、名师品牌奖、科学成就奖等。在激励过程中要遵循公平、公正、公开原则，激发教师的内在动力，使教师感到自己责任的重大与职业的光荣。

2. 公平合理的评估体系是调动教师积极性的一个重要内容

大学在教师管理中，必须把激励与约束结合起来才能发挥效应。要在建立激励机制的同时建立约束机制。首先建立大学教师绩效评估系统：根据对教师定期考核、评估的结果，来决定赏罚。同时也作为教师职称评定、职务晋升、岗位变动的主要依据。其次是纪律约束：教师要遵守学校的各项规章制度，认真履行合同；学校对违反者解除聘任合同。再次是道德约束：大学是知识创新、传播和应用的主要基地，也是培养创新精神和创新人才的重要摇篮，因此提倡教师为人师表、教书育人，反对学术腐败现象。教师不仅仅应该完成教学、科研任务，而且还应该以先进的思想和高尚的情操影响学生，培养出高素质、高水平的适应社会需求的人才。

（三）优化环境，营造良好的教学、科研氛围

21世纪是中国教育创新的世纪，国家教育部制定的《面向二十一世纪教育振兴行动计划》已在全国实施，这些都为我国大学发展创造了发展空间和社会环境。对于大学教师人力资源开发来说，优化环境能促进教师队伍的建设、稳定与发展。在大环境有利的条件下，大学自身也要注意营造有利于教师积极性发挥的小环境，

如为教师提供发展空间和机会、良好的学术研究环境与生活上的关心照顾、资金设备的投入校园的治理和美化等等。大学是育人的基地，也是研究学问的地方，创造和保持良好的学术研究环境，可以为促进出人才、出成果创造一个有利的条件。为此，要营造有利于人才脱颖而出的良好学术氛围，形成百舸争流、人才辈出的局面，就要为教师提供教学、科研的发展空间和机会，大力提倡创新精神，发挥教师丰富的个性，培养创新教师。对教师来说，事业有成是人生价值的体现，因此，大学教师人力资源开发的重点之一是创造条件把教师培养成创造型、应用型的专家，以适应21世纪大学发展的各种需要。对此，大学应积极开展学术交流活动，使教师迅速了解学科前沿发展的趋势，激发教师的学习积极性，鼓励教师开展科学研究和教学研究，而教师只有搞科研，才能及时在教学活动中体现基础理论与前沿观点的有机结合，才能有意识地培养学生的研究意识、研究方法和研究能力。与此同时，学校要鼓励教师进修。教师进修是彻底改变教师知识水平、知识结构的有效途径。

（四）积极引导，加强教师思想管理

教师的教育、教学行为的先导是他们头脑中的思想认识，没有认识上的真正改变，也就没有真正有意义的改革。因此，开展研究型教学，必须引导教师树立正确的教育思想和观念。因此学校应通过多种方法和途径，让教师形成正确的理念和意识。

第一，敬业意识。要加强职业道德教育，培养教师的敬业爱岗精神。一切教育成功的关键是教师，而教师的敬业精神又是关键中的关键。如何使教师在增强敬业精神的同时，能热爱、安心于本职工作，这是高校教师人力资源开发的关键问题。从某种程度上讲，教师的敬业精神比教师的知识水平更重要。教师的职业道德水平高，有利于教师致力于教育事业，有利于提高自身的创新能力。在这方面要加强情感投入。人本管理是现代化管理发展的一种趋势，日本用于企业管理得到了良好效果，增强了企业的"向心力和凝聚力"及国际市场竞争力。在高校同样要营造一种积极向上、和谐融洽、相互尊敬的人际关系，使广大教师能心情舒畅地进行教学与科研。

第二，角色意识。即教师对自己的角色有较合理的定位。作为教师，我们认为应担任以下主要角色：①教师是言传身教、教书育人的教育者。大学教师是大学教育劳动的主体，在教育教学过程中，在教与学的关系中，居于主导地位。因此，教师必须把教书与育人紧密地结合在一起，这是社会发展的需要。教师在教学实践过程中，不仅仅着眼于传道、授业、解惑，而且也必须有意识地进行思想教育。既要弘扬中华民族精神，又要以当代先进思想理念武装学生，以树立正确的世界观、人生观、价值观。与此同时，教师要注意提高师德，处处以身示范，做学生表率。因此，大学教师要在坚持教育创新和深化教育改革中，强化言传身教；改进教学手段和方法，提高教学质量；进一步树立教师的社会形象。②教师是文化知识的传播者。教师这一社会角色是通过对文化知识的传播而发挥其功能作用的。没有文化知识传播的需要，也就不可能产生教师的职业角色。教师是通过课堂教学与其他辅助形式以最短的时间、最有效的方式将文化科学知识传播给学生，在传播知识信息的过程中，教师也必须注意启发答疑、指导和评价学生的学习，这对培养具有创造性的学生起到了重要作用。因此，大学教师在传递知识的同时要开发自身的资源和创造自身的条件，并要注重名师品牌的培养和树立，以提高学校的声望。③教师是智力资源的开发者。大学教师不仅担负着传递知识的使命，而且也担负着开发学生智力提高学生分析与解决问题的能力的使命。教师不但要激发和引导学生，还要通过揭示新思想、新知识的科学性真实性，点燃学生的学习热情，培养学生对知识的追求和钻研精神，培养学生的探索精神和创造能力。大学教师在教学中还要积极为学生的智力开发创造良好的条件，积极开发现代教育技术资源和品种，培养信息时代的开拓者。④教师是教育创新的开拓者。在新世纪的教育创新中，大学教师是学校教育的主体，应以创新教育为己任，成为教育现代化的开拓者。作为教育现代化的开拓者，首先必须以"教育要面向现代化、面向世界、面向未来"作为指导思想，为我国现代经济建设培养合格人才；其次要具有教育改革意识，积极探索适应我国现代化建设的有效方法和途径，探索适应新世纪的教育模式，探索适合社会发展和人才培养的教学方式和手段，为建设有中国特色的教育教学体系做出贡献，成为教育现代化的开拓者。⑤教师是学生未来生活的设计者。大学教师不仅是知识的传播者、教书育人的教育者、智力资源的开发者和教育创新的开拓者，而且是学生未来生活的设计者，教育的一个重要功能就是为未来社会培养合格人才。在大学时代，教师为学生的未来奠定坚实的基础，积累各种知识，使学生走向社会时有较强的根基，以适应未来社会和未来生活的需要。教师还要根据未来社会发展预测前景，将未来引入课堂，科学地预见未来、适应未来，大胆地构想未来、创造未来，使学生对未来充满信心。

（五）形成正确的教育观念

1. 教育个性化观念

个性教育观是对传统教育理念的否定，它主张教育部门努力形成自己的特色，保证教育环境和教育影响的人性化，促使教育者个性的健康发展。

2. 大教育观

大教育观是相对单纯的学校教育而言的。它涉及的范围广，参与办学的主体多，各种教育之间的关系复杂，其精神实质是超越学校教育，促使教育社会化，协调社会影响，加速社会教育化。

3. 终身学习观念

它旨在促进人类个体的终身发展，以适应社会生活的变化，它贯穿了人的一生，是一种全方位的学习。

4. 教育国际化观念

随着经济全球一体化和信息技术的迅猛发展，教育已成为全球各国经济、政治、文化和科学等方面相互依赖的纽带，对于各国在世界上的发展作用日益突出，教育越来越成为国际性的公益事业。在大学人力资源开发过程中，只有教育观念创新了，才有教育教学内容方法、手段的创新，只有具备了教学科研上的创新，才能导致学生学习上的创新。

第二节　高校科研创新与组织机制的变革

随着大学的跨越式发展，大学组织管理遇到了前所未有的难题，传统的管理体制和组织行为方式严重地束缚了教师在科研方面的创新，这些问题有些是因为教师个人因素造成的，但有不少带有普遍性的问题确实与我们的组织机制密切相关，大学组织必须变革，否则它无法满足现代大学发展和教师科研创新的需要。

近些年来，人们发现大学教师科研渐渐步入一个怪圈之中，真正的高水平的原创性成果越来越少，质量不高的低水平重复性研究比比皆是，论文复制甚至抄袭现象十分严重，社会上反对学术腐败的呼声一浪高过一浪，许多人往往将之怪罪于教师，痛惜当今教师的堕落。实际上，我们冷静的审思，这是大学的评价激励机制存在问题，表明大学传统管理体制及其行为已经很难适应形势发展的要求。本节内容试图围绕教师科研创新问题系统地、多角度地去审视当今大学组织机制的发展。我们在责备某些教师道德责任感失落的同时,也应该思考我们的组织机制给这种现象的出现带来了什么样的消极后果。曾经有学者一针见血地指出,大学是计划经济的最后一个堡垒,我们大学的组织还是世袭一贯制的传统结构,甚至背负着官僚行政组织所带来的一切恶果。在过去,当校园还是很小的时候,矛盾并不十分突出,可在大学高度扩张的今天,它的弊端就像开启的潘多拉魔盒一样不断地泛滥成灾,大学的组织管理模式、权力结构、激励制度、评价体系等等,所有与组织有关的因素,无不成了目前大学教师科研创新失衡的罪魁祸首。我们的大学也正在进行一些变革,但这些变革是不系统的,触及的范围是粗浅的,所关注的焦点也从来没有离开过我们的行政组织,正如管理学中的"木桶理论",决定一个木桶能装多少水的木片是最短的一块而非其他,我们的变革假如不能全方位地改造,那么大学组织的那块短板将会依然存在,组织的管理效率也无法得到保障。

一、大学的组织特征及其与教师科研创新的关系

(一)组织的含义及其与个体的关系

彼得·德鲁克曾指出:"社会已成为一个组织的社会。在这个社会里,不是全部也是大多数社会任务是在一个组织里和由一个组织完成的。"这充分地表明了组织对我们这个社会发展的重要性,组织结构形态和运行机制是否合理与高效,它们构成了影响组织效率高低的最主要的因素。

组织一词在英语中来源于器官,后逐渐演变为专指人的群体和集合体,在社会管理中广泛运用。有关学者对组织的研究是从20世纪初开始的,由于研究的角度和方法不同,形成了对组织含义的不同认识。古典组织理论从静态结构角度研究组织,它认为组织的意义主要体现在层级结构、权责系统、统一目标、合适的人员配置等。行为科学组织理论是从动态行为,即从组织成员心理及交互行为的角度来研究组织的,它关注人在组织中的作用,组织与人的互动关系,组织对人潜能的激发作用。系统权变组织理论则从整体角度研究组织,系统学派的组织理论强调应该用系统论的范畴、原理和方法,全面分析和研究组织的管理活动、内部结构、成员的相互作用以及情感与外部环境的关系,建立起系统模型,更精确地对组织进行分析。权变学派认为,组织是一个有机的生长体,它不是一成不变的,随着内外环境的变化,组织要不断进行修正、变革和发展,从而采取相应的组织结构和领导方

式。这种组织理论结合了前两种组织理论的优势部分,全方位多角度地研究组织与人、组织与组织、组织与社会的关系,从而推动组织与人的发展。综合这些学派对组织的阐述,我们可以看出,组织实际上是一群人为了达到共同的目的,通过权责分配和层次结构所构成的一个随环境变化而不断进行自我适应与调整的有机体。

每个组织都是由多个个体组成的,而个体之间的特性存在较大差异,为了让个体统一到组织的目标上来,组织总是要设法通过组织结构的设计、组织行为的规范来减少这种差异,因此,个体和组织之间常常会存在匹配、磨合、相互促进等关系。

首先,组织和个体之间存在相互匹配的过程。个体与组织之间往往存在很多差异性,这种差异性将会影响个体和组织的配置。个体进入组织都持有一定的态度及个性,尽管个体的态度和人格不是永久固定的,但它肯定在进入织之前就已经给定了,而且他们对组织和工作环境的理解将会影响到他们的工作积极性。比如,在同等条件下,员工的工作满意度高,工作绩效也会相应得到提升;个体的人格特质与工作相匹配时,组织将会得到高绩效和高满意度的员工;如果组织的管理行为在个体看来是公正的,无偏见的,那么将会大大地降低个体认知中的不公平感和不满意感。所以,从静态角度分析,组织和个体存在一种匹配关系,当这种匹配质量比较高时,组织的效率会提高,反之亦然。

其次,组织对个体有一种促进关系。美国学者道格拉斯·麦格雷戈曾经提出过人性假设理论,即X理论和Y理论,前者强调人"天生是懒惰的,厌恶工作",与组织目标相背离等特征,而后者则认为,"大多数人愿意工作,愿意为社会和他人做出贡献","一般人不但能学会承担责任,而且能学会争取责任"。这两种人性假设对现代管理思想产生了巨大影响,前一理论倡导"采用监督和控制的手段来进行管理",而后者则主张"实行参与管理,以创造人们发挥智慧和能力的机会"。这两种管理理念尽管相差甚远,但他们都表明了组织对个体发展的促进作用。前者是从外部控制个体朝着组织的发展目标去努力工作,当组织的目标得以实现的时候,组织本身也得到了发展,而在这种目标控制下的个体同时也会得到发展;后者则是从内部对员工进行控制,从主动的角度开发人的潜能,让个体最大限度地发挥他们的创造力和能动性,这应该说更能体现组织对个体发展的促进作用。

再次,个体对组织的发展同样具有推动作用。当一个组织中个体的潜能都得到充分发挥的时候,他们对组织的贡献将是巨大的,它不但可以消除组织管理中的一些不利因素，还能够提高个体对组织的真诚度，充分拓展个体的主观能动性，从而推动组织的发展，因此可以说拥有优秀个体的组织最具有成为优秀组织的潜质。

（二）我国大学组织及其特征

大学具有组织的基本特性，它具有特定的目标，为了实现目标而需要把工作划分成各种层次的任务，并确定每个职位的等级及其权利和责任。同时，学校与教师的发展息息相关，他们存在一种动态的适应和调整的关系。因此，我们可以认定大学是一种组织。大学组织是系统的，但它以结构松散为特征，在这种组织中的教师自由度和自主性相对较高，但他们仍然具有组织成员的特性。就目前我国的大学组织而言，具有以下几个方面的特征：

第一，沿袭传统的官僚组织结构。我国大学基本上都是以职能部门划分工作任务，实行集权化的管理，管理幅度比较狭窄，往往通过命令链进行决策，以维持组织的正常运行。现在我国大学大多数都从组织上分为行政后勤和教学科研两大块。行政后勤部门都是从工作职能角度进行的划分，这种划分与我国的行政官僚组织体制联系非常紧密，基本上是地方党政机关具有的职能部门都可以从大学里找到相对应的位置。这种组织结构容易削弱部门间的横向合作，导致部门间的利益冲突，并将部门利，益凌驾于组织利益之上，一旦某个部门权力膨胀，就会侵夺其他部门的利益。当然，目前在大学组织中也融入一些矩阵结构的特征，如教学科研院所的设立。但由于目前我国大学行政思维过于强烈，行政权力干预过于强大，这些组织本该拥有的权力往往也被纳入了行政权力的命令链当中，其自主权得不到保障，因此矩阵式结构的作用并没有表现出来。

第二，组织集权化程度较高。集权化是与分权化相对立的一个概念，它是指"组织中的决策权集中于某一点的程度"。集中程度高为集权化，程度低则为分权化。高集权组织结构的优势在于决策效率比较高，它在官僚组织结构中的特征十分明显，这一点在我国的大学中也得到了充分的体现。大学的行政部门都是按职能进行划分的，部门拥有较多本职能领域的决策权，他们在决策过程中，很多时候并不十分清楚需要这些政策的部门特性和要求，其决策依据大多是自己的权力范围，而不是根据实际情况进行，这很容易增加决策的盲目性，决策一旦形成，他们就会沿着这条行政命令链进行传达并要求执行，即使要重新纠正可能也要耽误很长的时间。然而，从大学本身的特点来看，大学应该以教学和科研为主，教学和科研部门应该是大学组织的核心，可是这些组织却常常因为缺乏这些行政权力支持而使他们丧失了参与决策的权力，于是乎大学中最需要参与决策的部门却渐渐沦落为决策的被动执行者。

第三，部门间呈现相对封闭状态。由于大学行政后勤部门的设置主要参照党政机关的部门设置，党政机关的这些部门设计经过很多年的锤炼，部门的工作设计是越来越明晰，工作分工程度也越来越高，这在一定程度上可以提高工作效率，明确工作责任，但它的缺陷也是不能忽视的，部门间的协作程度正在逐步降低，部门间的利益纠纷也是有增无减。当这些特性进入大学后，其毛病也逐渐暴露无遗，况且大学的工作空间十分有限，矛盾冲突的后果对大学这种组织的伤害可能更加严重。

（三）大学组织机制与教师创新的关系

海尔从斜坡上流动的小球这一极为普通的生活现象中，悟出了组织与人才发展的规律，这就是著名的斜坡球发展理论。斜坡上的球体好比一个组织成员，球周围代表成员发展的空间即组织，斜坡代表着组织发展规模和竞争程度。这一理论认为，促使一个组织成员实现自己的目标及前景有两个动力：内在动力是个人素质的提高，这是根本；外在动力是组织机制，如激励机制，是外部的推动力。同时，也存在两种阻力：内在阻力是组织成员的惰性，外在阻力是组织机制的消极因素。这一理论比较完美地表述了组织成员与组织之间的关系。教师创新的动力也来源于两个方面：一方面是教师个人的内在动力，主要是教师的素质提升、对大学组织目标的认同以及教师间的良性竞争；另一方面是大学组织对教师创新的促进作用，它既可能推动教师创新，激发教师创新的原动力，但从负面而言，也可能阻碍教师的创新。

学校的组织目标会对教师的创新产生巨大影响。任何组织都具有共同目标，这也是组织区别于其他群体的主要特点。作为一个大学来说，它的目标定位在什么位置，将对教师的行为产生较大影响。尽管我们经常说提高教学和科研质量是大学的目标之一，但具体到每个学校可能就会有相当大的差别，有的可能只是重视常规的教学科研管理，有的可能只是重视一些数字的管理，至于教师的教学科研水平能发展到什么程度，学校并不十分关注。大学组织要激励教师创新，它的重点应该在于把组织的整体目标分解为各组织单元或个人的具体目标，使目标具有较强的操作意义，并让教师个人与整个学校组织的科研创新这个目标保持一致。学校组织气候对诱发和形成教师的创新行为有十分重要的意义。组织气候是一个组织内部比较长期具有的特性。这种特性可以被其组织成员亲身体验，可以影响组织成员的行为，可以按照一套独特的组织特征的标准加以描述。任何一所学校，它都是由许多教师构成的整体，它也会形成属于自身的组织气候，高校可以利用本组织中约定俗成或广泛实施的一些规范和准则，如一些有关教师科研创新的奖惩条例，有针对性地给教师以一定科研创新的动力，这种动力在每个教师身上尽管可能会表现不同的行为，但大多数将会以积极的形式表现出来。

同样，个体在组织背景中的行为不仅仅是由于个人的个性特征所引起的，而且还要受到个人所处整体情景的影响。大学组织环境的影响力非常大，有时甚至可以克服教师之间的个体差异，表现出许多相互一致性，大学教师的创新行为虽然可能有很多是个体自发的，但组织的推动作用仍然不可忽视。当组织结构和行为比较科学合理时，它将能促进教师的创新。大学组织的变革也有助于教师创新意识的提升。大学的组织变革是一种自我完善的过程，教师既是组织变革的参与者，也是变革的对象，当受变革影响的人规划、设计变革时，新的观点和信息随之产生，它能加强组织及其成员的应变能力，强化教师的革新意识。在这一过程中，大学组织可以进一步修正自身的发展目标，围绕这些新的目标，通过出台一些相关的政策，使组织和教师能共同的朝着这个目标发展，通过这种变革，可以形成以创新为导向的组织气候，使教师在有关他们和组织目标这些重大问题上，能最大限度地参与更有效的决策。当然，教师的创新行为对组织机制的变革也会具有修正和完善的作用。

二、大学教师科研创新存在的问题及其组织因素分析

最近几年，我国大学的发展取得了长足的进步，不管是学校组织的发展还是科研成果的转化，应该说与过去相比都是不可同日而语的。但我们在看到这些成绩和进步的同时，也深深地感受到大学发展中的一些偏差，特别是大学教师科研创新面临着前所未有的复杂问题。比如，因为大学的一些组织政策或权力导向的影响，重数量轻质量、重科研轻教学的弊端比较突出；校园学术浮躁情绪和急功近利的倾向日趋严重；科研论文质量不高，科学研究低水平重复，论文相互复制的现象比较普遍，科研论文作弊屡禁不止；教师"近亲繁殖"的现象比较严重，学术背景相同、学术结构不良也很容易导致原创性成果缺乏；学科壁垒和学科鸿沟难以打破，真正满足现实需要的学术合作和跨学科研究不多。这些现象的涌现，与这些年来教师素质未能和大学组织的发展同步提升有十分紧密的关系。但换个角度来思考，与

我们目前的大学组织结构及运行机制也存在着相当大的关联,学校的规模扩大了,开放程度提高了,然而我们的组织结构及其管理水平却没有得到同步成长,所以由此带来的问题也就逐步凸现出来。

(一)行政边缘化挤占了大学宝贵的科研资源

这里提到的"行政"一词为泛指的概念,既包括行政、管理、职能机构及其人员,也包括党群机关和后勤等非教学科研部门及其人员边缘化则是一种权力的泛化。在目前的大学组织体制下,行政权力不断地对学术权力进行侵蚀,挤占学术权力的空间,甚至置学术权力于行政权力之下,使得教学科研部门教师的学术权力和学术资源很难得到充分的保障。

大学的行政边缘化倾向的产生应该说由来已久,大学组织的现有结构模式则是行政边缘化产生的根源。在我国,大学的整体概念和形象在许多场合被视为事业单位,在管理上主要沿袭传统的行政管理体制,既存在着党政不分也存在着政学不分的失常现象。学校内部从校长到教师形成一条很长的管理链,组织层次也套用政府机关行政级别,实行长官负责制,一级管一级,隶属关系十分清晰,从上至下构成了一个典型的金字塔式组织形式,这种类似于公共行政部门的组织结构造成了"学校办学主体本末倒置,机关行政人员成了支配学校权力的核心",给高等院校的发展带来了消极影响。这种结构模式容易激发员工争夺权力的热情,导致部门和人员之间的隔膜,产生互不信任的工作环境,使大学管理机构人浮于事,相互协调性减弱,大大地降低了组织的效率。其次,"学而优则仕"的官本位传统观念也在大学组织建设中泛滥成灾,加剧了行政边缘化的倾向。正常的情况下,大学应该是突出学术尊严,无权有威,这也是高校之所以为高校的命脉所在。然而目前的大学状况却不容乐观,组织选拔基本上还是沿用老一套的政策,有时为了留住学术科研骨干,或者为了从别的高校挖掘人才,往往采用封官加爵的方式,所以现在的中国大学都是官满为患。大学的干部也往往是因人设岗,论资排辈的现象仍然比较严重,职称有了,工龄满了,党龄够了,文凭足了,级别就上了,一般行政人员也如雪球般越滚越大,结果是行政队伍越来越庞大,行政部门也逐渐衙门化,办事效率和工作质量急剧下降,造成了有形无形的资源浪费,增加了大学的管理成本。

由于我国的经济水平有限,国家财政每年用于教育支出的比例是比较低的,至今尚未达到发展中国家的平均水平,每年划拨给各大学的经费更是少得可怜。可是现在大学机构十分臃肿,党政和后勤的非教学人员所占比例很大,这势必将挤占高校有限的经费,加上现在高校财务人员的素质参差不齐,财务管理水平较低,相关的财务监督机制不健全,这就为大学经费的低效率运作埋下了祸根。当官僚和专业人士在越来越复杂的工作和权力之网中身居内部要职时,部门的霸权就发展起来了,一些部门和个人一旦掌握了这些权力,就非常容易侵吞学校公共经费以满足部门或个人的需要。我国大学这种行政权力的定位,直接导致教学科研等中心工作的不到位、行政权力的边缘化,使得大学为数不多的教学科研经费更是捉襟见肘,严重影响了高校正常的教学科研秩序,也损害了大学作为教学科研机构的神圣形象。

同时,官本位的价值理念逐渐向学术领域渗透。高等院校等级森严的行政级别及其相关待遇的诱惑,使得一些人虽置身于学术环境中,却因获得非学术的价值信号而导致了目标追求的茫然和不知所措。正因为行政权力的泛化,许多学术人不再潜心去做研究,不再把教学科研当作自己的终身事业,不再把教学科研当作对社会的一种价值奉献,而是把它看成是一种人生转折的跳板,做好学问也只是增加仕途发展的筹码而已。一旦做出点成绩,就漫天要价,要求加官晋爵,试图以此步入所谓的人生坦途,于是乎大学中的许多优秀人才不再以教学科研能力和成果作为自身的评价标准,而是以世俗观念中官做得多大为职业的发展目标。这种观念将对人才未来的职业生涯发展产生极其严重的危害。一来研究型人才与管理型人才本来就有着很大的区别,好的研究型人才绝对不能和好的管理型人才画等号,研究能力强并不代表管理能力强;二来管理工作的性质和内容与研究工作也有相当大的不同,这对人才的使用存在着很多问题,用人所长才能提高组织的效率,反之则会阻碍组织的发展。行政边缘化的结果是学术领域官本位意识的进一步强化,使大学教师们更多地去关心权术而不关心学术,关心"位子"而不关心"事业",学术带头人官僚化和官僚"学术"化的现象泛滥成灾也就不足为奇了。有人戏称,毁掉一个学术骨干前程的最便捷方式是委以行政职务。无怪乎专家提醒,在一个权力泛化的时代,权力不仅仅归结于政府、政党,而且渗透到每一建筑物的根基里。在这样的背景下,知识分子必然更加警觉地对待权力的任何侵犯,这种理念对学术领域的污染,结果只会导致学术权力的政治化、行政化,以及各种非学术权力对学术性活动的干预,如学位授予、职称评聘、课题申报等,这些现象直接影响并遏制了教育的品位和学术风气。

行政边缘化也直接导致了目前我国大学组织的行政指令性管理。这种管理沿用了大工业时代的工业管理理念,由于当时时代的局限,这种管理模式关注的是生产线上的高效性，管理的职能也仅仅停留在计划、组织和控制等硬性的因素方面，从而维系了组织的高效率。到了21世纪的今天，整个社会和管理思想都发生了翻天覆地的变革，社会的信息传播也是成几何级数增长，人的素质得到了大幅度的提高。在这种环境下，如果仅仅只是关心组织的效率是非常不够的，我们可能还必须花更多的精力去关心组织成员的情感体验及其职业成长。然而我们十分遗憾地看到，当今大学的行政指令性管理模式注重的仍然只是政策的合理性、合法性，教师个体需要的因素并未得到足够的重视，大学组织表面上管理得有条不紊，实质上组织效率并不高，这种侧重于行政管理而淡化了大学真正的主体——教师的具体精神价值和潜在价值的现实，致使高校的教学和科研工作开始危险地向行政化角度倾斜，教师在教学科研中的关注点也渐渐向政策性、行政性的因素转移，而对社会的需要、学术的需要却变得漠不关心，这实际上已经使我们的科研工作者们偏离了学术发展的轨道。

（二）垂直型多层次的组织结构耗损了大量的紧缺资源

现代组织理论学家西蒙认为，复杂组织不仅分层次，而且分等级，也就是说这些组织被分成小单元，小单元又分成更小的单元，这样依次细分，形成金字塔式的分层等级系统。这是一种普遍现象，几乎存在于一切复杂组织中。层次的出现，提高了组织的管理效率，但层次过于复杂又将会减少组织内部信息的传递量。

大学的组织结构模式应根据学校的规模、层次、科类等特点的不同而有所区别。我国目前的大学结构，主要有两种模式，一种是直线型组织结构模式，一种是直线职能型的组织结构模式。直线型组织结构又称单线型组织结构，这是最早、最简单的一种结构形式。它的特点是组织中的各个职位是按垂直系统直线排列的，各级主管负责人对所属部门的一切问题负责，校长负责对这些部门负责人进行管理，因此它要求校长是个通才，什么都要懂。其优点是结构简单，权力集中，责任分明，联系简捷，命令统一；但其缺陷也非常明显，它要求各级负责人通晓多种知识技能，亲自处理各种事务。显然，在学校规模比较小的时候，这种组织结构还能应对，比如目前的一些小的成人院校。但学校规模一旦拓展，这种组织结构就无法应对了，所以现在的普通高校基本不再采用这种组织结构。直线职能型组织结构模式吸收了直线型和职能型的优点，并克服其缺点，它设置了两套系统，一套是按命令统一原则设立的直线指挥系统，另一套是按专业化原则设立的职能管理系统，其实质是对集权进行局部分化的结果。职能管理系统的人员是直线指挥人员的参谋和助手，他们只能对下级机构进行业务指导，而不能对他们进行直线指挥和下达命令。这种组织结构模式的优点是，集中领导，便于调配人、财、物力；职责清楚，有利于提高办事效率；整个组织有较高的稳定性。其缺点是，下级部门的主动性和积极性发挥受到限制，部门之间互通情报少，不能集思广益地做出决策；各职能部门目标不一致的时候，容易产生冲突；信息传递路线长，使整个组织的适应性降低；权力集中于最高领导层，同样属于典型的"集权式"管理组织机构。我国目前高校推行的"学院制"应该说就是直线职能型组织结构的变体，但由于大学行政权力的膨胀又使得这种变体的功能大打折扣。

第一种模式已经很难适应目前高校的快速发展，逐渐地退出了历史的舞台，我国大学主要采取的是第二种结构模式。这种模式从设计的角度来说存在着一些优势，但我们在进行组织权力分配的时候却扭曲了这种组织设计的初衷。直线职能型组织结构的双系统的设计是为了对权力和职责进行重新分配，从而改变传统直线型组织结构权力过分集中的弊端，可是我们在实际操作中却仍然是以行政权力为主线，专业人员的学术权力仅仅处于辅助状态，教学科研院所实际上还是处于管理的最底层，结果面对的是行政组织的多头管理，如果各个部门的协调性出现问题的话，就会使教师忙于应付各个部门不同的管理措施，无法集中精力从事科研创新工作，这种现象在目前应该说是越来越明显。

其次，权力过于集中到行政部门也很难保证学术的独立性。管理者的权力过分强大，也就意味着被管理者的权力空间被压缩，要保持个体的独立性就会非常困难，学术独立是科研创新的根本，离开了这一点，科研创新的程度就将受到制约。现在的状况是大学的行政权力远远高于学术权力，大学的各项工作围绕行政事务转，这不仅削弱了学术科研的力量，而且也大大降低了学术科研在大学中的地位，结果使得许多教师对专业研究的关注程度下降，对组织行政因素的考虑却在逐渐增加。

再次，由于目前高校组织结构的这种变异，原来属于服务支持机构的职能部门摇身一变成为教学科研部门的管理机构，这不仅增加了组织的层次，也无形之中延长了信息传播的距离，伴随着组织层次的增加，人与人之间的关系将以指数式迅猛增加，人与人之间的信息传输量至少也要以同比例增加，那么这种信息传播的关系就会越来越复杂，信息传播距离延长，传播关系复杂化，都会增加信息资源在传递过程中的耗损，结果一些有利于科研创新的信息传递到教师这个环节的时候很容易出现内容上的偏差或时间上的迟滞性，影响了教师的科学研究工作。信息传播距离远的另一个危害就是信息在传递过程的各个环节都可能被截留，比如，一些行业性较强的大学，可能这些行业主管部门每年都会有一些相关课题交给下属的大学去做，但有关课题的文件是一级一级传递下去的，当上一级部门发现这个课题对自己有一定价值的时候，可能这种信息就到此终止了，某些教师即使能得到的一些课题项目也可能是因为个人的某种关系或其他部门啃不下这块骨头，这种信息才传递了下来。这种信息的不对称给高校教师的科研带来了不公平性，教师心理不公平感的增加，将会增加教师对学校对工作的不满意感，这同样严重地挫伤了教师科研创新的积极性。

最后，这种组织结构在决策上呈现出单向性特征。尽管这种结构对传统直线型组织结构有了一些改变，但并没有动摇传统结构的根基，仍然呈现出金字塔结构的组织模式。在这种模式下，层次越往上走，权力集中的程度就越高，这使得大学组织的民主化程度大大降低。虽然大学都有党代会、教代会、职代会、工会之类的民主决策机构，但这些机构的权力同样出现了异化，它们的行政性在膨胀，而民主性在削弱。我们从各个层次人员的参与这些机构的比例就可以看出这种特征，结果还是一大群各级部门的领导在唱主角，教师并没有真正参与决策，那么倾向于教师或科研的政策将很难得以出台或大打折扣，这不能不说是大学教师这个群体的悲哀，同样也是社会现实在大学组织中的折射。在这种组织环境中，教师想要获得属于自己的学术权力、学术自由、学术尊严显得十分的艰难，难怪有人感叹，连做人的独立性都岌岌可危的时候，谈学术的独立只是一句空话而已。

（三）僵化的激励机制引发了科研重心的失衡

大学要完善教师的激励机制，形成公平、公正、公开的激励环境，将科研激励纳入常的有序的管理轨道，从而调动教师及科研人员的积极性和创造性，使高校科研形成良性循环，不断产生新科技、新成果。

激励理论诞生以后，激励式管理开始在各级组织中运用起来，它有助于组织形成凝聚力，有助于组织成员提高自觉性、主动性和创造性，也有助于组织成员保持良好的工作绩效。过去，我国大学的激励主要以精神激励为主，认为大学是象牙塔，不能被物质金钱所"污染"，结果使得大学里的教师纷纷跳槽，留不住人才成了大学无法承受之重。近些年来，人们逐渐地走出了这个误区，物质激励慢慢被人们所接受，各个高校在吸引人才的政策上也是竞相出价，你给年薪十万，我就给二十万；你给安家费十五万，我就给二十五万；你给科研启动经费一百万，我就给一百五十万。学校内部的教师激励也发生了根本性的转变，各个层次间的薪酬差距扩大，教师的最高薪酬可能比最低薪酬要高上十几倍甚至数十倍，对科研奖励也给予了足够的重视，如项目获国家级的奖励多少奖金，论文被国外著名检索机构收录又奖励多少奖金，论文在一级刊物发表上又奖励多少多少奖金，同一职称；等级的教师中，按论文发表的层次、数量以及科研项目的层次、数量分出ABCD等若干档次，等等。教师分配制度的改革一浪高过一浪，曾经宁静的大学校园一时间热闹非凡，大学间的攀比之风愈演愈烈，大学老师真有钱似乎成了一种社会共识。在这些热热闹闹的现实下，究竟还是不是现代管理意义上的激励？提供高收入就真的能取得高的绩效吗？答案可能没有许多人想象的那么乐观。

这种高物质激励并不能真正从根本上推动教师的科研创新，近年来有一系列的学术成果剽窃事实可以说明这个问题。这些高校教师的收入肯定不会很低，但这类现象并没有随着教师薪酬水平的提升而减少，相反，孤立的物质刺激倒是为这些人所谓的终南捷径找到了理由。针对薪酬的作用，美国著名心理学家亚当斯曾经提出过著名的公平理论。他认为，工资报酬的合理性、公平性对人的积极性会产生较大影响，影响激励效果的不仅有报酬的绝对值，还有相对值。相对值来源于个体对本人过去和周围的纵向和横向的比较，因此，它在很大程度上带有个人的主观性。从某种意义上来讲，薪酬的相对值对员工的激励往往大于绝对值。学校组织在进行薪酬激励时，如果仅仅关心教师的薪酬水平即绝对值的话，其结果可能除了增加组织的成本以外我们什么也得不到，它不仅不能消除教师主观判断上的误差，也无法使组织的激励具有延续性，即使因为薪酬的提升出现一定程度的兴奋，但肯定也是短暂的。

现在大学的激励措施说得简单点就是要么给官做，不能给官做的话就给钱，似乎就是这么简单。这种比较原始的激励模式是否能真正开启教师创新的动力之门呢？我们可以从理论的角度进行探讨。激励的过程不容易观察到，但我们可以通过被激励者的行为来考察激励的效果，而考察人的行为就必须涉及人的需要和动机。现代的激励理论，不管是内容型的激励理论还是过程型的激励理论，它们的关注点始终没有离开这两个部分。从需要这个角度来看，行为与需要的关联度非常高，需要是刺激人们积极行动的原因，也是个体积极性的源泉，因此，认识和了解人的需要，对于激发教师的创造性、促进学校目标的实现和组织的发展有着十分重要的意义。人的需要十分复杂，层次越高的人，其需要的复杂度也越高，每个人都有自己不同的需要，它们既具有社会的共性特征，也具有作为独立个体的个性特征；同时，人在某一时间段里存在着许多不同的需要，人们可能会根据自己的情况选择一个最佳方案。然而我们提供给教师的激励除了工资就是奖金，或者封个职务什么的，很少考虑教师的个性需求，这实际上是引导教师需要走向单一化，激励效果不佳应该也是预料之中的事情。因为我们的组织没有充分认识和了解不同教师的不同需要，也没有据此设计出多元化的激励手段，当然也就无法给教师提供可供选择的激励方案，更谈不上了激励意义上的人文关怀。所以，这种激励的结果可能并不是教师真正所迫切需要的，或许也根本就不是教师创新的必要因素，只是退而求其次的被动接受，在这种心理状态下要将其转换成行为而且是自觉行为的可能性就比较小了。

然后，我们从动机这个角度来看，动机距离行为的产生可能更近些，因为它是人们行为产生的直接原因，它引起行为、维持行为并指引行为去满足某种需要。动机的产生取决于三个因素：个体的需要、满足需要的可能性以及与这种可能性相应的行动目标。人的需要以一种心理内趋力的形式表现出来，它会让人产生迫切感，从而推动人们采取相应的行动，但它仅仅只是一种诱发行为的心理状态，还不能导致具体行为。只有当能满足这种欲望的具体对象有实现的可能时，人的动机才被激发，但是并非所有可以满足人们需要的东西都是可以得到的，其中会受到条件的制约。因此，人们必须在这些欲望对象之间进行选择，寻找最能满足需要又最有条件得到的对象，把它确定为自己的活动目标，从而采取相应的行动。所以我们在确立教师创新的目标的时候，同样应该关注他们的不同层次。现在多数大学的激励标准中，对中间层次如讲师、副教授的科研要求普遍偏高，收入和责任的比例关系不够协调，这很容易使一部分教师选择放弃激励的结果，而对两头的要求偏低，使得许多大学的教授甚至是博士生导师的创新压力相对比较小，这也是现在高校一部分高层次的教授忽略本职工作，在外面办公司、做培训比较多的一个很重要的原因。简单的物质刺激，唯学历职称至上的组织激励机制存在着许多弊端，它无法成为教师创新的永恒动力，如果不进行修正，其后患无穷。

（四）忽略教师的团队建设，使教师的培养机制缺乏动力

教师队伍的结构包括年龄结构、学历结构、职称结构、团队结构、学缘结构等。合理的结构观是对以上结构内容比较恰当的认识和观点。就年龄结构而言，不能说哪个年龄段的人越多越好，不是年老的越多越好，也不能说年轻的越多越好，大体上是一个匀称的结构。就目前我国高校的教师队伍建设的状况来看，其中存在着不少问题。一是片面追求高学历高职称的现象十分严重。现在不少大学都提出了一些有关学历和职称的硬性指标，如××年以后出生的必须具有博士学位，获得××职称以后多少年就必须获得更高一级职称，否则自己主动选择离岗。当然这对于教师个体的发展而言有一些促进作用，但对教师科研团队的建设来说可能作用就不一定有那么大了。比如一个研究团队，成员都是最高职称或学历的人，其效率就常常比成员职称或学历具有一定梯度的低。为什么会导致这种局面，主要原因就是梯队中的权威作用往往会大一些，他们的协作性也比学识水平相当的人在一起组成的团队要高，所谓同行相轻指的就是层次相近的同行之间排他性较强。我们现在有很多科研创新课题涉及的领域很广，甚至是跨专业、跨学科的，如果仅仅通过个人的努力，就可能会受到个人知识结构的约束，实现起来十分困难，它们往往需要团队的共同努力才能完成，通过团队成员的集思广益共同研究，才更有可能超越个体思维的盲点和缺陷，在这种前提条件下，我们势必要选择绩效高的团队。二是忽视对学科体系人才的引进和培育。许多大学一些院系的教师的专业结构非常杂乱，这一方面给跨学科的研究带来了一些便利条件，但另一方面却可能使这样的院系组织缺少学科的内聚力，形不成学科优势，最终将影响教师队伍的整体素质。一个良好的学科体系的形成必须通过学科教师团队的努力才能获得，如果仅仅依靠个别核心教师的话，将会使学科的依赖性增加，假如这些学科的支柱型教师调离目前工作岗位，有可能会使这个学科倒塌，这样的例子在国内的高校是屡见不鲜的。要避免这种情况的出现，专业内部的教师团队建设同样显得十分重要。三是教师队伍的学缘结构一直存在着近亲繁殖问题。据统计，我国1000多所大学的专职教师中，几乎每所大学50%左右的教师是本校毕业的。近年来虽然我们开始重视这个问题，但仍然还是没有多大的改观，这对于教师科研创新非常不利，因为同出一个师门，很容易产生同样的思维模式，思维的角度也很容易变得雷同，而创新则更多地需要逆向性、发散性等创造思维，如果我们总是沿着传统的思维模式进行科学研究的话，就很难创造出新的理念，而且团队成员的思维模式相近的话，也很难碰撞出新的思想火花。

创新型教师团队强调共同宗旨和绩效目标，让教师打破原有的部门界限，改变命令链的信息传递方式，淡化行政权力，人员之间关系平等化和协作自动化，它不但强调个人之间的协作，而且还要强调部门之间的协作，甚至与外部其他组织的协作，实现知识和技能的充分共享。这既可使教师在与团队其他人员和外界合作的过程中克服一些自身的局限性，也可以扩大教师的视野，增加创新的可能性，促使教师学习主动性的变化。高校传统等级管理模式对教师创新团队的建设存在许多天然的障碍性因素。一是组织框架过于稳定。大学组织基本是以专业化职能为基础，通过等级链和命令链来实现对部门和教师的管理。这样，所有教师在组织中所处的位置比较稳定，他们的知识也由于组织的程式化而被分类和固定化。而目前很多科研项目需要打破传统的组织边界，加强教师之间的沟通，获得教师间的协作，使不同学科的知识进行重新融合，传统的组织结构很难达到这一目标。二是封闭信息资源。在管理过程中，各部门为了争夺资源和权力，常常对有益的知识、技能与信息进行封锁，不愿与其他部门积极配合。这种部门割据式的管理造成了人为的封闭，导致智力资源因此得不到共享而大量浪费。

　　大学组织从客观的角度存在着一些自身的缺陷，使得教师创新团队建设的步伐十分缓慢，如果我们再不从主观认识的角度提高认识，将会导致大学的创新团队建设工作更加步履维艰，这些都会扩大对大学教师科研创新的消极影响。一是难于形成共同的组织目标。团队是一种为了实现某一目标而由相互协作的个体所组成的正式群体，这一定义突出了团队与群体不同，团队成员在价值观和目标上需要达成一种共识，这种共识能改善团队组织的绩效，相反，如果没有共同的价值观和组织目标，我们就很难形成一个凝聚力很强的团队。现在许多科研项目都会面临一些复杂的专业分工，团队教师也存在着组织中的角色界定，为了提高工作的效率，创新团队成员的知识和技能应该具有一定的差异性，但这种差异不是分离而是互补的，它建立在团队目标的高度认同上，否则这些科研课题的研究就失去了坚实的知识和人力资源平台。我们通过教师队伍的团队建设能够进一步配置、整合和优化高校科技资源，发挥大学中巨大的人才优势，以此形成合力，创造出高水平的科技成果。二是无法提高科：研过程中的协作性。现代科学研究呈现出多元化、多层次化，跨学科研究的价值逐渐凸现出来，它需要多学科的交叉与综合，这样更容易激荡出智慧的火花，寻求多侧面、多角度的思考，有利于产生创新性思维。而团队建设强调把角色界定作为主要任务，使每个成员都清楚地理解自己在团队中的位置、责任和角色。在科学研究中，各类人才的高度配合和高度协调显得尤为重要，教师的工作协调能力是不可忽视的一个方面，团队建设无疑可以提高教师的这种能力。如果教师科研创新的团队建设存在太多的缺陷，教师的角色定位将出现模糊化，教师的工作边界就会变得不够清晰，这很容易导致某些工作没有成员承担，某些很简单的工作却拥有数名成员，从而使团队工作失去平衡，工作的系统性可能遭到破坏，团队成员的技术资源优势无法得到充分的发挥。如果教师缺乏良好的协作能力，科研和教学的合作中遇到一些不同的观点就会形成消极意义上的冲突，矛盾进一步深化，从而消耗团队组织的能量，降低团队工作的绩效。三是延缓教师的成长速度。没有凝聚力的教师队伍将会像一盘散沙，每个人对组织、对他人的关注程度都会降低，这些教师也会因为共同目标的缺乏，丧失了个人明确的职业发展方向，这肯定会增加科研工作的盲目性，延缓教师职业成长。与此相对的是，一个好的教师团队，往往有好的人才结构，人才比例适当，团队协作性强，处于这种团队中，年轻教师将会受益匪浅。特别是在一些课题研究中，他们能够从一些老教师名教师的工作中学到很多的经验，并且明确自己未来的科研定位，从而加速个体职业生涯的发展。四是学科的发展将受到影响。目前不少大学的学科对个别教师的依赖性很大，其中主要原因就是教师的团队建设工作没跟上，学科的人才梯队的断层比较严重，所以一旦这些核心教师离开，学科的基础也就消失，而大学的学科建设对于教师的科研来说是至关重要的，它可以让教师更明确自己的科研发展方向，更快的了解学科的前沿，掌握本学科的一些新的研究技术和方法，而这又构成了科研创新的基础。因此，只有从客观上变革组织的不利因素，从主观上接受团队建设的新理念，才可能对教师的创新活动产生积极的意义。

（五）偏颇的评价体系促成了教师的急功近利行为

目前，我国衡量高校教师教学水平和学术水准的最主要的标志之一就是职称高低。多年来我国教师职称评定的终身制和单一制缺乏激励因子，能上不能下，职业风险机制没有建立起来，使得一些教师评上了教授后便不思进取。现在大多数教师是在传统教育体制下培养出来的，存在着知识面窄、知识老化等现象，而高等教育承担着培养复合型人才的任务，教学课程体系向综合化发展已成为趋势，况且当今社会又高速发展，知识陈旧的速度比以往任何时候都要快得多，教师如果不能坚持不断地学习，很快就会被社会所淘汰。事实上，衡量大学教师队伍整体素质的高低不仅与职称、学历等表层结构有关，而且真正起决定性作用的是教师现有的知识能力等深层结构。然而，职称评审仍然只是注重单一学科，造成教师对专业之间相互渗透不感兴趣，文理科之间甚至相互排斥，这显然难以适应现代高等教育的需要。因此，高校教师的职称评聘必须打破终身制和单一制，建立根据其实际能力和水平的不同等级、不同层次的多元化评价制度。

大学教师的职称评聘体系应建立在教师教学科研工作的评价机制上。而目前的教师评价机制普遍缺少客观公正和科学性。一是评价主体单一化。我国大学教师的评价主体主要是学校管理人员或教育行政部门，在大部分学校中实施的是一种单一性的他人评价，这种评价模式很容易让人误入歧途。因为，单一的评价机制将使机构的权力膨胀，加强行政化向学术领域的渗透，那么许多教师可能不仅仅要关注科研工作，还必须去寻找外部的一些关系支持，以影响这些机构的评价；从另一个角度来说，即使个人的科研做得不好，他们也可能可以通过其他非正常的渠道达到自己的目的。如此一来，现在大学里评职称也好聘职称也好，寻找内外部与本职工作无关的因素似乎成了一条不成文的规则，这种组织畸形现象显然已经严重地影响了教师科研创新的积极性。二是评价标准缺乏有效的针对性。量化管理是我国高校普遍实行的一种方式，尤其是随着市场经济的发展和竞争意识的增强，这种工业化的评判标准更加受到大学的青睐，量化管理简便快捷，有其标准客观的一面，但人的研究能力并不像数字一样简单划一，通过这种标准去衡量一个人的学术水平，其局限性不容忽视。不仅如此，量化管理给人带来的似乎只是永远的物质利益，忽视了教师的心理和生存质量，也成了催生学术腐败的条件之一，在这种评判标准下，数量意味着职称，意味着房子，更意味着某人的学术成果。在功利心态驱使下，人们往往为了蝇头之利而置学术规范、学术道德于不顾，急于求成，对许多科研问题难以沉下心去深入钻研，当然，也就难以获得创新性的发现，更难形成系统的有特色的理论体系。这种评判方式束缚了教师们想象的自由和探索的从容，诱发了教师急功近利心理的产生，也限制了教师学术创新潜能的发挥。三是教师评价忽略了学术道德评价。确定教师评价标准时，往往重结果（成果）而不重过程，重物质而轻精神，大学评价体系改革的最终落脚点便是物质分配的变革，精神积累则逐渐下滑。在这种评价理念下，教师与科研创新的关系也日益扭曲，教师变成了学术成果的生产工具而不是学术创造的真正主体，鲜活生动的主体性学术创造为实用的、工具性的学术活动所束缚、所牵累，这确实与大学精神评价的失落有很大的关系。在当前的教师评价中，学术道德水准、师德学风并非无足轻重，但与功利性、实用性的价值取向相比却显得苍白无力，诸如"师德一票否决"、对剽窃造假者的惩戒等等，或可操作性差，或处罚不力，至于在学术道德建设积极意义上的切实措施则更加欠缺,那些超越功利和实用的人生价值取向,在教师评价中远没有取得主导地位。

教师评价中出现的这些技术性缺陷严重影响了教师评价的公正性及合理性,制约了教师能动性的发挥,降低了教师工作的满意度,对教师创新意识的发展也没有起到推波助澜的作用,而建立在此基础之上的教师职称评聘体系就更难以让人相信其科学性和有效性了。

三、建立高效的教师科研创新组织机制

(一)创建扁平化的高校组织

目前的大学组织仍然沿袭着传统的层级结构,从最高层的校长到最基层的教师,组成了一个金字塔状的结构,校长位于金字塔顶,他们的指令通过一级一级的管理层,最终传达到执行者;基层的信息通过一层一层的筛选,最后到达最高决策者。由于近几年大学扩招以及大学合并逐渐成为一种趋势,许多大学又增加了学区这一层,加上早几年大学内部纷纷由系转院,教研室也摇身一变成为系一级的行政机构。随着组织规模日益扩大,管理幅度又有其极限,结果在这种传统组织模式之下只有选择增加管理层次,于是乎金字塔越建越高,组织管理的毛病也就越来越多,当组织的常规管理工作都自顾不暇的时候,组织对教师的创新问题的关注只可能变得越来越少。

如何解决层级结构的组织形式在现代环境下面临的难题?最有效的办法就是扁平化。现代扁平化组织结构理论,是对传统科层化组织结构理论的否定,它强调:①系统。组织在分工基础上,应当更强调系统,一个组织是一个许多相互作用的部分组成的开放系统,管理人员根据系统目标确定评价系统工作成绩的标准,并把组织同各种环境系统更好地联系起来。②减少中间层。组织不良最常见也是最严重的病症,便是管理层次太多。扁平化组织理论一项基本原则是,尽量减少管理层次,尽量形成一条最短的指挥链。③影响力。影响力并非完全来自权威,还受其他因素的影响,如知识信息、人格魅力等。④灵活指挥。统一的指挥原则似乎成为管理的金科玉律,当组织相对简单时,这一原则显然是合乎逻辑的,事实上,在大型组织里,统一指挥原则经常无法实现。⑤分权。20世纪后半叶"分权"已成为一种潮流,由于专业知识的逐渐增加,组织中的参谋日益增多,高层主管为了使这些参谋发挥效用,常授权他们去控制某些部门,产生了矩阵式组织结构。

我国的大学组织基本都是沿用了传统的层级式组织结构，随着组织的扩大，层级的数量也在同倍放大，并呈现一种等级化状态。其基本的结构模式是：学校党委→校长→副校长→职能处室→学区→学院→教研室→教师，从学校最高决策层到教师经历八个层次。几乎所有教学科研的信息都是沿着这条单一的纵向渠道传递，横向间缺乏联系或沟通较少；组织流程中的参谋系统与直线指挥系统职能统一化，信息传递过程层次过多，信息过滤、失真现象严重。很显然，这种组织结构体系不利于教师科研创新的管理，要避免这些毛病，创建扁平化的大学组织是一种理性的选择。

首先，对大学的组织结构进行改造。根据扁平化组织理论，减少中间层是必不可少的一环。要减少中间层，决策中心的分化是不可避免的。就目前大学的组织体系来看，可以建立两个决策机构，一个是校级的决策机构，主要是由校长们组成的校长会议，它是一个集体组织性质的权力机构，替代目前的集权性的校长负责制；另一个是代表教学科研院所的教授委员会，主要由各院所负责人和教授组成，他们代表了基层教师的利益，主要参与学校的决策并为校级决策中心提供支持。这样的话，两个中心和上下级之间的交流距离就大大地缩短，增加了教师在学校决策中的话语权，信息的耗损和失真的情况将大大减少。同时，取消系和教研室作为一级行政机构，这些组织在大学中存在的意义并不是太大，相反，还经常因为这样的组织隔离而导致了不同学科不同专业教师间的疏远，倡导教师间以科研项目或学科团队进行形式多样组织灵活的横向合作，扩大科研创新的范围。

其次，重新界定教学系部（学院）与职能部门之间的关系，实现管理中心下移。教务、人事、师资、科研等机构实现职能转变，由原来的管理、指挥变成围绕教学科研的服务支持机构，并将其纳入校院两级的参谋系统，教学科研过程所需的全部人、财、物力下放到院所，而其他职能部门作为参谋系统的主要职责是为校、院两级决策提供依据和信息，而对教学科研机构不再具有直接指挥职能。

再次，对行政性职能部门加大机构合并、人员精简的力度，提高办事效率。由于行政机构的一部分权力下放到各教学科研院所，其工作烦琐复杂程度降低，许多部门因为工作性质相近度比较高，可以进行合并，工作的人员数量也相应减少。根据因事设岗的原则，重新界定部门工作，对每个工作职位进行分析，确定这些工作的要求，并根据这些分析评价定员定岗，形成制度，避免过去因人设岗的情况死灰复燃。

最后，加大对管理人员的培训力度，提高管理人员的管理能力和服务意识，扩大管理者的控制幅度。在传统管理中，管理者主要是直接指挥与控制下属，再加上管理手段落后，管理者与被管理者知识经验水平较低，因而管理控制幅度较小。在现代大学中，由于管理者和被管理者的素质相对较高，管理者完全可以通过间接的方式指挥和控制下属，而且信息化、计算机化等现代化管理手段也使得管理控制幅度加大提供了可能性的保证。

（二）确立二元权力的结构模式

在网络经济时代，大学的权力集中问题远远大于目前存在的其他问题。因此，大学必须分化权力，重组资源，使权力与资源融入大学的新型运作模式之中。集权与分权与授权程度密切相关，如果授权较少，那么就意味着较高程度的集权，如果授权较多，那么就意味着较高程度的分权。集权化是指参与决策的在位者的数量及他们参与领域的数量。参与决策的在位者比例越少，参与决策领域的数量越少，组织就越集权。集权意味着职权集中到较高的管理层次，分权则表示职权分散到整个组织中。集权制和分权制各有利弊，但绝对严格实行其中的一种，往往弊大于利。集权与分权的程度应该根据各管理层次所拥有的决策权的情况来衡量。环境是从外部影响集权与分权程度的基本因素，一个组织想生存，就必须对环境的变化做出反应，环境越是不稳定，决策者越是难以获得准确而可靠的信息，越难以把握外部环境的变化方向与速度，管理的风险也越大。为了使下属能够及时抓住机会，避开风险，促进整个组织的发展，组织必须加大分权的程度，而那些环境较为简单稳定的组织，则可以提高集权程度。高校作为科学研究的前沿性组织，各学科领域的分散性较强，大部分学科发展较为迅速，因此面对的环境风险相对较大，更适合分权式管理。组织规模与形式，也影响了分权于集权的管理模式。组织规模越大，管理越复杂，要做的决策就越多，同时由于管理层次和部门增多，使得横向协调越困难，高层也越不容易及时掌握基层情况。所以，决策权若过于集中，就会延误决策时间，降低决策效率，还会因情况不明而导致决策错误，规模大的组织一般都需要不同程度的扩大分权。过去大学的规模比较小，集权程度较高，对学校的教学科研管理并没有显现太多的弊端，但随着现在高校规模的迅速扩张，分权式管理已经迫在眉睫。组织管理水平与管理者素质为分权提供了条件。许多大学经过长期发展，形成了一套适合自己情况的管理方式、制度和方法，各组织、各部门的管理水平都有一定程度的提高，这就为增加分权的内容、提高分权的程度提供了有利的基础，加上大学的管理者和教师的个体素质相对较高，这也为大学的分权式管理提供了很好的人员条件。

目前我国大学的组织权力模式基本都是集权化的单向性的纵向延伸结构，一元化领导把监督系统置于其领导之下，监督机制不能发挥作用，这就违背了权力制衡的原理，而且，中国大学目前森严的行政等级结构与其他任何社会组织无异也是基于这样一种狭隘的认识：判断来自组织的顶层，而行为在底层；中层管理人员的作用是综合来自高层的信息，指导、监督、控制下层人员。这实际上完全无视大学作为一个教育组织存在的特殊性。作为大学而言，它的中心职能是人才培养与科学研究，这也是评价大学竞争力的两个核心维度，因此我们倡导的二元结构权力模式应该是学术权力和行政权力结合，学术权力应该成为大学最核心、最基础的权力。

学术权力产生于个人的学术权威和由享有学术权力的个人集合而成的组织，行政权力则只能产生于制度和正式的组织。制度和组织只能形成和导致行政权力，而不能导致学术权力；学术权力有时通过行政权力加以确认和形式化，但行政权力并不能导致学术权力的产生、增大或减少；行政权力即使被赋予管理学术事务的职能，仍不具有学术权力。学术本身的复杂性、专业性以及不确定性，构成了学术权力的特殊性。学术权力并不取决于权力行使人的一般身份和组织的称谓，大学校长、处长即使由专家学者承担，但他们行使的职务权力仍然是行政权力；学术权力具有动态的跨组织特征，但它仍然会受到学术领域的制约，构成学术权力基础的是专家的学术专长，而不是来源于职务和组织，一个教授或者一个院士，当他进入一个他所基本不了解、不熟悉的学科领域时，他便不再具有学术权力。因此，学术权力在性质上是一种完全不同于行政权力的"权力"，其存在与否，依赖于专家的专业背景和学术水平而不依赖于组织和任命。但是，在目前的大学组织当中，这两种距离本来很远、性质截然不同的权力却开始走向畸形的融合，这种融合并不是大学教师愿意放弃属于自身的学术权力，而是在当今的体制下行政权力操控、钳制甚至取代了学术权力，学术权力逐渐从学者手中剥离，从而使学术管理事实上成了行政管理。比如，职称本是衡量教师学术水平的一个标准，但其评定工作目前基本上是由行政系统确定的，课题审批、论著评奖等本应是学术管理的事务，但同样也掺杂了大量的行政色彩，在很多时候行政权力的作用甚至还大于学术权力的力量。正是由于行政权力在学术性活动中起主导作用，并用效率化的行政衡量尺度来要求教学与科研工作，从而造成了学术研究人员越来越偏离学术的核心，忽视学术的力量，围绕行政权力动脑筋想办法，其结果导致了学术的急功近利、泡沫化和以赢利为目的的学术欺骗。

"大学者，非谓有大楼之谓也，有大师之谓也。"唯有以人为本，发挥教师的主动性、积极性和创造性，才能使学校焕发出生机和活力。这不仅仅是指学校制度要保障教师参与学校管理，更为根本的是学校制度要保障教师在教学和科研上的自主权力，让他们通过教学与科研的创新以满足学生、学科和社会的多样化要求。大学是一种学术组织，其基本活动是学术活动，离开了这一点大学也就丧失了基本特性和存在的价值。鉴于目前大学行政权力边缘化的趋势，倡导二元权力结构实际上主要是强调学术权力，保证学术权力的独立性，提高教师参与学校管理的意识，让学术权力真正成为大学管理的核心基础部分。

首先，应该确立学术组织在大学中的地位，以保证学术科研的独立性。大学管理应以学术管理为主导，确立学术自由的价值理念和教授治校的管理模式，由学者来进行学术管理和学术评价。从组织核心角度分析，大学是学术机构，它与别的组织的最大区别就在于组织管理的核心位于组织的基层，也就是教学科研部门，而不是组织的高层。因此要让学校获得长足的发展，必须给予基层足够的权力支撑，它可以使教学科研工作获得较强的独立性，从而保证科研沿着自己学科本来应有的方向去发展，而不是一种权力的衍生品。

其次，吸引教师参与学校管理与决策。在我国大学的基层，教授一般很少有机会介入各个层次的决策过程，即使是对学术事务的发言权也是每况愈下。因此我们可以借鉴美国大学的终身教授制度，保证教授们独立性的基础上充分发挥学术委员会的作用，扩大学术权力，使学术权力和行政权力能够相互制约，使学校依靠专家教授的良知和智慧得以发展，减少盲目性。现代管理理论认为，对组织人员的最大激励并不是给予很高的报酬，而在于让组织人员参与组织的决策，这种组织行为可以激发他们的主观能动性和工作积极性。对于大学教师而言也是如此，在他们参与学校的管理与决策的过程中，他们不仅仅会积极贡献自己的智慧，而且他们将重新评价自己在组织中的地位，对组织的关注程度会大大提高，从而深化对工作的认识，提高工作满意度，增强对学术科研的信心。

再次，学校行政职能部门的功能应该得到转变。为了强化学术权力，必须建立健全学术组织，并将学术问题的决策权回归给相关学术组织，使其真正担负起学术的权力和责任，并建立起一种公开、民主的学术管理和行政管理的框架及制度，使其规范运作。同时，要构建起学术权力与行政权力相互协调和制衡的机制，树立学术组织作为学术管理主体的权威，并对行政权力泛化起到制衡和约束作用，防止和纠正以行政权威压制学术权威、以行政权力代替学术权力、以行政管理代替学术管理等行政专制的倾向，特别是要制约集学术权力与行政权力于一身的权力租借和学术专制现象，从而为学术创新和学术新人的成长营造宽松和谐的学术环境，维护尊重知识、尊重人才、崇尚真理、潜心学术的大学精神。

最后，要建立能主动适应学术组织变迁的灵活化、柔性化行政管理系统。现代科技的高度分化与高度综合的统一趋势，使得教育工作者的个体劳动向团队工作转化。大学教师的科研工作由于自身的一些特点，传统的垂直型层级管理越来越不适合大学基层的教师管理，它过度的稳定性很难满足新的信息时代和千变万化的社会环境的需要，以教师科研团队为核心的组织模式取代目前的行政层级模式应该更能适应教师的研究工作。作为科研团队，组织结构相对比较松散，团队成员间必须经常进行横向合作，成员的位置也时常发生变化，团队工作目标和组织结构在一项科研任务完成之后可能也会有所改变。大学组织对科研团队的管理应该趋于灵活化和柔性化，对团队的管理更多以服务支持为主，为这些团队提供必要的资源，如人员的配置、资金的支持、技术资源提供等。这些资源都是团队研究的基础因素，没有这些必备的资源，研究工作将成为无米之炊，团队不可能充分发挥其效能。组织还应该经常与团队取得沟通，以传递更多有效的信息，成功的科研团队不仅仅局限于团队内部，他们也与组织其他部分保持着十分紧密的关系，因此保持一支团队获得全面、可靠的信息以便能够有效地工作，同样也是组织的责任。

当然，二元化权力模式并非一种理想结构，但鉴于大学行政权力过大过滥，重视学术权力客观上可以起到一定的权力制衡作用。因此，倡导二元权力只不过是大学权力变革的中继站，远远不是大学变革的终极目标。

（三）健全教师评价体系

评价体系的完善与健全，其意义不仅在于使该制度更加科学、合理和公正，更重要的还在于可以在学术界形成合理的学术制度和学术规范，对于形成良好的学术风气起着重要的作用。目前诸多领域的评价存在着一些人既做裁判员又做运动员的现象，这种现象如果不能杜绝，评价的公平性只能成为一句空话。比如，在评奖活动中，一些评委会成员既是评价工作的参与者又是被评价者，在单位内部评奖中，一些领导既是活动的组织者和评价者，也可能是被评价者，这就显然会出现不公平的现象。因此有必要理顺这些学术评奖中的关系，这可以减少行政权力对学术权力的侵蚀。同时，现在的研究生导师的审批制度也是弊端多多。实际上，只要是一个学科点的教师，不管职称学历的高低，他们都应该有资格指导研究生，把选择权交给学生，这样有利于形成公平、良性的竞争，竞争队伍越庞大，对组织内部的人才将形成的压力也越大。这对高层次人才的压力也是显而易见的，因为他们不能提高学术水平的话，很容易使得自己既得的地位陷入危机之中，甚至可能终有一天会被竞争对手挤到下一层次上；这对职称层次低的教师也是一种鼓励，可以充分激发这些教师的活力，将自己年轻的思想贯彻到学术创新当中。在职称评定等学术评价活动中多学科的专家委员会起主导作用也很容易导致学术腐败。有很多跨学科的专家委员会的专家其实只懂得本专业、本领域的知识，对其他专业一知半解，这很容易导致重数量轻质量以及学者的粗制滥造、抄袭剽窃等现象的滋生和蔓延。因此有必要打破这种评价格局，真正确立专业性的专家协会在学术评价中起主导作用。单位评审职称制度也应该取消。这种制度弊端太多，情感因素难以避免，投机取巧有机可乘，论资排辈无法根除，导致不公和腐败在所难免。要摆脱单位因素对评职称的不良影响，可以改单位申报制为个人申报制，任何人都可以直接向国家申报任何种类、任何级别的职称，授予职称的条件和程序法定化，主要成果向全社会公布，这样，那些抄袭的、剽窃的、假造书号的各种"成果"就很难蒙混过关。另外，很多行业性的、行政性的评估工作也是"少少益善"，这些工作大多没有什么实际价值，反而诱导了大学弄虚作假的组织风气，消耗了原本不多的经费，挤占了教师宝贵的科研时间，可以说百害而无一益，即使要进行评价，"微服私访"式的突击检查或利用网络信息技术应该是可以做到的。

在对教师进行评价的过程中，除了以工作结果作为考核依据之外，很多时候都需要有人来为教师的工作表现进行评价。那么，这就涉及由谁来进行评价的问题。事实上，在大学和行政主管单位的评价制度还不健全的时候，评价的主体即执行者，有时比评价制度和方法本身更重要。现在对教师的评价，不管是评职称还是工作绩效评价，评价主体主要是上级主管人员或者由上级行政部门组建的专家评审小组，普遍实施的是一种单一性的他人评价，这种评价方法有较大局限性。每个人评价视角都有盲点，而且也会存在不同程度的偏见，加上这种评价主体的成员很容易被评价对象所掌握，这就为评价对象走后门拉关系提供了条件。因此，评价主体应该多元化。组织可以将外部组织的专家、学校管理者、同行教师、学生、教师本人以及工作记录等各个方面纳入评价主体范畴，这至少将增加教师走不正当关系的成本，学校管理人员很少有机会直接参与接触教师的科研工作，实际很难把握真正的科研动态，也很难对教师的科研质量做出客观公正的评价。所以，其中最有影响方面的应该是院系领导评估、外部组织的专家、系统的学生评估、同行意见。当然，这种全方位的评价方法提高评价部门的工作强度，而且还要考虑到评价主体成员的保密性，让他们以相同或相近的理解来对待每一个评估项目，特别要避免同事之间的相互帮忙或有意报复，每个群体评价结果所占的权重应该进行合理分配，在最后的统计阶段中也需要处理好其中不准确的信息。其次，评价的内容也应该有所改变。以往的评价基本都是围绕完成的课题和发表的论文的数量进行，课题属于什么级别，是否获奖，其中有多少是核心期刊，属于什么级别的刊物，被国际著名检索机构收集了多少篇，应该说前面两者被操控的可能性越来越大，后者虽然比较难以控制，但又会受到学科的限制，有的学科根本无法被收录。这种评价机制下，大学教师的论文泛滥成灾，真正有理论创新或应用价值的并不很多，造成了社会资源的极大浪费，这应该说是那种只重数量不重质量的评价体系造成的。所以，有必要对评价内容进行改造，真正去关注那些有创新性和能产生社会效益和经济效益的科研成果，至于一般性的成果不能对评价结果产生太大的作用，这将会渐渐消除目前这种虚假繁荣的局面。另一方面，大学教师身兼教学和科研二职，还应该关注教学方面的科研创新，然而这在高校却被大大地忽视了，教学科研成果对职称评定的价值微乎其微，而这些研究却可能实实在在的改变现在大学教师课堂教学乏力的局面。同样，还要让那些超越功利和实用性的价值取向进入教师评价内容，形成正确的主流价值导向，促进学术道德建设。再次，在评价手段方面应该进行改进。我国教师评价指标比较简单，一般分为优秀、合格、不合格三个等级，基本上是沿用了公务员的评价标准，这与教师的职业特征有些不合，而美国则具体得多，美国教育测验服务中心（ETS）对教师的评价等级分为最好（前10%以内）、比大部分人好（前30%以内）、一般、比大部分人差（后30%以内）、最差（后10%以内）五个等级，评价主客体都能够很精确地掌握指标等级的划定范围，评价的操作性更强。现今大学科研的评价手段和方法比较单一，基本上只对一些静态资料如个人总结、论文等方面进行评价，评价也仅仅停留在一些静态的表格上，这样就忽略了科研可能辐射的动态范围，比如成果是否具有开创性、前瞻性，是否具有应用性、转换的可行性，成果对学科发展将产生什么样的影响，甚至还要关注这些课题研究的难度等等。另外，学生的评价也应该作为教师科研评价的一个方面，这种评价是随时可以进行的，而不是让学生凭自己过去的印象给教师做出评价。比如新技术手段的应用，大型数据库、网络技术和通信技术的应用，可以改变传统的评价方法，学生可以直接在计算机上随时对教师提出意见，做出评价，这往往所花时间不长。但关于教师的各种日常资料可以录入数据库，同时对教师教学效果以及自己的科研成果在教学内容中的渗透情况进行一种动态的了解，这些都可以直接作为将来教师评价的依据。评价的目的并不是控制教师，相反，应该是让教师了解评价结果背后的原因，以此来增加共识，减少误解和猜疑，更重要的是，可以改善教师的科研工作业绩以及为教师未来的职业发展提出建议。因此，评价反馈就成了教师评价中不可缺少的一环，评价结束后应该与教师进行沟通，一方面消除评价结果中有争议的部分，另一方面可以让教师真正了解自己工作中存在的问题。

（四）设计多样化的行为激励模式

创新来自人的三大要素：一是内驱力。它由主体创造的需要、动机、兴趣等因素组成，是驱使个体不断进行创造活动的内在力量。二是情动力。主体创造的热情是创造动力机制中不可或缺的因素。三是意志力。从事任何一项创造性劳动，要想获得成功，都需要有执着的勇气、坚韧的毅力、顽强的斗志和不屈不挠的精神，这些因素更多来源于教师的主观意志，我们无法依靠强制性的管理实现它。同样，这三者都需要高校组织环境的积极支持，通过组织管理方式的改善，激励教师从根本上认识科研创新的价值。所以，从创新本身的特点来说，完全依赖那种控制式的管理，无法鼓动教师创新的激情。作为教师而言，他们职业具有自身的鲜明特点，大学教师具有知识资本，从事的大多为创造性劳动，因此，他们更倾向于拥有宽松的、民主自主的工作环境，他们要有一定的活动范围、一定的权限，追求自主性、个性化、多样化，而不愿如流水线上的操作工人一样被动地适应机器设备的运转。大学教师的工作时间空间边界十分模糊，可以界定的时间空间基本上只有上课时间和教室，而他们往往是在易变和不确定环境中从事创造性的工作，其工作过程没有固定的流程和步骤，呈现出很大的随意性和主观支配性，甚至工作场所也与传统的固定生产车间办公室环境迥然不同，灵感和创意可能发生在任意的工作外时间和场合。因此，对教师的科研创新过程很难实施监控，传统的操作规程对他们也没有意义。教师同时又是高素质的人才，高校汇聚了社会中的大量精英，这又扩展了他们的职业空间，他们有能力接受新工作、新任务的挑战，拥有远远高于传统工人的职业选择权，他们很容易利用课余时间参与本校教学科研以外的工作，现在许多高层次的教师社会活动非常繁忙，甚至影响到本职工作就是这种现象的真实写照，这实际上浪费了学校的有效资源。所以，仅仅依靠制度纪律等方面的控制式管理很难激发教师的工作积极性，只有变外部控制为内部控制，管理弹性化，从内部激发教师的创新动力激励式管理，才是好的管理方式。

教师激励的基本目的是为了调动教师的积极性，改善教育教学工作质量，加速实现学校预定的办学目标。大学对教师的激励现在基本上都是停留在薪酬上，我们不排除薪酬对教师激励的价值，特别是物质条件还不十分充裕的今天，合理的、有一定吸引力的薪酬福利会使员工产生由衷的工作满意感，进而激发员工自觉为组织目标而奋斗的动力，它能够调动教师的一部分积极性，倾斜于科研的薪酬结构体系能在一定程度上激发他们的创新潜能，促进他们的工作效率。较高水平的薪酬也可以吸引一些高层次人才来为学校服务，进一步改善教师的人才结构，扩大高校的人力资本存量，使人才竞争形成良性循环，也可以增强高校的凝聚力和吸引力，增强教师对大学的认同感和归属感，这些都有利于教师的工作创新。

然而，教师的需要是多元化的，每个人都有自己不同的需要，甚至在同一时间还存在不同的需要。所以，采取单一的激励模式可能无法真正满足教师的需要，重新设计和改造目前大学的激励模式也就显得十分必要。一是扩大教师科研创新的自主权力，这其中包括科研目标的选定，手段的运用，经费的使用，科研团队的建立，甚至团队成员安排和评价方式，组织在这些方面应该给予充分的支持。二是鼓励教师参与学校管理和决策，强化教师的主人翁意识。每一个教师，由于亲自参加制度和目标拟定，无疑会感到自己为目标的实现负有责任，并以极大热情投入工作。这种方式可以全面地动员教师集思广益，在学校教学科研以及常规管理方面出谋献策；鼓励教师参与决策和管理，赋予他们某些主人的权利，他们自然会以主人的身份约束自己、表现自己，以忠诚和长期不懈的工作回报学校。三是关注教师职业生涯发展。学校应该重视教师的职业发展，指导新教师进行必要的职业生涯规划，尽早确定自己未来科研发展方向，安排一些有经验的教授给予研究方面的指导，促进其职业生涯计划的实现；学校还应该为教师制定完善的培训计划，从新教师的定向培训、到职称升迁、继续教育，直至终生的职业发展的培训等等，这可以增加教师队伍的稳定性和职业的责任感，从而加快教师的个人发展，持续地给学校注入活力。四是培养教师的成就感。自信心是获得成就感的基础，我们不能奢望一个平日唉声叹气、缩头缩脑的教师会有成就感,这要求我们的大学组织充分相信教师能力,给予教师充分的独立空间,允许科研工作中的失败,对于教师的失败,不能打击,应该让他们在失败中学习成长;提供适度挑战性的工作也有利于提高教师的成就感,如果教师经常面对这样的挑战,并通过自己的努力和组织的帮助克服困难,这样将使教师们获得非常大的满足感。五是加速教师的科研成果转换。我们完善对科研工作的激励机制,其中十分重要的一环就是要将科研成果转化为现实的技术或商品,进入社会经济生活领域,高校的科研只出成果不是目的,真正的意义应该在成果的转化和推广,甚至形成产业。当前我国大学的科研成果得到推广的比例不到三成,大批的成果滞留在高校里,一方面可能有些成果并不具有推广价值,但也有很多是因为科研人员缺乏将成果转化和推广的经验和能力。因此,作为组织而言,帮助这些教师了解市场需求和产业结构可以提高他们工作的目标性,通过组织出面活动,加快这些成果的转化也可以提高他们的创新绩效。单一化的激励策略很难让创新保持长久的生命力,教师的激励工作具有较强的系统性和个体性,只有真正关注教师本人的需要,物质激励和精神激励并重,才能真正激发教师的创造力,从而使他们在科学研究的道路上越行越远。

目前的大学组织仍旧延续着传统的组织结构,又受到我国政府传统管理中集权制度的影响,再加上计划经济管理模式带来的种种弊端,使得当今的大学承担着太多的负荷。当我们的大学呼号大学自治、教授治校的时候,各种各样的束缚使之最终无法成行;当我们审视大学的林林总总的组织缺陷的时候,却无法摆脱行政权力对大学的畸形干预;当我们提出大学应该是走自我发展的道路,学术应该独立的时候,却被一些人理解为弱者的呐喊。于是乎,教师的权益得不到重视,学术的权力得不到保证,科学的权威也得不到足够的尊敬,大学的科学研究开始失去了它以往的魅力,逐渐地走向世俗化。应该说,已经到了我们的教育管理部门和大学本身的管理者好好反思的时候了。

第三节　高校研究型教学改革的深度推进

随着我国"人才强国发展战略"的稳步实施以及"创新型国家建设"的不断推进,在新形势下,培养出一支具有高水平的创新型研究人才队伍也就成为高等教育发展目标的重中之重。而现有的教育理念和教育模式却难以满足这一发展目标的要求。因此，不断加强高等教育人才培养理念以及体制机制的建设，成为各高校致力于创新型人才培养的主要途径。研究型教学作为普遍采用的方式之一，在我国高校中的推进其实经历了不同的发展阶段，做出了很多有益的经验探索。

一、初级阶段：研究型课堂的启动

我国高校研究型教学的初期是围绕单一的课堂教学设计展开的，即研究型课堂模式的启动。研究型课堂是指在45分钟的课堂教学过程中，以问题研究为载体，教师与学生在平等地位的基础上进行充分互动，从而启发学生思考问题、解决问题的课堂模式。在研究型课堂中，老师不再是一个直接的知识传授者，而学生也不再是被动的知识接受者。

研究型课堂改变了传统课堂那种以老师、书本为中心的单向关系为主的知识传授模式，老师更多情况下充当一个知识的引导者，鼓励者；课堂的主角是学生，从而能够更好地引导学生进行自主性的研究学习。研究型课堂模式的主要特点与优势在于：一是师生角色关系的转变，师生角色关系的改变可以形成教学相长的良性循环效应，一方面老师教学能够得到很大的改变，另外一方面可以提高学生主动思考、善于思考的能力与素质；二是学生学习方式的转变，研究型课堂强调以问题作为切入点，有利于培养学生自主学习的学习方式，从而改变传统意义上所具有的固定、僵化的学习模式；三是学生思维方式的转变，在研究型课堂模式中，学生被置于广阔的思维空间中，学生必须主动去思考，无论这种思考是正确还是错误，从而改变传统那种"不用思考、不敢思考"的机械式的思维方式，培养学生创新型的思维方式。

研究型课堂虽然使传统高等教育的课堂教学模式发生了一些可观的变化，但总体来看仍停留在小修小补的阶段，使得研究型课堂流于形式而并没有发生实质性的变化：一方面课程结构整体上缺乏计划性和系统性，老师完全根据讲授的主题决定是否开展研究型教学，使整个课程教学缺乏连贯性；另一方面学生思维训练易出现断裂，由于学生在课程不同时段的课堂可能接受到两种完全不同的思维训练，从而使得学生的思维出现断裂。鉴于研究型课堂模式存在的以上缺陷与问题，高校研究型教学发展到第二阶段：研究型课程模式。

二、发展阶段：研究型课程的推进

与研究型课堂模式相比，研究型课程模式的特点和优势主要有：强调课程整体结构上研究型教学设计的系统性，以克服以往研究型课堂"研究"的分散性、滞后性的问题，使整个研究型课程无论是在对学生的思维训练上还是时间安排上，都具有连贯性；充分调动和动员广泛的教学资源。由于研究型课程不同于一般的普通课程，其在教学资源方面的调动与动员能力也较一般课程要强，因而能够使学生在研究型课程中享受到更优质的教学资源（教学环境、教学设备、教学师资等），从而使得研究型课程从教学硬件和教学软件上都得到了更好的保障。

虽然目前研究型课程在高校教学中占有重要地位，但是经过实践后发现，研究型课程也暴露出一些体制和结构上的问题：首先，研究型课程的开展预设了一个大的前提，即该课程是符合学生的学习与研究兴趣的，而这个前提本身就是值得推敲的，在决定何种课程适合开展研究型教学以及怎样开展的问题上忽略了学生的主体地位，这本身就将学生置于一种被动学习的位置上，而未真正体现出创新型人才培养的目标，因为他们一开始就失去了选择的权利；其次，研究型课程与研究型课程、研究型课程与其他专业课程、通识课程之间没有形成良好的互补关系，从而最终制约了研究型课程的进一步推进。比如不同的研究型课程之间缺乏合理而有效的纽带连接，从而出现了内容重复、交流渠道不畅等问题等；最后，对于研究型课程，最根本的问题在于缺乏一个具有综合性、创新性、灵活性的规划与实施平台，这样也使得研究型课程虽然在研究型课堂的基础上做出了一些内容上的调整，但是并没有真正触及研究型教学的本质。因此，笔者认为，只有在不断优化整合现有资源和吸收已有经验的基础上，搭建一个形式多样、内容丰富、结构合理的研究型教学平台，才能真正地培养出具有高素质、强能力的研究型创新人才。

三、深化阶段：研究型人才培养方案的构建与实施

人才培养方案的内容以及实施效果是高等教育教学能够成功的前提与基础，因为它决定着在整个高等教育体系中教师教学的方式、学生学习的方式、学校的管理方式等方面。而"研究型人才培养方案模式"正是在吸收原有经验的基础上，为了培养新形势下所需要的创新型人才而提出的。"研究型人才培养方案"阶段之所以不同于以往的研究型课堂以及研究型课程阶段，是因为它是以"素质教育、知识教育、创新教育"为指导思想，以"以学生为本"为教育理念，以"培养高素质的

创新型研究人才"为中心,以"三位一体"的改革为主要内容的,具有综合性、创新性、研究性的人才培养方案。

以素质教育、知识教育、创新教育为指导思想是指研究型人才培养方案是始终坚持传授学生知识、提高学生综合素质、培养学生创新思维为目标的,是以这三个目标作为研究型人才培养方案的制订以及实施的基本指导思想。传授学生知识强调的是教育是以传播知识为自身的首要职责的,只有建立在这样的基础上,学生才能以此作为提高素质、培养能力的前提;提高学生素质以及培养学生创新思维是为了适应新形势对于人才素质的新要求,在新的时期,只有具有高素质的创新型人才才能满足社会的需要,这也是研究型人才培养方案的应有之义。

以"以学生为本"为教育理念是指在研究型人才培养如何制订以及如何实施的过程中,学生始终是居于主体地位的,如在方案的制订前就应该广泛听取学生的意见,要根据学生的需求来决定开展何种形式的教学方式、进行何种形式的实践学习等,同时在人才培养方案的实施过程中还应及时根据学生的需求变化而对方案予以调整,以保证人才培养方案的适用性。

以"培养高素质的创新型研究人才"为中心是针对研究型人才培养方案的培养目标而说的,研究型人才培养方案的构建以及实施,其最终的目标是为了培养出知识、素质、能力协调发展的综合性创新人才,我们就是希望通过构建研究型人才培养方案这样一个平台,能够使得学生各方面的潜力得到最大程度的发掘,从而使学生在各方面的能力得到提高,满足社会的需要。

以"三位一体"的改革为主要内容是指在吸收研究型课堂和研究型课程的经验基础上,围绕"教学、学习、管理"而展开的"三位一体"的综合改革,我们提出的研究型人才培养方案是通过改变传统的教学方式、学习方式以及管理方式来构建一个内容丰富、结构合理的平台,从而实现高等教育最终的培养目标。具体的措施有:

1. 优化现有教学内容,构建结构合理的课程体系结构

鉴于传统教学内容以及教学模式的僵化,同时借鉴研究型课程已有的经验,在研究型人才培养方案中,我们提出"优化整合、相互借鉴、灵活选择、突出效果"的教学原则。优化整合,相互借鉴是指对于课程本身以及课程之间出现的内容重复、枯燥无味而又让学生厌倦的内容予以整合,采用少讲,或者不讲的方式;相互借鉴是指课程与课程之间的教学经验的相互借鉴,如在授课的方式、引导以及启发学生思考的方法等方面可以相互交流,促进进一步发展;灵活选择是指老师在选

择教学方式的过程中应该被给以更大的自由选择的权利。老师可以根据学生的兴趣、授课的主题不同而开展形式多种多样的教学，如可以将科研或者是相关的经验加入到课堂的教学当中去；突出效果是指选择的教学方式必须能够真正提高广大学生的学习兴趣、提高他们的研究的综合素质。

2. 转变传统的学习方式，多渠道拓展学生的知识与能力

在研究型人才培养方案中，针对过去传统学生传统的学习方式，我们强调学生在学习过程中践行"理论与实践相结合、知识与能力相结合、第一课堂与第二课堂相结合"的方针，多渠道地提高学生的科研能力、学习能力、实践能力等。三个相结合的方针是指改变传统单纯的课堂讲学的模式，采取压缩课堂教学学时、扩展课外实践课时，不仅要增强学习的知识水平，更要通过课外的实践，增强学生的交往能力、适应能力等等。同时，针对学生普遍存在的科研能力不足的问题，我们可以在学生本科的阶段即注重培养其科研意识，让学生能通过在参与实践的过程中发现值得研究的主题，再配以专门的导师对其予以指导。通过学生学习方式的转变，我们希望能够使学生成为能够进行自主性研究学习的主体，即使将来在面向社会新的挑战的过程中，也能够通过自我学习给予克服。

3. 革新管理模式，营造出良好的教学与研究环境

在研究型人才培养方案中，我们认为学校的管理部门主要的职责在于为老师和学生提供一个良好的教学、科研、学习的环境，因此必须革新传统的行政命令式的直接干预的管理模式，管理部门必须树立"既是管理者，又是服务者"的管理理念：一方面管理部门应该做到全面深入的对于教学与学习的管理，保证其按照正规的程序予以运作；另一方面，管理部门又必须服务好广大的老师与学习，能够根据老师和学习在教学与学习方面的需求变化而改变原有不适用的管理体制。如在研究型的人才培养方案中，我们强调在教学与科研两者方面，应该给以老师更大的自主权，以便于老师能灵活地处理好两者之间的关系；另外对于学生的培养，学校应该加强人才培养管理的机制建设，为学生的知识与能力的发展提供良好的制度保障。

近年来我国高等教育取得了突出的成绩，为国家的建设培养大批的优秀人才，但随着社会的不断进步，对于人才素质的要求不断提高，如果继续按照原有的模式进行人才培养，那么高等教育的人才培养必定遭遇发展瓶颈，所以我们要不断开拓思维、与时俱进，根据已有的实践经验和社会需求的不断变化，不断推进高等教育人才培养机制的建设。

结 语

研究型教学把目标定位于学生知识、能力和情意的综合发展和教师教学、科研总体提高上，同步提升学生的能力水平和教师的科研与教学水平。在学生的培养方面，主张设置多元价值取向的发展目标，在强调学生获得基础理论知识的同时，突出学生系统思维能力和创新能力的培养，关注学生未来，为学生将来可能面临的环境变革做好较充分的知识、能力和心理准备；在教师自身的发展上，主张科研与教学相结合，以教学促进科研，以科研提升教学，最终实现教学水平和科研水平的同步提高。因此，培养能够切实开展研究型教学的教师、制定与研究型教学模式相辅相成的人才培养计划、建立科学合理的教学评价机制以及平衡的教学与科研关系，是我国高校在实施研究型教学模式改革过程中必须要解决的几个关键问题。社会进步、经济发展、实现中华民族伟大复兴的中国梦，教育是基石，人才是保障，高校研究型教学模式改革任重而道远。

参考文献

[1]帅相志.现代教育管理改革与发展[M].山东人民出版社，2006.

[2]肖云龙.脱颖而出——创新教育论[M].长沙：湖南大学出版社，2000.

[3]伯顿·克拉克.高等教育新论——多学科的研究[M].杭州：浙江教育出版社，2002.

[4]蔡克勇.21世纪中国教育的走向[M].广州：广东高等教育出版社，2004.

[5]胡重光.现代活动教学与素质教育[M].北京：国防科技大学出版社，2002.

[6]鲍传友.做研究型教师[M].教育科学出版社，2009.

[7]顾明远，孟繁华.国际教育新理念[M].海口：海南出版社，2001.

[8]黄崴.教育管理学概念与原理[M].广州：广东高等教育出版社，2003.

[9]黄维德，董临萍.人力资源管理[M].北京：高等教育出版社，2003.

[10]霍益萍.研究性学习实验与探索[M].南宁：广西教育出版社，2001.

[11]史蒂芬·P·罗宾斯.组织行为学精要[M].北京：机械工业出版社，2000.

[12]孙俊三.教育原理[M].长沙：中南大学出版社，2001.

[13]孙泽厚，罗帆.管理心理与行为学[M].武汉：武汉理工大学出版社，2003.

[14]田汉族.交往教学论[M].长沙：湖南师范大学出版社，2002.

[15]肖川.我的教育理想[M].长沙：岳麓书社，2002.

[16]邢永富.现代教育思想[M].北京：中央广播电视大学出版社，2001.

[17]薛天祥.高等教育学[M].桂林：广西师范大学出版社，2001.

[18]袁振国.教育原理[M].上海：华东师范大学出版社，2001.

[19]张楚廷.大学教学学[M].长沙：湖南师范大学出版社，2002.

[20]房剑森.中国高等教育：政策与实践[M].西宁：青海人民出版社，2002.

[21]张济正等.教育行政学通论[M].上海：华东师范大学出版社，2000.

[22]郑金洲.教育通论[M].上海：华东师范大学出版社，2000.

[23]卢德馨.研究型教学20年：理念、实践、物理[M].清华大学出版社，2008.

[24]杨黎明. 地方教学研究型大学教学资源配置研究[M]. 华中师范大学出版社，2012.

[25]任者春. 思想政治理论课研究型教学理念与创新[M]. 齐鲁书社，2006.

[26]方青稚. 教学的革命：语文研究性学习的探索与实践[M]. 浙江教育出版社，2004.

[26]谢作栩. 中国高等教育大众化发展道路的研究[M]. 福州：福建教育出版社，2001.

[27]国家教育行政学院. 高等教育论纲[M]. 天津：南开大学出版社，2003.

[28]教育部高教司. 高等教育教学改革1999[M]. 北京：高等教育出版社，2000

[29]朴雪涛. 重建中国精英高等教育[M]. 哈尔滨：黑龙江人民出版社，2002.

[30]丁钢. 创新新世纪的教育革命[M]. 北京：教育科学出版社，2000.

[31]张立新，吴绍春.研究型大学的研究型教学：理念与实践[M].哈尔滨工业大学出版社,2015.

[32]黄东显.应用型人才培养改革研究[M].科学出版社,2018.

[33]张立新.教育技术的理论与实践[M].北京师范大学出版社,2015.

[34]别敦荣.大学教学原理与方法[M].中国海洋大学出版社,2019.

[35]王彤.应用型大学教学方法改革与实践[M].知识产权出版社,2015.

[36]徐学福.探究学习教学模式[M].人民出版社,2018.